KB0347717

레전드 일본어 필수단어

랭귀지북스

NEW 레전드
일본어 필수단어

개정2판 3쇄 **발행** 2024년 7월 15일
개정2판 1쇄 **발행** 2023년 7월 10일

저자 더 콜링_김정희 · 황혜정 · 桃坂(ももさか) · 明子(あきこ) · 一朗(いちろう)
감수 日野理沙(ひのりさ)(김윤의)
기획 김은경
편집 이지영
삽화 서정임
디자인 IndigoBlue
성우 扶(たすく) · 오은수
녹음 Charm (주)참미디어

발행인 조경아
총괄 강신갑
발행처 랭귀지북스
등록번호 101-90-85278 **등록일자** 2008년 7월 10일
주소 서울시 마포구 포은로2나길 31 벨라비스타 208호
전화 02.406.0047 **팩스** 02.406.0042
이메일 languagebooks@hanmail.net
MP3 다운로드 blog.naver.com/languagebook

ISBN 979-11-5635-201-3 (13730)
값 18,000원

はじめに 머리말

쉽고 재미있게 시작하는 **일본어 필수 단어**

가깝고도 먼 이웃 나라인 일본은 역사적 아픔 때문에 심리적으로 먼 듯하지만, 여러 가지 면에서 절대 멀리할 수 없는 나라입니다. 그리고 다양한 문화 콘텐츠의 매력으로 이미 많은 일본어 학습자들이 있는 상태입니다. 일본어는 다른 외국어에 비해 상대적으로 쉽게 시작할 수 있는 언어입니다. 우리말과 구조가 비슷한 부분도 있고, 종종 발음조차 거의 같은 단어들이 있기 때문인데요, 그래서 만만하게 시작할 수 있지만, 어느 정도 수준에 이르면 어렵다고 느끼게 됩니다. 우리말과 비슷해서 쉬웠지만, 결국 우리말과 다른 언어와 문화적 배경으로 그런 것인데요. 일본인의 언어적 습관을 이해한다면 좀 더 재미있게 학습을 이어갈 수 있을 것입니다.

이 책은 우리말과 같은 듯 다르고 쉬운 듯 어려운 일본어 학습의 묘미를 중심으로, 상황에 따라 적재적소에 쓸 수 있는 다양한 주제별 단어를 익히고 예문을 살펴보며 내 실력으로 만들 수 있도록 구성되어 있습니다. 사전에 나오는 의미대로 대응하여 쓰다 보면, 자칫 실례가 되거나 오해를 사는 상황에 처할 수 있습니다. 그래서 비슷한 단어들의 어감 차이를 설명하여 알맞게 사용할 수 있도록 하였습니다.

일본어 맛을 본 사람이라면, 누구나 아는 **頑張**がんば**れ!** 감바레!라는 말이 있습니다. 힘내라고 응원할 때 쓰는 말인데요, 이 책을 통해 일본어를 열심히 공부하는 여러분에게 **頑張**がんば**れ!**라고 응원하고 싶습니다.

많은 질문에도 늘 자상하게 설명해 준 윤의(**理沙**りさ) 언니, 바쁜 일상 중에도 시간 내어 도와준 혜정 씨, 그리고 한국을 사랑하는 일본인 친구 **桃坂**ももさか**さん**, **明子**あきこ**さん**, **一朗**いちろう**さん**에게 감사의 마음을 전합니다.

그리고 언제나 내 삶의 이유 되시는 하나님께 모든 영광을 돌립니다.

저자 더 콜링_김정희

일본에서 가장 많이 쓰는 필수 어휘를 엄선하여 모았습니다. 일상생활에 꼭 필요한 어휘 학습을 통해, 다양한 회화 구사를 위한 기본 바탕을 다져 보세요.

1. 일본어 필수 어휘 약 4,000개!

왕초보부터 초·중급 수준의 일본어 학습자를 위한 필수 어휘집으로, 일상생활에서 꼭 필요한 대표적인 주제 24개를 선정하였고, 추가로 13개의 주제를 포함하여 약 4,000개의 어휘를 담았습니다.

24개 주제별 어휘 학습 후 '꼭 써먹는 실전 회화'의 짧고 재미있는 상황을 통해 회화에서 실제로 어떻게 응용되는지 확인해 보세요. 그리고 6개 챕터의 마지막에는 간단한 '연습 문제'가 있어 테스트도 할 수 있습니다.

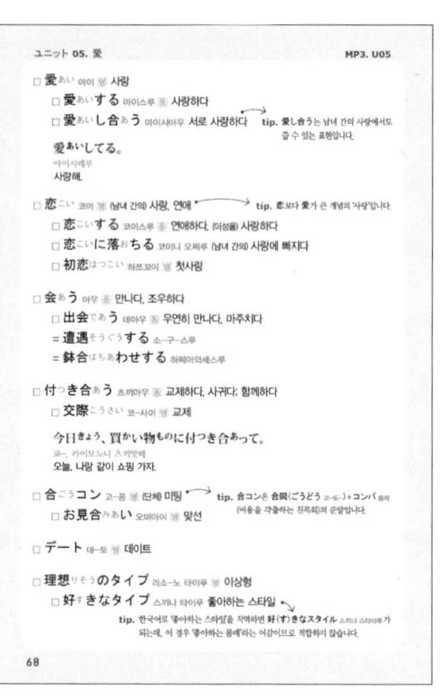
ユニット 05. 愛　MP3. U05

□ 愛あい 아이 명 사랑
□ 愛あいする 아이스루 동 사랑하다
□ 愛あいし合あう 아이시아우 서로 사랑하다 — tip. 愛し合う는 남녀 간의 사랑에서도 쓸 수 있는 표현입니다.

愛あいしてる。
아이시떼루
사랑해.

□ 恋こい 코이 명 (남녀 간의) 사랑, 연애 — tip. 恋보다 愛가 큰 개념의 '사랑'입니다.
□ 恋こいする 코이스루 동 연애하다, (이성을) 사랑하다
□ 恋こいに落おちる 코이니 오찌루 (남녀 간의) 사랑에 빠지다
□ 初恋はつこい 하쯔코이 명 첫사랑

□ 会あう 아우 동 만나다, 조우하다
□ 出会であう 데아우 동 우연히 만나다, 마주치다
= 遭遇そうぐうする 소-구-스루
= 鉢合はちあわせする 하찌아와세스루

□ 付つき合あう 츠끼아우 동 교제하다, 사귀다; 함께하다
□ 交際こうさい 코-사이 명 교제

今日きょう、買かい物ものに付つき合あって。
쿄-, 카이모노니 츠끼앗떼
오늘, 나랑 같이 쇼핑 가자.

□ 合ごうコン 고-콩 명 (단체) 미팅 — tip. 合コン은 合同(ごうどう 고-도-)+コンパ(비용을 각출하는 친목회)의 준말입니다.
□ お見合みあい 오미아이 명 맞선

□ デート 데-토 명 데이트

□ 理想りそうのタイプ 리소-노 타이푸 명 이상형
□ 好すきなタイプ 스끼나 타이푸 좋아하는 스타일 — tip. 한국어로 '좋아하는 스타일'을 직역하면 好(す)きなスタイル 스끼나 스타이루가 되는데, 이 경우 '좋아하는 옷매'라는 어감이므로 적합하지 않습니다.

68

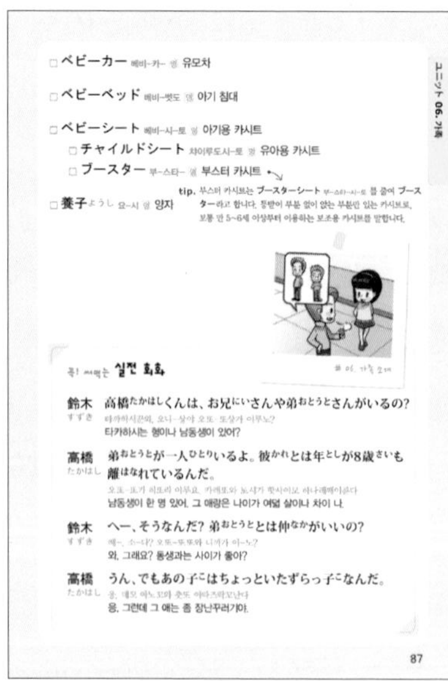
□ ベビーカー 베비-카- 명 유모차

□ ベビーベッド 베비-벳도 명 아기 침대

□ ベビーシート 베비-시-토 명 아기용 카시트
□ チャイルドシート 챠이루도시-토 명 유아용 카시트
□ ブースター 부-스타- 명 부스터 카시트 — tip. 부스터 카시트는 ブースターシート 부-스타-시-토를 줄여 ブースター라고 합니다. 등받이 부분 없이 앉는 부분만 있는 카시트로, 보통 만 5~6세 이상부터 이용하는 보조용 카시트를 말합니다.

□ 養子ようし 요-시 명 양자

ユニット 06. 가족

꼭! 써먹는 실전 회화

鈴木 すずき　高橋たかはしくんは、お兄にいさんや弟おとうとさんがいるの?
타카하시는 형이나 남동생이 있어?

高橋 たかはし　弟おとうとが一人ひとりいるよ。彼かれとは年としが8歳さいも離はなれているんだ。
남동생이 한 명 있어. 그 애랑은 나이가 여덟 살이나 차이 나.

鈴木 すずき　へー、そうなんだ? 弟おとうととは仲なかがいいの?
와, 그래요? 동생과는 사이가 좋아?

高橋 たかはし　うん、でもあの子こはちょっといたずらっ子こなんだ。
응, 그런데 그 애는 좀 장난꾸러기야.

87

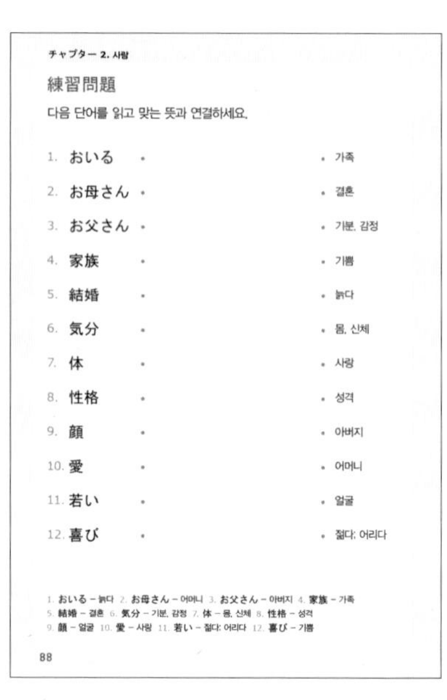
チャプター 2. 사랑

練習問題

다음 단어를 읽고 맞는 뜻과 연결하세요.

1. おいる	가족
2. お母さん	결혼
3. お父さん	기분, 감정
4. 家族	기쁨
5. 結婚	늙다
6. 気分	몸, 신체
7. 体	사랑
8. 性格	성격
9. 顔	아버지
10. 愛	어머니
11. 若い	얼굴
12. 喜び	젊다; 어리다

1. おいる – 늙다 2. お母さん – 어머니 3. お父さん – 아버지 4. 家族 – 가족 5. 結婚 – 결혼 6. 気分 – 기분, 감정 7. 体 – 몸, 신체 8. 性格 – 성격 9. 顔 – 얼굴 10. 愛 – 사랑 11. 若い – 젊다; 어리다 12. 喜び – 기쁨

88

2. 눈에 쏙 들어오는 그림으로 기본 어휘 다지기!

1,000여 컷 이상의 일러스트와 함께 기본 어휘를 쉽게 익힐 수 있습니다. 재미있고 생생한 그림과 함께 학습하는 기본 어휘는 기억이 오래갑니다.

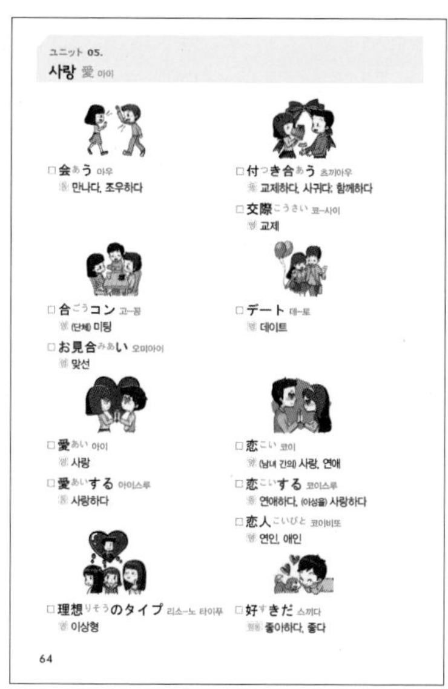

ユニット 05.

사랑 愛 아이

□ 会あう 아우
만나다, 조우하다

□ 付つき合あう 츠끼아우
교제하다, 사귀다; 함께하다

□ 交際こうさい 코–사이
교제

□ 合ごうコン 고–꽁
(단체) 미팅

□ お見合みあい 오미아이
맞선

□ デート 데–또
데이트

□ 愛あい 아이
사랑

□ 愛あいする 아이스루
사랑하다

□ 恋こい 코이
(남녀 간의) 사랑, 연애

□ 恋こいする 코이스루
연애하다, (이성을) 사랑하다

□ 恋人こいびと 코이비또
연인, 애인

□ 理想りそうのタイプ 리소–노 타이뿌
이상형

□ 好すきだ 스끼다
좋아하다, 좋다

64

3. 바로 찾아 즉시 말할 수 있는 한글 발음 표기!

기초가 부족한 초보 학습자가 일본어를 읽을 수 있는 가장 쉬운 방법은 바로 한글로 발음을 표기하는 것입니다. 일본어 발음이 우리말과 일대일로 대응하지 않지만, 여러분의 학습에 편의를 드리고자 일본에서 사용하는 표준 발음과 최대한 가깝게 한글로 표기하였습니다. 초보자도 자신 있게 말할 수 있습니다.

4. 말하기 집중 훈련 MP3!

이 책에는 일본어 히라가나, 카타카나부터 기본 단어, 추가 어휘까지 원어민의 정확한 발음으로 녹음한 파일이 들어 있습니다.

일본어만으로 구성된 **'일본어' J버전**과 일본어와 한국어를 이어서 들을 수 있는 **'일본어+한국어' K버전**, 두 가지 파일을 제공합니다. 학습자 수준과 원하는 구성에 따라 파일을 선택하여, 자주 듣고 큰 소리로 따라 하며 학습 효과를 높여 보세요.

目次 차례

· 일본어 문자

일본에 관하여

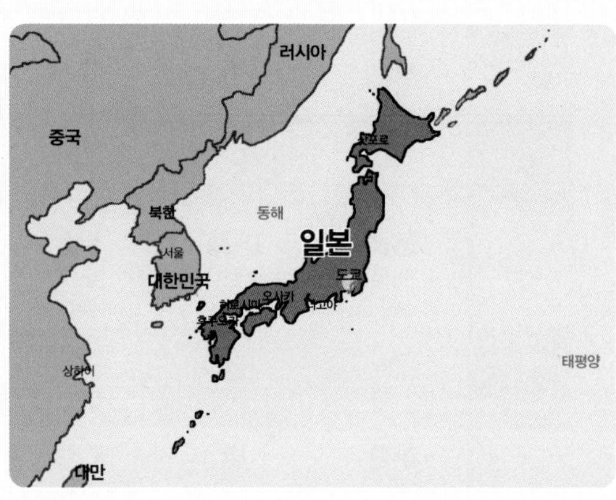

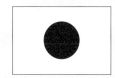

✔ **국명**	일본국(日本国にほんこく 니혼꼬꾸)
✔ **위치**	아시아
✔ **수도**	도쿄(東京とうきょう 토-꾜-)
✔ **언어**	일본어(日本語にほんご 니혼고)
✔ **면적**	377,873㎢(혼슈, 홋카이도, 규슈, 시코쿠 등 네 개의 섬을 포함한 6,800여 개의 섬으로 이루어짐)
✔ **인구**	약 1억 2,400만 명(2022년 기준)
✔ **국내총생산(GDP)**	4조 9,408억 달러(2021년 기준)
✔ **화폐**	엔(JPY)

출처: http://www.jnto.go.jp, 외교부

일본어는 기본적으로 히라가나와 카타카나, 한자로 표기합니다. 히라가나와 카타카나를 각각 음절에 따라 행과 단으로 배열한 표를 흔히 50음도라고 하는데, 오늘날 사용되지 않는 가나 문자를 빼면 모두 46자입니다.

1. 히라가나 ひらがな

히라가나는 한자의 초서체에서 유래한 문자로, 오늘날 모든 인쇄와 필기에 사용되는 가장 일반적이고 기본적인 일본어 문자입니다.

단 / 행	あ아	い이	う우	え에	お오
あ아	あ 아	い 이	う 우	え 에	お 오
	あめ 아메 비	いぬ 이누 개	うえ 우에 위	えき 에끼 역	おとうと 오또-또 남동생
か카	か 카	き 키	く 쿠	け 케	こ 코
	かさ 카사 우산	き 키 나무	くつ 쿠쯔 신발	けが 케가 상처, 부상	こと 코또 일, 것
さ사	さ 사	し 시	す 스	せ 세	そ 소
	さくら 사꾸라 벚꽃	し 시 4, 넷	すし 스시 초밥	せき 세끼 자리, 좌석	そば 소바 곁, 옆
た타	た 타	ち 치	つ 츠	て 테	と 토
	たくさん 탁상 많음	ちち 치찌 아버지	つゆ 츠유 장마	て 테 손	ともだち 토모다찌 친구

단 행	あ아	い이	う우	え에	お오
な나	な 나	に 니	ぬ 누	ね 네	の 노
	なみだ 나미다 눈물	にく 니꾸 고기	ぬいめ 누이메 솔기	ねだん 네당 가격, 값	のり 노리 김
は하	は 하	ひ 히	ふ 후	へ 헤	ほ 호
	はな 하나 꽃	ひ 히 해, 태양	ふく 후꾸 옷	へや 헤야 방	ほか 호까 다른 것, 밖
ま마	ま 마	み 미	む 무	め 메	も 모
	まえ 마에 앞	みみ 미미 귀	むかし 무까시 옛날, 예전	めいし 메–시 명함	もも 모모 복숭아
や야	や 야		ゆ 유		よ 요
	やま 야마 산		ゆき 유끼 눈		よる 요루 밤
ら라	ら 라	り 리	る 루	れ 레	ろ 로
	らいねん 라이넹 내년	りんご 링고 사과	るす 루스 부재중	れんらく 렌라꾸 연락	ろく 로꾸 6, 여섯
わ와	わ 와				を 오
	わたし 와따시 나, 저				～を 오 ～을(를)
ん응	ん 응				
	うん 응 응(승낙, 긍정을 표현하는 말)				

2. 카타카나 カタカナ

카타카나는 한자 획의 일부를 취해서 만들어진 문자로, 표기되는 문자 모양은 달라도 발음은 히라가나와 같습니다. 주로 외래어나 외국의 인명, 지명, 의성어, 의태어, 동식물명 등을 표기할 때와 강조하고 싶은 말에 쓰이는데, 요즘은 카타카나의 사용 비중이 계속 커지고 있습니다.

단 / 행	ア아	イ이	ウ우	エ에	オ오
ア아	ア 아	イ 이	ウ 우	エ 에	オ 오
	アジア 아지아 아시아	イギリス 이기리스 영국	ウェブ 웨부 웹	エアコン 에아콩 에어컨	オレンジ 오렌지 오렌지
カ카	カ 카	キ 키	ク 쿠	ケ 케	コ 코
	カード 카-도 카드	キャラクター 캬라쿠타- 캐릭터	クリーム 쿠리-무 크림	ケーキ 케-키 케이크	コート 코-토 코트
サ사	サ 사	シ 시	ス 스	セ 세	ソ 소
	サークル 사-쿠루 서클, 동호회	シングル 싱구루 싱글	スクリーン 스쿠리-ㅇ 스크린	セット 셋토 세트	ソウル 소우루 서울
タ타	タ 타	チ 치	ツ 츠	テ 테	ト 토
	タイトル 타이토루 타이틀, 제목	チーズ 치-즈 치즈	ツアー 츠아- 투어	テレビ 테레비 텔레비전	トイレ 토이레 화장실
ナ나	ナ 나	ニ 니	ヌ 누	ネ 네	ノ 노
	ナンバー 남바- 넘버, 번호	ニュース 뉴-스 뉴스	ヌードル 누-도루 누들	ネット 넷토 네트, 그물	ノート 노-토 노트

행＼단	ア 아	イ 이	ウ 우	エ 에	オ 오
ハ 하	ハ 하	ヒ 히	フ 후	ヘ 헤	ホ 호
	ハイキング 하이킹구 하이킹	ヒーロー 히-로- 히어로, 영웅	フリー 후리- 프리, 자유	ヘア 헤아 헤어, 머리털	ホテル 호테루 호텔
マ 마	マ 마	ミ 미	ム 무	メ 메	モ 모
	マスク 마스쿠 마스크	ミキサー 미키사- 믹서	ムード 무-도 무드, 분위기	メモリー 메모리- 메모리	モニター 모니타- 모니터
ヤ 야	ヤ 야		ユ 유		ヨ 요
	ヤフー 야후 야후		ユニット 유닛토 유닛, 단위		ヨーロッパ 요-롭파 유럽
ラ 라	ラ 라	リ 리	ル 루	レ 레	ロ 로
	ラジオ 라지오 라디오	リング 링구 링, 반지	ルーム 루-무 룸, 방	レポート 레포-토 리포트, 보고서	ロボット 로봇토 로봇
ワ 와	ワ 와				*ヲ 오
	ワーク 와-쿠 워크, 일				
ン 응	ン 응				
	ペン 펭 펜				

* 현재는 ヲ 오를 거의 사용하지 않습니다.
(옛날 전보문이나 공식 문서에서 쓰였으나, 현재는 형식상 남아 있습니다.)

チャプター 1

소개&인사 紹介・挨拶 쇼–까이·아이사쯔

□ 紹介しょうかい 쇼–까이
명 소개

□ 名前なまえ 나마에
= 姓名せいめい 세–메–
= 氏名しめい 시메–
명 이름, 성명

□ 性別せいべつ 세–베쯔
명 성별

□ お名前なまえ 오나마에
= 芳名ほうめい 호–메–
명 성함, 존함

□ 男おとこ 오또꼬
명 남자, 사나이

□ 男性だんせい 단세–
명 남성

□ 男子だんし 단시
명 남자, 남성

□ 女おんな 온나
명 여자

□ 女性じょせい 죠세–
명 여성

□ 女子じょし 죠시
명 여자, 여성

□ 男おとこの子こ 오또꼬노 꼬
명 남자아이

□ 女おんなの子こ 온나노 꼬
명 여자아이

□ 年とし 토시
= 年齢ねんれい 넨레–
= 齢れい 레–
명 나이, 연령

□ 誕生日たんじょうび 탄죠–비
= バースデー 바–스데–
명 생일

□ 国籍こくせき 콕세끼
명 국적

□ 国家こっか 콕까
명 국가, 나라

□ 言語げんご 겐고
명 언어

□ 職業しょくぎょう 쇼꾸교–
명 직업

□ 宗教しゅうきょう 슈–꾜–
명 종교

□ 住所じゅうしょ 쥬–쇼
명 주소

□ 電話番号でんわばんごう 뎅와방고–
명 전화번호

□ 挨拶あいさつ 아이사쯔

명 인사

□ よろしく 요로시꾸

부 잘 부탁합니다,
(~에게) 안부 전해 주세요

□ お元気げんきですか。

오겡끼데스까

안녕하세요? / 잘 지내요?

□ いかがお過すごしですか。

이까가 오스고시데스까

어떻게 지내고 계세요?

□ 初はじめまして。

하지메마시떼

처음 뵙겠습니다.

□ よろしくお願ねがいします。

요로시꾸 오네가이시마스

잘 부탁합니다.

□ おはよう。

오하요–

안녕.(아침 인사)

□ おはようございます。

오하요– 고자이마스

안녕하세요.(아침 인사)

□ こんにちは。

콘니찌와

안녕하세요.(점심 이후 오후 인사)

□ こんばんは。

콤방와

안녕하세요.(저녁 인사)

□ ハロー。

하로–

안녕. / 여보세요.

(영어의 hello에서 따온 인사말)

□ さようなら。

사요-나라

안녕히 가세요. / 안녕히 계세요.

□ バイバイ。

바이바이

안녕. / 빠이빠이.

□ じゃあ、またね。

쟈-, 마따네

그럼, 또 봐.

□ じゃあ、また今度こんど。

쟈-, 마따 콘도

그럼, 다음에 또 봐요.

□ よろしく伝つたえてください。

요로시꾸 츠따에떼 쿠다사이

안부 전해 주세요.

□ 失礼しつれいします。

시쯔레-시마스

실례합니다.

□ 客きゃく 캬꾸

명 손님

□ お客きゃくさん 오꺄상

= お客きゃく様さま 오꺄사마

명 손님

□ 友達ともだち 토모다찌

= 友とも 토모

= 友人ゆうじん 유-징

명 친구

□ **紹介**しょうかい 쇼–까이 명 소개

まずは、簡単かんたん**に自己紹介**じこしょうかい**させていただきます。**
마즈와, 칸딴니 지꼬쇼–까이사세떼 이따다끼마스
우선은, 간단히 자기소개하겠습니다.

□ **名前**なまえ 나마에 명 이름, 성명

= **姓名**せいめい 세–메–

= **氏名**しめい 시메–

tip. **名前**는 성과 이름을 모두 일컫는 '이름, 성명' 외에 성을 뗀 이름만 의미하기도 합니다. 상대방의 성은 알지만 이름은 몰라서 물어볼 경우, '성을 제외한 이름'이라는 뜻을 좀더 명확히 하기 위해서 **下(した)の名前(なまえ)**시따노 나마에라고 말하기도 합니다. 한편, **名前**는 사람과 사물 모두 사용할 수 있는 구어인 반면, **姓名**나 **氏名**는 사람에게만 사용하는 문어입니다. **名前** 앞에 **お**를 붙이면, 상대방의 이름을 높이는 표현이 됩니다.

□ **お名前**なまえ 오나마에 명 성함, 존함

= **芳名**ほうめい 호–메–

失礼しつれい**ですが、お名前**なまえ**は何**なん**ですか。**
시쯔레–데스가, 오나마에와 난데스까
실례지만, 성함이 어떻게 되세요?

□ **名**な 나 명 이름; 평판, 명성

□ **姓**せい 세– 명 성, 성씨

= **名字**みょうじ 묘–지

= **苗字**みょうじ 묘–지

名字みょうじ**はキムです。**
묘–지와 키무데스
성은 김입니다.

□ **ニックネーム** 닉쿠네–무 명 닉네임, 별명

= **あだ名**な 아다나

□ **名刺**めいし 메–시 명 명함

お名刺めいしをいただけますか。
오메-시오 이따다께마스까
명함을 주시겠습니까?

□ 性別せいべつ 세-베쯔 명 성별

tip. 일본에서 사람을 가리킬 때 **男** 오또꼬, **女** 온나라고 하면 결례이므로 **男(おとこ)の人(ひと)** 오또꼬노 히또, **女(おんな)の人(ひと)** 온나노 히또라고 합니다. 존중을 나타내려면 **男(おとこ)の方(かた)** 오또꼬노 카따나 **男性(だんせい)の方(かた)** 단세-노 카따, **女(おんな)の方(かた)** 온나노 카따나 **女性(じょせい)の方(かた)** 죠세-노 카따라고 합니다.

□ 男おとこ 오또꼬 명 남자, 사나이

□ 男性だんせい 단세- 명 남성

□ 男子だんし 단시 명 남자, 남성

□ 男おとこの子こ 오또꼬노 꼬 명 남자아이

tip. 보통 **男性**는 '성년의 남자'를, **女性**는 '성년의 여자'를 말합니다.

いい男おとこを紹介しょうかいしてあげる。
이- 오또꼬오 쇼-까이시떼 아게루
좋은 남자를 소개시켜 줄게.

□ 女おんな 온나 명 여자

□ 女性じょせい 죠세- 명 여성

□ 女子じょし 죠시 명 여자, 여성

□ 女おんなの子こ 온나노 꼬 명 여자아이

□ さん 상 명 ~씨

□ 様さま 사마 명 ~님

□ 方かた 카따 명 ~분들, ~님들

□ 君くん 쿵 명 ~군(주로 남성에 대하여 씀)

tip. **君**은 동년배나 손아랫사람, 주로 남자의 이름 뒤에 붙는 가벼운 높임말인데, 남자 상사가 여자 부하직원에게 쓰기도 합니다.

□ ちゃん 챵 명 ~야

tip. **ちゃん**은 친근감을 주는 호칭으로, **さん**보다 다정함을 나타냅니다. 주로 어린 아이의 이름에 많이 붙입니다.

□ 年とし 토시 명 나이, 연령

= 年齢ねんれい 넨레-

= 齢れい 레-

□ 歳さい 사이 명 ~살, ~세

tip. 歳는 才(さい) 사이와 한자를 혼용합니다.
우리나라는 태어나면서 1살이지만, 일본은 0살입니다. 그러나 서양처럼 생일이 지나야 한 살을 더하는 만나이와 다르게 해가 바뀌면 한 살을 더합니다. 예를 들어, 올해 태어난 아이가 우리나라에서는 1살, 일본과 서양에서는 0살입니다. 1년 후면 우리나라에서는 2살이지만, 일본에서는 해가 바뀌면 1살입니다. 단, 서양에서는 생일이 지나야 1살이 됩니다.

数かぞえ年どしで5歳さいです。
카조에도시데 고사이데스
세는 나이로 5살이에요.

□ いくつ 이꾸쯔 명 몇 살; 몇 개

おいくつですか。
오이꾸쯔데스까
(나이가) 몇 살입니까?

□ 誕生日たんじょうび 탄죠-비 명 생일

= バースデー 바-스데-

今日きょうがまさに私わたしの誕生日たんじょうびだ。
쿄-가 마사니 와따시노 탄죠-비다
오늘이 바로 내 생일이야.

□ 国籍こくせき 콕세끼 명 국적

□ 国家こっか 콕까 명 국가, 나라

国籍こくせきは何なんですか。
콕세끼와 난데스까
국적이 어떻게 돼요?

□ 言語げんご 겐고 명 언어

□ 日本語にほんご 니혼고 명 일본어

□ 韓国語かんこくご 캉꼬꾸고 명 한국어

□ 英語えいご 에-고 명 영어

□ 中国語ちゅうごくご 츄-고꾸고 명 중국어

□ フランス語ご 후랑스고 명 프랑스어

□ ドイツ語ご 도이츠고 명 독일어

□ 仕事しごと 시고또 명 일; 직업

□ 職業しょくぎょう 쇼꾸교- 명 직업

お仕事しごとは何なんですか。 tip. お仕事(しごと) 오시고또는 仕事의 존경어입니다.

오시고또와 난데스까

직업은 뭐예요?

□ 年生ねんせい 넨세- 명 학년

□ 専攻せんこう 셍꼬- 명 전공

□ 宗教しゅうきょう 슈-꾜- 명 종교

□ 神道しんとう 신또- 명 신도(일본 고유의 종교)

□ キリスト教きょう 키리스토꾜- 명 기독교

□ カトリック教きょう 카토릭쿠꾜- 명 천주교

□ 仏教ぶっきょう 북꾜- 명 불교

□ イスラム教きょう 이스라무꾜- 명 이슬람교

□ 住すむ 스무 동 살다, 거주하다

□ 住所じゅうしょ 쥬-쇼 명 주소

□ 電話番号でんわばんごう 뎅와방고- 명 전화번호

□ ケー番ばん 케-방 휴대전화 번호

= 携帯けいたい電話番号でんわばんごう 케-따이 뎅와방고-

□ 家族かぞく 카조꾸 명 가족

ご家族かぞくの皆みなさんはお元気げんきですか。

고까조꾸노 미나상와 오겡끼데스까

가족분들 모두는 건강하십니까?

tip. 家族 앞에 ご를 붙이면 존경어가 됩니다.

□ 知しり合あい 시리아이 명 아는 사이, 지인

= 知人ちじん 치징

□ 第一印象だいいちいんしょう 다이이찌인쇼– 명 첫인상

□ 話はなし 하나시 명 말, 이야기

□ お話はなし 오하나시 명 말씀 → tip. 話 앞에 お를 붙여 공손한 말로 쓰입니다.

お話はなしはよく伺うかがっております。
오하나시와 요꾸 우까갓떼 오리마스
말씀 많이 들었습니다.

□ うわさ 우와사 명 평판, 소문

□ 挨拶あいさつ 아이사쯔 명 인사

お元気げんきですか。
오겡끼데스까
안녕하세요? / 잘 지내요?

いかがお過すごしですか。
이까가 오스고시데스까
어떻게 지내고 계세요?

おはよう。
오하요–
안녕.(아침 인사)

おはようございます。
오하요– 고자이마스
안녕하세요.(아침 인사)

こんにちは。 → tip. こんにちは는 오후 인사로 쓰이지만, 일반적인 일본어 인사로도 널리 쓰입니다.
콘니찌와
안녕하세요.(점심 이후 오후 인사)

こんばんは。
콤방와
안녕하세요.(저녁 인사)

ハロー。

하로−

안녕. / 여보세요.(영어의 hello에서 따온 인사말)

初はじめまして。

하지메마시떼

처음 뵙겠습니다.

おやすみ。

오야스미

잘 자.

おやすみなさい。

오야스미나사이

안녕히 주무세요.

さようなら。

사요−나라

안녕히 가세요. / 안녕히 계세요.

バイバイ。

바이바이

안녕. / 빠이빠이.

じゃあ、またね。

쟈−, 마따네

그럼, 또 봐.

じゃあ、また今度こんど。

쟈−, 마따 콘도

그럼, 다음에 또 봐요.

では、また明日あした。

tip. では는 じゃあ로 바꿔 쓸 수 있습니다.

데와, 마따 아시따

그럼, 내일 또 봐요.

よい週末しゅうまつを。

요이 슈−마쯔오

즐거운 주말 되세요.

よろしく伝つたえてください。

요로시꾸 츠따에떼 쿠다사이

안부 전해 주세요.

失礼しつれいします。
시쯔레–시마스
실례합니다.

□ 久ひさしぶり 히사시부리 명 오래간만

お久ひさしぶりです。
오히사시부리데스
오래간만입니다.

□ お目めにかかる 오메니 카까루 (만나) 뵙다

お目めにかかれてとても嬉うれしいです。
오메니 카까레떼 토떼모 우레시–데스
만나 뵙게 되어 정말 반갑습니다.

□ よろしく 요로시꾸 부 잘 부탁합니다, (~에게) 안부 전해 주세요

tip. よろしく는 よろしくお願(ねが)いします 요로시꾸 오네가이시마스나 よろしく伝(つた)えください 요로시꾸 츠따에 쿠다사이의 준말입니다.

□ ようこそ 요–꼬소 부 잘

tip. ようこそ는 상대의 방문에 감사와 환영의 뜻을 나타내는 말입니다.

ようこそ日本にほんへ。
요–꼬소 니홍에
일본에 잘 오셨어요.

□ いらっしゃい 이랏샤이 어서 오세요(사람이 왔을 때)

□ 歓迎かんげい 캉게– 명 환영

□ 歓迎会かんげいかい 캉게–까이 명 환영회

□ 招待しょうたい 쇼–따이 명 초대

= 招まねき 마네끼

□ 招待状しょうたいじょう 쇼–따이죠– 명 초대장

□ 客きゃく 캬꾸 명 손님

□ お客きゃくさん 오꺄상 명 손님

= お客きゃく様さま 오꺄사마

□ ゲスト 게스토 명 게스트

tip. お客さん과 お客さま는 客를 높이는 말입니다.

□ 友達ともだち 토모다찌 명 친구

= 友とも 토모

= 友人ゆうじん 유–징

\# 01. 인사

꼭! 써먹는 실전 회화

鈴木 すずき
高橋たかはしくん、こんにちは。
元気だった?
타까하시꿍, 곤니찌와. 겡끼닷따?
타카하시, 안녕. 잘 지냈어?

高橋 たかはし
まあまあだよ。
週末しゅうまつはどう過すごした?
마–마–다요. 슈–마쯔와 도– 스고시따?
그럭저럭. 주말 어떻게 보냈어?

鈴木 すずき
友達ともだちと平田ひらたの家うちに遊あそびに行いったの。
토모다찌또 히라따노 우찌니 아소비니 잇따노
친구들과 히라타 네 집에 놀러 갔었어.

高橋 たかはし
平田ひらたは元気げんき?
히라따와 겡끼?
히라타는 잘 지내?

鈴木 すずき
彼女かのじょは元気げんきだよ。
카노죠와 겡끼다요
그녀는 잘 지내지.

ユニット 02.
감사&사과 感謝・謝罪 칸샤・샤자이

□ **感謝**かんしゃ 칸샤
명 감사

□ **ありがとう** 아리가또–
고맙다

□ **ありがとうございます**
아리가또–고자이마스
감사합니다, 고맙습니다

□ **親切**しんせつ 신세쯔
명 친절

□ **おかげ** 오까게
명 덕택, 덕분

□ **配慮**はいりょ 하이료
명 배려

□ **関心**かんしん 칸싱
명 관심

□ **心配**しんぱい 심빠이
명 걱정, 근심

□ **面倒**めんどう 멘도–
명 번거로움, 폐

□ **世話**せわ 세와
명 폐, 신세

□ **気**き**を遣**つか**う** 키오 츠까우
(주위 사람이나 일에 여러가지로)
마음[신경]을 쓰다, 배려하다

□ 助たすかる 타스까루
동 도움이 되다

□ 助たすける 타스께루
= 手伝てつだう 테쯔다우
동 돕다, 거들다

□ 待まつ 마쯔
동 기다리다

□ 待またせる 마따세루
= 待またす 마따스
동 기다리게 하다

□ 忠告ちゅうこく 츄-꼬꾸
= アドバイス 아도바이스
명 충고

□ どういたしまして
도-이따시마시떼
천만에요

□ 励はげます 하게마스
동 격려하다, 북돋우다

□ ほめる 호메루
동 칭찬하다

□ 許ゆるす 유루스

동 용서하다; 허락하다

□ 許ゆるし 유루시

명 용서; 허가

□ 謝あやまる 아야마루

동 잘못을 빌다, 사과하다

□ 謝罪しゃざい 샤자이

명 사과, 사죄

□ すみません 스미마셍

죄송합니다; 고맙습니다; 부탁합니다

□ ごめんなさい 고멘나사이

죄송합니다, 미안합니다

□ ごめん 고멩

미안

□ すまない 스마나이

미안하다

□ 申もうし訳わけ 모–시와께

명 변명, 해명

□ 申もうし訳わけありません

모–시와께 아리마셍

죄송합니다

□ 問題もんだい 몬다이

명 문제

□ まちがえる 마찌가에루
동 잘못하다, 틀리다, 실수하다

□ まちがい 마찌가이
명 잘못, 실수

□ 邪魔じゃまする 쟈마스루
동 방해하다, 훼방을 놓다

□ 非難ひなん 히낭
명 비난

□ 困こまる 코마루
동 곤란하다, 난처하다

□ 困難こんなん 콘낭
명 곤란

□ 遅おそい 오소이
형 늦다

□ 遅おくれる 오꾸레루
동 늦어지다, 처지다

□ 忘わすれる 와스레루
동 잊다

□ 感謝かんしゃ 칸샤 명 감사

□ ありがとう 아리가또– 고맙다

□ ありがとうございます 아리가또–고자이마스 감사합니다, 고맙습니다

どうもありがとうございます。
도–모 아리가또–고자이마스
정말 감사합니다.

□ サンキュー 상큐– 생큐, 감사합니다

tip. サンキュー는 영어의 'Thank you'의 일본식 발음입니다. 흔히 문자 메시지나 메일 등에서 '고맙다'는 표현을 '39'라고 간단히 하는데, 이는 39(さんきゅう상큐–)가 サンキュー와 발음이 같은 데서 비롯된 것입니다.

□ どうも 도–모 부 정말, 매우

tip. どうも는 'どうもありがとう 도–모 아리가또– (정말 고맙습니다)', 'どうもすみません 도–모 스미마셍 (정말 미안합니다)', 'どうも失礼(しつれい)しました 도–모 시쯔레–시마시따 (매우 실례했습니다)'의 뜻을 담고 있습니다.

□ お礼れい 오레– 명 사례의 말, 사례의 선물

深ふかくお礼れい申もうし上あげます。
후까꾸 오레– 모–시아게마스
깊이 감사 드립니다.

□ 親切しんせつ 신세쯔 명 친절

□ おかげ 오까게 명 덕택, 덕분

おかげさまです。
오까게사마데스
덕분입니다.

□ 配慮はいりょ 하이료 명 배려

□ 理解りかい 리까이 명 이해

ご理解りかいありがとうございます。
고리까이 아리가또–고자이마스
이해해 주셔서 감사합니다.

□ 関心かんしん 칸싱 명 관심

□ 心配しんぱい 심빠이 명 걱정, 근심

□ 面倒めんどう 멘도– 명 번거로움, 폐

ご面倒めんどうをおかけして申もうし訳わけありません。
고멘도–오 오까께시떼 모–시와께아리마셍
번거롭게 해 드려 죄송합니다.

□ 世話せわ 세와 명 폐, 신세

いろいろお世話せわになりました。
이로이로 오세와니 나리마시따
여러모로 신세 많이 졌습니다.

□ 気きを遣つかう 키오 츠까우 (주위 사람이나 일에 여러가지로) 마음[신경]을 쓰다, 배려하다

気きをつかってくださって感謝かんしゃします。
키오 츠깟떼 쿠다삿떼 칸샤시마스
신경을 써 주셔서 감사합니다.

□ 役やくに立たつ 야꾸니 타쯔 도움이 되다, 쓸모가 있다

お役やくに立たてて嬉うれしいです。
오야꾸니 타떼떼 우레시–데스
도움이 될 수 있어서 기뻐요.

□ 助たすかる 타스까루 동 도움이 되다

□ 助たすける 타스께루 동 돕다, 거들다

= 手伝てつだう 테쯔다우

おかげさまで助たすかりました。
오까게사마데 타스까리마시따
덕분에 도움이 되었습니다.

□ どういたしまして 도–이따시마시떼 천만에요

tip. どういたしまして는 ありがとう(고맙다)에 대한 답변 인사입니다.

□ 待まつ 마쯔 동 기다리다

□ 待またせる 마따세루 동 기다리게 하다

= 待またす 마따스

お待またせしてすみませんでした。

오마따세시떼 스미마셍데시따

기다리시게 해서 미안합니다.

□ 励はげます 하게마스 동 격려하다, 북돋우다

□ 忠告ちゅうこく 츄–꼬꾸 명 충고

= アドバイス 아도바이스

□ ほめる 호메루 동 칭찬하다

□ 許ゆるす 유루스 동 용서하다; 허락하다

□ 許ゆるし 유루시 명 용서; 허가

どうかお許ゆるしください。

도–까 오유루시 쿠다사이

부디 용서해 주십시오.

□ 謝あやまる 아야마루 동 잘못을 빌다, 사과하다

□ 誤あやまる 아야마루 동 잘못되다, 틀리다

□ 誤あやまり 아야마리 명 잘못, 오류

□ 謝罪しゃざい 샤자이 명 사과, 사죄

□ お詫わび 오와비 명 사과, 사과의 말

心こころからお詫わびいたします。

코꼬로까라 오와비이따시마스

진심으로 사과 드립니다.

□ すみません 스미마셍 죄송합니다; 고맙습니다; 부탁합니다

□ ごめんなさい 고멘나사이 죄송합니다, 미안합니다

□ ごめん 고멩 미안

□ すまない 스마나이 미안하다

tip. 허물없는 사이에서는 すまない 대신 すまん 스망이라고도 할 수 있습니다.

その事ことに対たいしてすまなく思おもっています。

소노 코또니 타이시떼 스마나꾸 오못떼 이마스

그 일에 대해서 미안하게 생각하고 있습니다.

□ 申もうし訳わけ 모–시와께 명 변명, 해명

□ 申もうし訳わけありません 모–시와께 아리마셍 죄송합니다

誠まことに申もうし訳わけございません。

마꼬또니 모–시와께 고자이마셍

대단히 죄송합니다.

□ 迷惑めいわく 메–와꾸 명 귀찮음, 폐

ご迷惑めいわくをおかけしました。

고메–와꾸오 오까께시마시따

폐를 끼쳤습니다.

□ 問題もんだい 몬다이 명 문제

□ まちがえる 마찌가에루 동 잘못하다, 틀리다, 실수하다

□ まちがい 마찌가이 명 잘못, 실수

私わたしのまちがいです。

와따시노 마찌가이데스

제 잘못입니다.

□ 邪魔じゃまする 쟈마스루 동 방해하다, 훼방을 놓다

お邪魔じゃまします。

오쟈마시마스

실례합니다. (방해하겠습니다.)

□ 不注意ふちゅうい 후쮸–이 명 부주의

□ 意図いと 이또 명 의도

□ 非難ひなん 히낭 명 비난

□ 困こまる 코마루 동 곤란하다, 난처하다

□ 困難こんなん 콘낭 명 곤란

□ せい 세- 명 탓, 때문

私わたしのせいです。
와따시노 세-데스
제 탓이에요.

□ 損害そんがい 손가이 명 손해

□ 損失そんしつ 손시쯔 명 손실

□ わざと 와자또 부 고의로, 일부러

□ 遅おそい 오소이 형 늦다

□ 遅おくれる 오꾸레루 동 늦어지다, 처지다

遅おそくなってすみません。
오소꾸 낫떼 스미마셍
늦어서 죄송합니다.

□ 忘わすれる 와스레루 동 잊다

ごめん、忘わすれていた。
고멩, 와스레떼 이따
미안, 깜빡 잊었어.

□ しかたない 시까따나이 형 어쩔 수 없다, 하는 수 없다

ごめんなさい、しかたなかったんです。
고멘나사이, 시까따나깟딴데스
죄송해요, 어쩔 수 없었어요.

□ 取とり返かえす 토리까에스 동 돌이키다, 만회하다

取とり返かえす機会きかいをください。
토리까에스 키까이오 쿠다사이
만회할 기회를 주세요.

□ 受うけ入いれる 우께이레루 동 받아들이다

あなたの謝罪しゃざいを受うけ入いれます。
아나따노 샤자이오 우께이레마스
당신의 사과를 받아들이겠습니다.

02. 감사 인사

꼭! 써먹는 **실전 회화**

清水
しみず
今日きょう、お時間じかんを割さいていただきありがとうございます。
쿄-, 오지깡오 사이떼 이따다끼 아리가또- 고자이마스
오늘, 시간 내 주셔서 감사합니다.

大山
おおやま
どういたしまして。
도-이따시마시떼
천만에요.

清水
しみず
すみませんが、約束やくそくがありましてお先さきに失礼しつれいします。
스미마셍가, 약소꾸가 아리마시떼 오사끼니 시쯔레-시마스
실례지만, 약속이 있어서 먼저 가 볼게요.

大山
おおやま
いいですよ。よい一日いちにちを。
이-데스요. 요이 이찌니찌오
괜찮습니다. 좋은 하루 되시길.

練習問題

다음 단어를 읽고 맞는 뜻과 연결하세요.

1. ほめる •	• 감사
2. 感謝 •	• 국가, 나라
3. 国家 •	• 몇 살; 몇 개
4. いくつ •	• 사과, 사죄
5. 名前 •	• 소개
6. 謝罪 •	• 용서; 허가
7. 紹介 •	• 이름
8. 挨拶 •	• 인사
9. 友達 •	• 주소
10. 住所 •	• 직업
11. 職業 •	• 친구
12. 許し •	• 칭찬하다

1. **ほめる** – 칭찬하다 2. **感謝** – 감사 3. **国家** – 국가, 나라 4. **いくつ** – 몇 살; 몇 개
5. **名前** – 이름 6. **謝罪** – 사과, 사죄 7. **紹介** – 소개 8. **挨拶** – 인사
9. **友達** – 친구 10. **住所** – 주소 11. **職業** – 직업 12. **許し** – 용서; 허가

チャプター 2

ユニット **03.**

신체 体 카라다

□ **体**からだ 카라다
= **身体**しんたい 신따이
명 몸, 신체

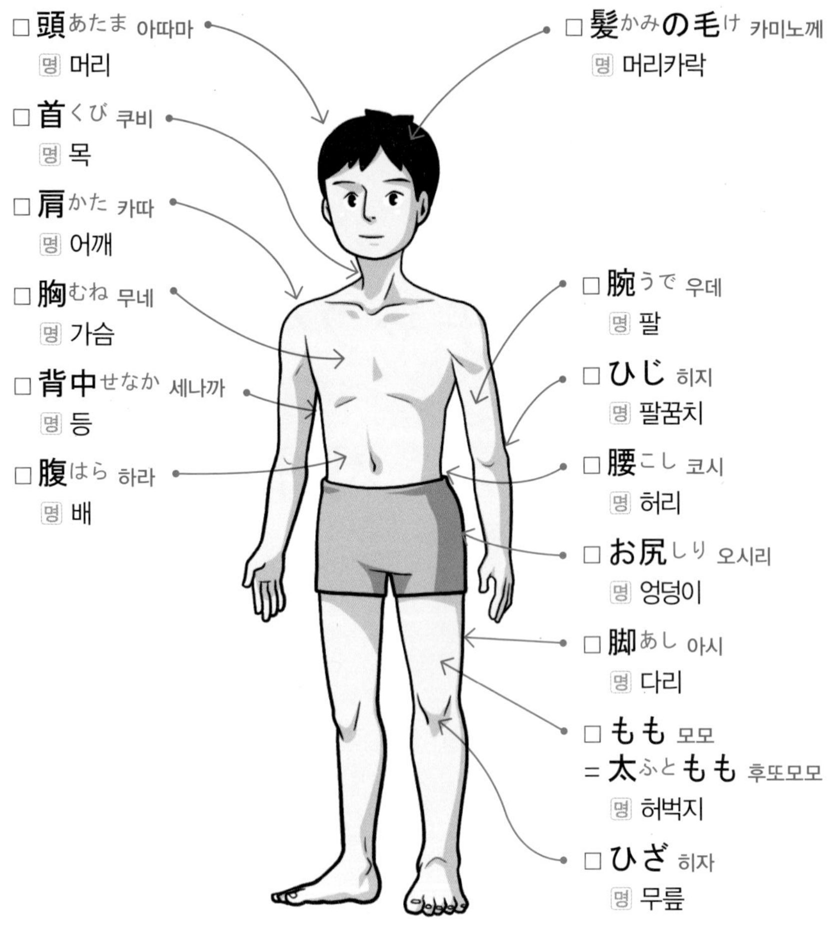

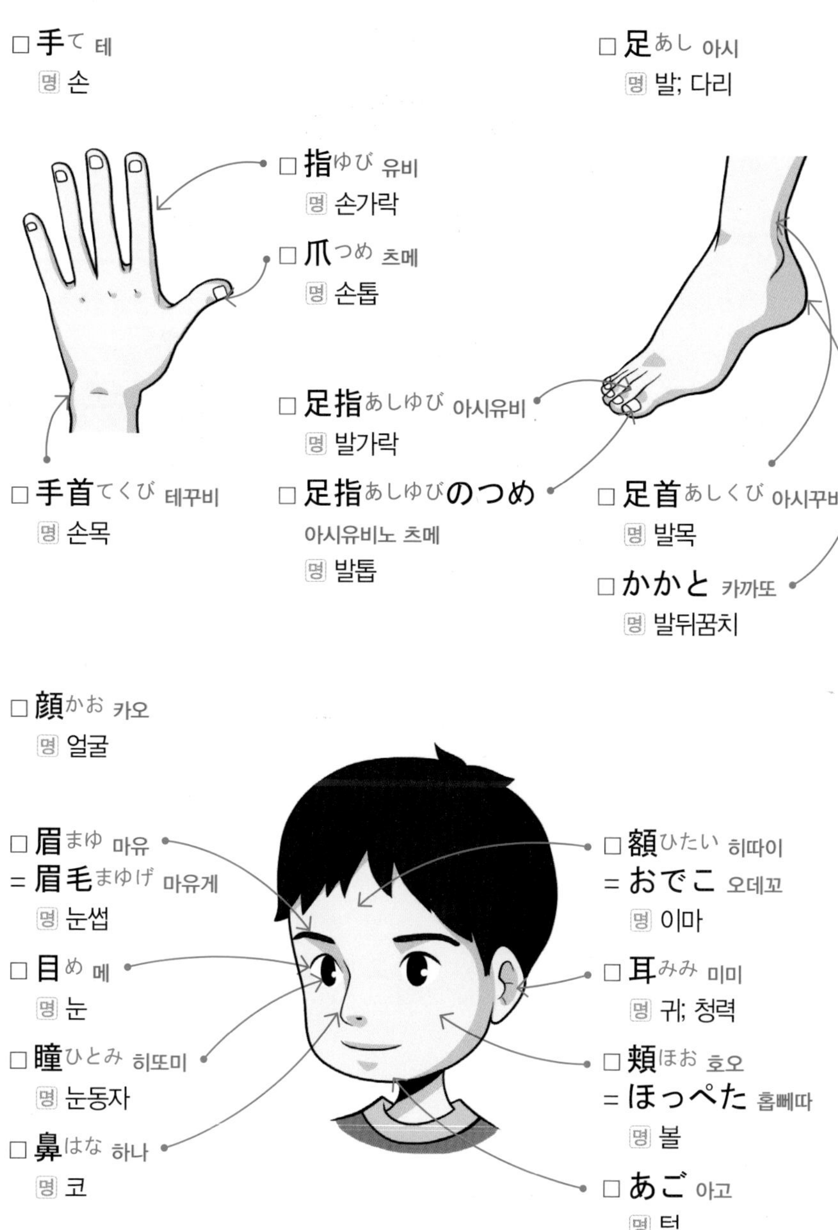
□ 手て 테
명 손
□ 足あし 아시
명 발; 다리
□ 指ゆび 유비
명 손가락
□ 爪つめ 츠메
명 손톱
□ 足指あしゆび 아시유비
명 발가락
□ 手首てくび 테꾸비
명 손목
□ 足指あしゆびのつめ
아시유비노 츠메
명 발톱
□ 足首あしくび 아시꾸비
명 발목
□ かかと 카까또
명 발뒤꿈치
□ 顔かお 카오
명 얼굴
□ 眉まゆ 마유
= 眉毛まゆげ 마유게
명 눈썹
□ 目め 메
명 눈
□ 瞳ひとみ 히또미
명 눈동자
□ 鼻はな 하나
명 코
□ 額ひたい 히따이
= おでこ 오데꼬
명 이마
□ 耳みみ 미미
명 귀; 청력
□ 頬ほお 호오
= ほっぺた 홉뻬따
명 볼
□ あご 아고
명 턱

□ **口** くち 쿠찌

명 입

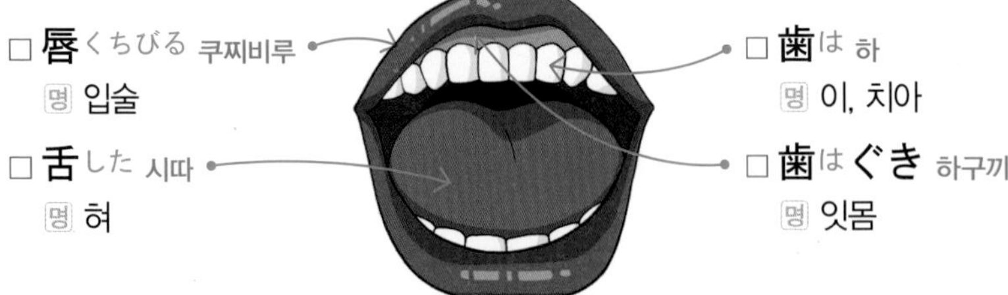

□ **唇** くちびる 쿠찌비루

명 입술

□ **舌** した 시따

명 혀

□ **歯** は 하

명 이, 치아

□ **歯ぐき** はぐき 하구끼

명 잇몸

□ **背** せ 세
= **身長** しんちょう 신쬬–

명 키

□ **背が高い** せがたかい
세가 타까이
키가 크다

□ **背が低い** せがひくい
세가 히꾸이
키가 작다

□ **体重** たいじゅう 타이쥬–

명 체중, 몸무게

□ **体重計** たいじゅうけい 타이쥬–께–

명 체중계

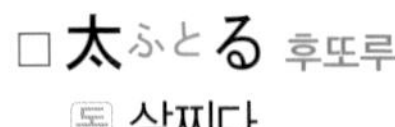

□ **太る** ふとる 후또루

동 살찌다

□ **スリムだ** 스리무다

형동 슬림하다, 날씬하다

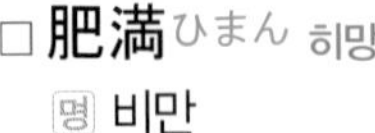

□ **肥満** ひまん 히망

명 비만

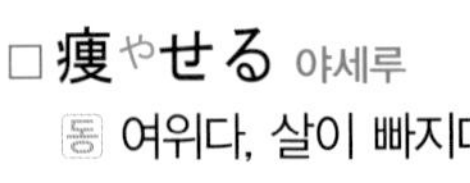

□ **痩せる** やせる 야세루

동 여위다, 살이 빠지다

□ 肌はだ 하다
명 피부

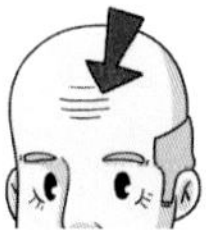

□ しわ 시와
명 주름

□ えくぼ 에꾸보
명 보조개

□ ニキビ 니키비
명 여드름, 뾰루지

□ そばかす 소바까스
명 주근깨

□ 毛穴けあな 케아나
명 모공

□ ひげ 히게
명 수염

□ あごひげ 아고히게
명 턱수염

□ 剃そる 소루
동 면도하다

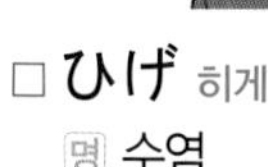

□ 口くちひげ 쿠찌히게
명 콧수염

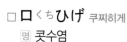

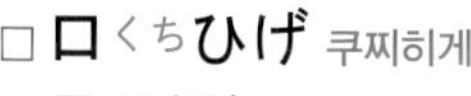

□ 外見がいけん 가이껭
명 외모

□ 素晴すばらしい
스바라시–
형 훌륭하다, 멋지다

□ 醜みにくい 미니꾸이
= ぶさいく 부사이꾸
형 못생기다, 보기 싫다

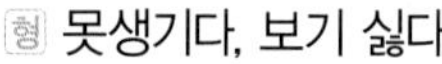

□ 美うつくしい 우쯔꾸시–
형 아름답다, 예쁘다

□ 可愛かわいい 카와이–
형 귀엽다; 사랑스럽다

□ 魅力的みりょくてきだ
미료꾸떼끼다
형동 매력적이다

□ 体からだ 카라다 명 몸, 신체

= 身体しんたい 신따이

□ 体格たいかく 타이까꾸 명 체격

彼かれは体格たいかくがいい。
카레와 타이까꾸가 이-
그는 체격이 좋다.

□ スタイルがいい 스타이루가 이- 몸매가 좋다

□ 頭あたま 아따마 명 머리

□ 髪かみの毛け 카미노께 명 머리카락

□ 髪形かみがた 카미가따 헤어스타일, 머리 모양

= ヘアスタイル 헤아스타이루

□ ロングヘア 롱구헤아 긴 머리

□ 短髪たんぱつ 탐빠쯔 단발

□ ショートヘア 쇼-토헤아 짧은 머리

□ くせげ 쿠세게 명 곱슬머리

□ ストレートヘア 스토레-토헤아 생머리

□ 首くび 쿠비 명 목

□ 喉のど 노도 명 목

□ うなじ 우나지 명 목덜미

tip. 首는 외부에서 보이는 신체의 '목'을, 喉는 목 안쪽에 있는 편도나 그 주위를 의미합니다.

□ 肩かた 카따 명 어깨

□ 胸むね 무네 명 가슴

□ 腰こし 코시 명 허리

□ 腹はら 하라 명 배

tip. '배'는 お腹(なか) 오나까라고 하기도 합니다. '배고프다'는 お腹(なか)空(す)いた 오나까 스이따 또는 남자 말투인 腹(はら)減(へ)った 하라헷따라는 표현이 있습니다.

□ 背中せなか 세나까 명 등

□ お尻しり 오시리 명 엉덩이

tip. 尻 시리라고 하면 '뒤(쪽)'라는 뜻이 되므로, '엉덩이'라는 뜻으로 쓸 때는 お 오를 꼭 붙여야 합니다.

□ 腕うで 우데 명 팔

□ ひじ 히지 명 팔꿈치

□ 手て 테 명 손

□ 手首てくび 테꾸비 명 손목

□ 右利みぎききき 미기끼끼 명 오른손잡이

□ 左利ひだりききき 히다리끼끼 명 왼손잡이

□ 指ゆび 유비 명 손가락

□ 爪つめ 츠메 명 손톱

□ 脚あし 아시 명 다리

tip. 다리 脚와 발 足는 모두 같은 발음으로 あし입니다.

□ もも 모모 명 허벅지

= 太ふともも 후또모모

□ ひざ 히자 명 무릎

□ 足あし 아시 명 발; 다리

□ かかと 카까또 명 발뒤꿈치

□ 足首あしくび 아시꾸비 명 발목

足首あしくびを挫くじきました。

아시꾸비오 쿠지끼마시따

발목을 삐었어요.

□ 足指あしゆび 아시유비 명 발가락

□ 足指あしゆびのつめ 아시유비노 츠메 명 발톱

□ 顔かお 카오 명 얼굴

□ 顔型かおがた 카오가따 얼굴형

□ 卵型たまごがたの顔かお 타마고가따노 카오 달걀형 얼굴

□ 丸顔まるがお 마루가오 명 둥근 얼굴

私わたしは顔かおがちょっとぽっちゃりしている。
와따시와 카오가 춋또 퐂짜리시떼이루
나는 얼굴이 좀 통통하다.

□ 額ひたい 히따이 명 이마

= おでこ 오데꼬

□ あご 아고 명 턱

□ 耳みみ 미미 명 귀; 청력

ちょっと耳みみを貸かしてくれる?
춋또 미미오 카시떼 쿠레루?
귀 좀 빌려 줄래?

□ 頬ほお 호오 명 볼

= ほっぺた 홉뻬따

□ 眉まゆ 마유 명 눈썹

= 眉毛まゆげ 마유게

□ まつ毛げ 마쯔게 명 속눈썹

□ 二重ふたえまぶた 후따에 마부따 명 쌍꺼풀

□ 奥二重おくぶたえまぶた 오꾸부따에 마부따 속쌍꺼풀

□ 一重ひとえまぶた 히또에 마부따 쌍꺼풀이 없는 눈

私わたしは二重ふたえまぶただ。
와따시와 후따에 마부따다
나는 쌍꺼풀이 있어.

□ 目め 메 명 눈

□ 瞳ひとみ 히또미 명 눈동자

□ 藪やぶに目め 야부니 메 덤불에도 눈

tip. 藪に目는 우리 속담의 '낮말은 새가 듣고 밤말은 쥐가 듣는다'에 해당합니다.

□ 鼻はな 하나 명 코

□ てんぐ鼻ばな 텡구바나 명 높은 코

□ 団子鼻だんごばな 당고바나 명 주먹코

□ あぐら鼻ばな 아구라바나 명 납작코

□ 口くち 쿠찌 명 입

□ 唇くちびる 쿠찌비루 명 입술

□ 舌した 시따 명 혀

□ 歯は 하 명 이, 치아

□ 歯はぐき 하구끼 명 잇몸

□ 背せ 세 명 키

= 身長しんちょう 신쬬–

□ 背せが高たかい 세가 타까이 키가 크다

□ 背せが低ひくい 세가 히꾸이 키가 작다

背せがどのくらいありますか。

세가 도노꾸라이 아리마스까

키가 어느 정도 됩니까?

□ 体重たいじゅう 타이쥬– 명 체중, 몸무게

□ 体重計たいじゅうけい 타이쥬–께– 명 체중계

□ 太ふとる 후또루 동 살찌다

□ 肥満ひまん 히망 명 비만

□ 痩やせる 야세루 동 여위다, 살이 빠지다

□ 細ほそい 호소이 형 마르다; 가늘다

□ 痩やせ肉じし 야세지시 마른 체격

□ スリムだ 스리무다 형동 슬림하다, 날씬하다

= スレンダーだ 스렌다-다

□ 肌はだ 하다 명 피부

□ 脂性肌しせいはだ 시세-하다 지성 피부

= オイリー肌はだ 오이리-하다

= オイルスキン 오이루스킹

□ 荒あれ肌はだ 아레하다 건성 피부, 거친 피부

= 乾燥肌かんそうはだ 칸소-하다

= ドライスキン 도라이스킹

□ 敏感肌びんかんはだ 빈깡하다 민감성 피부

最近さいきん、肌はだの色いろがくすんでいる。
사이낑, 하다노 이로가 쿠슨데 이루
요즘, 피부색이 칙칙해졌다.

□ 顔色かおいろ 카오이로 명 안색; 표정

□ しわ 시와 명 주름

□ たるみ 타루미 명 피부 처짐

□ えくぼ 에꾸보 명 보조개

□ ニキビ 니키비 명 여드름, 뾰루지

= 吹ふき出物でもの 후끼데모노

= できもの 데끼모노

□ そばかす 소바까스 명 주근깨

私わたしはそばかすがちょっとあるの。
와따시와 소바까스가 춋또 아루노
나는 주근깨가 좀 있어.

□ ほくろ 호꾸로 명 점

□ 毛穴けあな 케아나 명 모공

毛穴けあなが悩なやみだ。
케아나가 나야미다
모공 때문에 고민이야.

□ ふけ 후께 명 비듬

□ ひげ 히게 명 수염

□ 口くちひげ 쿠찌히게 명 콧수염

□ あごひげ 아고히게 명 턱수염

□ 剃そる 소루 동 면도하다

□ 外見がいけん 가이껭 명 외모

□ 素敵すてきだ 스떼끼다 형동 아주 멋지다, 매우 근사하다

今日きょう素敵すてきに見みえますね。
쿄– 스떼끼니 미에마스네
오늘 멋져 보이는데요.

□ 素晴すばらしい 스바라시– 형 훌륭하다, 멋지다

□ かっこいい 칵꼬이– 형 근사하다, 멋있다

tip. かっこいい는 '모습(格好[恰好](かっこう) 칵꼬–)이 좋은 인상을 준다, 모습이 멋지다'라는 뜻으로 더 줄여서 かっこい 칵꼬이라고도 하며, 반대말은 かっこ悪(わる)い 칵꼬와루이입니다. 참고로 かっこ 칵꼬는 かっこう 칵꼬–에서 음변화된 말입니다.

□ ハンサムだ 한사무다 형동 핸섬하다, 미남이다

□ イケメン 이케멩 꽃미남 tip. イケメン은 '잘생긴 남자'를 가리키는 젊은이들의 속어로, 'いけてる(멋지다)+men(남성)'의 뜻을 담고 있습니다.

□ 美うつくしい 우쯔꾸시- 형 아름답다, 예쁘다

□ 美人びじん 비징 명 미인

□ きれいだ 키레-다 형동 곱다, 아름답다; 깨끗하다

□ 可愛かわいい 카와이- 형 귀엽다; 사랑스럽다

□ 上品じょうひんだ 죠-힝다 형동 기품 있다, 우아하다

= 優雅ゆうがだ 유-가다

□ 凛々りりしい 리리시- 형 늠름하다, 당당하다

= たくましい 타꾸마시-

□ 偉えらい 에라이 형 훌륭하다, (신분이나 직분이) 높다

□ 立派りっぱだ 립빠다 형동 훌륭하다

立派に育そだったね。
립빠니 소닷따네
훌륭하게 잘 자랐네.

□ 下品げひんだ 게힌다 형동 천박하다

□ 派手はでだ 하데다 형동 화려하다

□ 色いろっぽい 이롭뽀이 형 요염하다

□ セクシーだ 세쿠시-다 형동 섹시하다

□ 魅力的みりょくてきだ 미료꾸떼끼다 형동 매력적이다

□ 魅力みりょく 미료꾸 명 매력

□ もてる 모떼루 동 인기가 있다

□ 人氣にんき 닝끼 명 인기

□ 醜みにくい 미니꾸이 형 못생기다, 보기 싫다

= ぶさいく 부사이꾸

\# 03. 외모

꼭! 써먹는 **실전 회화**

平井 ひらい

小林こばやしさんはお母かあさんに良よく似にてますね。

고바야시상와 오까–상니 요꾸 니떼마스네

고바야시 씨는 어머니를 많이 닮았어요.

高橋 たかはし

そうですね。彼女かのじょは自分じぶんのお母かあさんのように色白いろじろですよね。

소–데스네. 카노죠와 지분노 오까–산노 요–니 이로지로데스요네

그래요. 그녀는 자기 어머니처럼 피부가 뽀얗잖아요.

平井 ひらい

でも、数日前すうじつまえに海うみで小麦色こむぎいろに日焼ひやけをしましたよ。

데모, 수–지쯔마에니 우미데 코무기이로니 히야께오 시마시따요

하지만, 며칠 전에 바다에서 구릿빛으로 태웠더라고요.

高橋 たかはし

本当ほんとうですか。私わたしは彼女かのじょを先月せんげつ以来いらい見みられませんでした。

혼또–데스까. 와따시와 카노죠오 셍게쯔 이라이 미라레마셍데시따

정말이에요? 저는 그녀를 지난달 이후로 보지 못했어요.

ユニット 04.

기분&성격 気分・性格 키붕 · 세-까꾸

□ 気分きぶん 키붕

명 기분, 감정

□ 楽たのしい 타노시-

형 즐겁다

□ 楽たのしみ 타노시미

명 즐거움, 낙

□ 嬉うれしい 우레시-

형 기쁘다

□ 喜よろこぶ 요로꼬부

동 기뻐하다, 즐거워하다

□ 喜よろこび 요로꼬비

= 嬉うれしさ 우레시사

명 기쁨

□ 面白おもしろい 오모시로이

형 재미있다

□ 面白おもしろみ 오모시로미

= 面白おもしろさ 오모시로사

명 재미, 흥미

□ 笑わらう 와라우

동 웃다

□ 笑わらい 와라이

명 웃음

□ ほほ笑えむ 호호에무

동 미소짓다

□ ほほ笑えみ 호호에미

명 미소

□ 好すきだ 스끼다

형동 좋아하다

□ 嫌きらいだ 키라이다

형동 싫어하다

□ 落おち着つく 오찌쯔꾸
동 안정되다; 침착하다

□ ほっとする 홋또스루
동 한숨 놓다, 안심하다

□ 安心あんしん 안싱
명 안심

□ 幸しあわせだ 시아와세다
형 행복하다

□ 幸しあわせ 시아와세
명 행복

□ 悲かなしい 카나시-
형 슬프다

□ 悲かなしみ 카나시미
명 슬픔, 비애

□ 苦くるしい 쿠루시-
= 辛つらい 츠라이
형 괴롭다, 고통스럽다

□ 苦痛くつう 쿠쯔-
명 고통

□ 憎にくい 니꾸이
형 밉다

□ 憎にくしみ 닉시미
명 미움, 증오

□ 失望しつぼう 시쯔보-
명 실망

□ 失望しつぼうする 시쯔보-스루
동 실망하다

□ 怒おこる 오꼬루
= 腹はら(が)立たつ 하라(가) 타쯔
동 화내다, 성내다

□ 怒いかり 이까리
명 화남, 분노

□ イラ立だつ 이라다쯔
= むしゃくしゃする 무샤꾸샤스루
동 초조해하다, 짜증 나다

□ 性格せいかく 세–까꾸
명 성격

□ 素直すなおだ 스나오다
형동 순수하다, 솔직하다

□ 正直しょうじきだ 쇼–지끼다
형동 정직하다

□ 恥はずかしい 하즈까시–
형 부끄럽다, 창피하다

□ 恥はじ 하지
명 부끄러움, 수치, 치욕

□ 怖こわい 코와이
= 恐おそろしい 오소로시–
형 무섭다, 두렵다

□ 恐怖きょうふ 쿄–후
명 공포

□ 親切しんせつだ 신세쯔다
형동 친절하다

□ やさしい 야사시–
형 자상하다, 친절하다

□ おとなしい 오또나시–
형 얌전하다, 온순하다

□ 積極的せっきょくてきだ
셋꾜꾸떼끼다
형동 적극적이다

□ 外向的がいこうてきだ 가이꼬-떼끼다
형동 외향적이다

□ 消極的しょうきょくてきだ
쇼-꾜꾸떼끼다
형동 소극적이다

□ 内向的ないこうてきだ 나이꼬-떼끼다
형동 내향적이다

□ いい 이-
= よい 요이
형 좋다, 훌륭하다

□ 悪わるい 와루이
형 나쁘다, 못되다

□ 前向まえむきだ 마에무끼다
형동 긍정적이다

□ 否定的ひていてきだ 히떼-떼끼다
형동 부정적이다

□ 悲観的ひかんてきだ 히깡떼끼다
형동 비관적이다

□ 無口むくちだ 무꾸찌다
= 寡黙かもくだ 카모꾸다
형동 말수가 적다, 과묵하다

□ 偉えらそうだ 에라소-다
형동 잘난체하다, 거만하다

□ 気分きぶん 키붕 명 기분, 감정

□ 気持きもち 키모찌 명 기분, 비위, 마음

tip. '마음'은 心(こころ)코꼬로보다 気(き)키나 気持ち라고 하는 경우가 많습니다.

□ 機嫌きげん 키겡 명 기분, 상태

□ 心地ここち 코꼬찌 명 기분, 느낌

□ 感かんじ 칸지 명 느낌, 분위기

本当ほんとうに、いい気持きもちです!

혼또-니, 이- 키모찌데스!

정말, 기분이 좋아요!

□ 気分きぶんがいい 키붕가 이- 기분이 좋다, 마음이 좋다

□ 気持きもちがいい 키모찌가 이- 상쾌하다, 기분이 좋다

□ 機嫌きげんがいい 키겡가 이- 심신 상태가 좋다, 컨디션이 좋다

□ 心地ここちいい 코꼬찌이- 편안하다

□ 感かんじがいい 칸지가 이- 느낌이 좋다, 분위기가 좋다

□ 気分きぶんが悪わるい 키붕가 와루이 감정이 상하다, 속이 안 좋다

□ 気持きもちが悪わるい 키모찌가 와루이 기분이 나쁘다, 불쾌하다, 징그럽다

□ 機嫌きげんが悪わるい 키겡가 와루이 기분이 언짢다

= 気分きぶんがすぐれない 키붕가 스구레나이

□ 感かんじが悪わるい 칸지가 와루이 인상이 나쁘다, 느낌이 나쁘다

tip. 이 중 **気持ち**와 **気分**이 헷갈리기 쉬운데요. **気持ち**는 주로 감정적으로 그때 그때 마음의 상태이며, **気分**은 주로 생리적으로 지속되는 상태까지 포함하는 어감이 있습니다. 단어의 쓰임 차이는 예문을 많이 보면서 익히는 것이 제일 좋습니다.

船ふねに酔よって気分きぶん[気持きもち]が悪わるいです。

후네니 욧떼 키붕[키모찌]가 와루이데스

배멀미로 속이 안 좋아요.

服ふくが濡ぬれていて、気持きもちが悪わるくて、それで気分きぶんが悪わるくなった。

후꾸가 누레떼이떼, 키모찌가 와루꾸떼, 소레데 키붕가 와루꾸낫따

옷이 젖어 있으니, 불쾌해서 기분이 나빠졌어.

機嫌きげんが悪わるいね。
키겡가 와루이네
기분이 언짢아 보이네.

□ 楽たのしい 타노시– 형 즐겁다
　□ 楽たのしみ 타노시미 명 즐거움, 낙

□ 嬉うれしい 우레시– 형 기쁘다
　□ 喜よろこぶ 요로꼬부 동 기뻐하다, 즐거워하다
　□ 喜よろこび 요로꼬비 명 기쁨
　= 嬉うれしさ 우레시사

□ 面白おもしろい 오모시로이 형 재미있다
　□ 面白おもしろみ 오모시로미 명 재미, 흥미
　= 面白おもしろさ 오모시로사

とても面白おもしろいです!
토떼모 오모시로이데스!
아주 재미있어요!

□ 興奮こうふんする 코–훈스루 동 흥분하다
　□ 興奮こうふん 코–훙 명 흥분

□ 浮うき浮うき 우끼우끼 부 신이 나서 들뜬 모양

□ 笑わらう 와라우 동 웃다
　□ 笑わらい 와라이 명 웃음

□ ほほ笑えむ 호호에무 동 미소짓다
　□ ほほ笑えみ 호호에미 명 미소

□ 気きに入いる 키니 이루 마음에 들다

□ 好すきだ 스끼다 형동 좋아하다

□ 好すき 스끼 명 좋아함

□ 嫌きらいだ 키라이다 형동 싫어하다

□ 嫌きらい 키라이 명 싫어함

□ 嫌いやだ 이야다 형동 싫다

□ 嫌いや 이야 명 싫음

□ 好すき嫌きらい 스끼끼라이 명 좋아함과 싫어함; 호불호(好不好)

□ 落おち着つく 오찌쯔꾸 동 안정되다; 침착하다

tip. 落ち着く는 결혼, 직장, 거처 등이 정해져서 안정되는 것도 포함합니다. 예를 들면, '**そろそろ落(お)ち着(つ)きたいな。** 소로소로 오찌쯔끼따이나 (이제 슬슬 정착하고 싶다.)'에는 '결혼하여 안정되고 싶다'는 뜻이 내포되어 있습니다.

□ ほっとする 홋또스루 동 한숨 놓다, 안심하다

□ 安心あんしん 안싱 명 안심

□ 安心あんしんする 안신스루 동 안심되다

□ 一安心ひとあんしんする 히또안신스루 동 한시름 놓다

ご安心あんしんください。

고안싱 쿠다사이

안심하세요.

□ 満足まんぞくだ 만조꾸다 형 만족하다

□ 満足まんぞく 만조꾸 명 만족

□ 幸しあわせだ 시아와세다 형 행복하다

□ 幸しあわせ 시아와세 명 행복

私わたしは幸しあわせです。

와따시와 시아와세데스

나는 행복해요.

□ 欲ほしい 호시– 형 바라다, 가지고 싶다, ~하고 싶다

　□ 願ねがう 네가우 동 빌다, 원하다

□ 悲かなしい 카나시– 형 슬프다

　□ 悲かなしみ 카나시미 명 슬픔, 비애

□ 憂鬱ゆううつ 유–우쯔 명 우울

　= うつ 우쯔

　□ うつ病びょう 우쯔뵤– 명 우울증

□ めいる 메이루 동 기가[풀이] 죽다, 우울해지다

□ 苦くるしい 쿠루시– 형 괴롭다, 고통스럽다

　= 辛つらい 츠라이

□ 苦痛くつう 쿠쯔– 명 고통

□ 悩なやましい 나야마시– 형 고민되다

　□ 悩なやみ 나야미 명 고민

□ 寂さびしい 사비시– 형 쓸쓸하다, 적적하다, 외롭다

　□ 寂さびしがり屋や 사비시가리야 명 외로움을 많이 타는 사람

□ 情なさけない 나사께나이 형 한심하다; 비참하다

□ 憎にくい 니꾸이 형 밉다

　□ 憎にくしみ 닉시미 명 미움, 증오

□ 絶望的ぜつぼうてきだ 제쯔보–떼끼다 형동 절망적이다

絶望的ぜつぼうてきです。
제쯔보–떼끼데스
절망적이에요.

□ 失望しつぼう 시쯔보– 명 실망

□ 失望しつぼうする 시쯔보–스루 동 실망하다

= がっかりする 각까리스루

□ がっかり 각까리 부 실망[낙담]하는 모양

tip. **がっかり**와 **失望** 둘 다 우리말로 '실망하다'이지만, 쓰임에는 차이가 있습니다. **失望する**는 좀 더 절실하고 큰 일에 대해 사용하고, **がっかり**는 기대만큼 결과가 나오지 않아 낙담했다는 뜻으로, 일반적인 경우에 씁니다. 가령 대학에 불합격했거나 자식이 크게 다치거나 동업자에게 배신 당한 것을 **がっかりした**라고 말하면 어색한 표현이 됩니다.

□ 悔くやしい 쿠야시– 형 분하다, 억울하다; 속상하다

tip. **悔しい**는 보통 '분하다, 억울하다'로 많이 해석하지만, '속상하다'는 의미로도 많이 쓰입니다.

□ 怒おこる 오꼬루 동 화내다, 성내다

= 腹はら(が)立たつ 하라(가) 타쯔

□ 怒いかり 이까리 명 화남, 분노

□ 不愉快ふゆかい 후유까이 명 불쾌

□ 苦苦にがにがしい 니가니가시– 형 대단히 불쾌하다

本当ほんとうに不愉快ふゆかいです。

혼또–니 후유까이데스

정말 불쾌해요.

□ 恥はずかしい 하즈까시– 형 부끄럽다, 창피하다

□ 恥はじ 하지 명 부끄러움, 수치, 치욕

□ 恥はずかしがり屋や 하즈까시가리야 명 부끄러움을 잘 타는 사람

= はにかみ屋や 하니까미야

□ 不安ふあんだ 후안다 형동 불안하다

□ くよくよ 쿠요꾸요 부 사소한 일을 늘 걱정하는 모양; 끙끙

くよくよするなよ。

쿠요꾸요 스루나요

끙끙하지 마(걱정하지 마).

□ イラ立だつ 이라다쯔 동 초조해하다, 짜증 나다
= むしゃくしゃする 무샤꾸샤스루

□ 焦あせる 아세루 동 안달하다, 초조하게 굴다, 긴장하다
□ いらいら 이라이라 부 초조한 모양

□ 怖こわい 코와이 형 무섭다, 두렵다
= 恐おそろしい 오소로시–
□ 恐怖きょうふ 쿄–후 명 공포
□ 臆病者おくびょうもの 오꾸뵤–모노 명 겁쟁이

□ うんざりだ 운자리다 형동 넌더리 나다, 지겹다

□ 飽あきる 아끼루 동 싫증 나다

□ めんどうくさい 멘도–꾸사이 형 아주 귀찮다, 매우 성가시다

□ 手数てすうをかける 테스–오 카께루 번거롭게 하다

□ 迷惑めいわくをかける 메–와꾸오 카께루 민폐를 끼치다

□ 性格せいかく 세–까꾸 명 성격
□ 人柄ひとがら 히또가라 명 인품, 성품

□ 親切しんせつだ 신세쯔다 형동 친절하다

□ 素直すなおだ 스나오다 형동 순수하다, 솔직하다
□ 正直しょうじきだ 쇼–지끼다 형동 정직하다

tip. 率直(そっちょく) 솟쬬꾸도 '솔직'이라는 단어지만, 성격을 말할 때는 素直(すなお)를 씁니다.

□ やさしい 야사시– 형 자상하다, 친절하다

□ おとなしい 오또나시– 형 얌전하다, 온순하다

□ 落おち着ついている 오찌쯔이떼 이루 동 점잖다, 얌전하다

□ 真面目まじめだ 마지메다 형동 착실하다, 성실하다

□ 人情味にんじょうみあふれる 닌죠–미 아후레루 인정이 많다, 인심이 후하다

  □ 情じょうに厚あつい 죠–니 아쯔이 인심이 후하다, 정이 두텁다

  □ 情なさけ深ぶかい 나사께부까이 형 인정이 많다

tip. 한국의 정서는 **情(じょう)** 죠–라면 일본은 '폐를 끼치지 않는다'라는 **迷惑(めいわく)をかけない** 메–와꾸오 카께나이가 대표적인 정서이다보니, 일본에서 **情**은 널리 쓰이지 않습니다. 그래서 일본어에서는 사람의 성격을 나타낼 때 '정이 많다' 보다 **やさしい**, **真面目(まじめ)だ**라는 표현을 주로 씁니다. **情**가 들어간 표현 중 그나마 많이 쓰이는 것이 '**情(なさ)けない**'입니다. 읽는 법은 **じょう**와 **なさけ**가 있지만 뜻에 따라 다르게 읽습니다. **じょう**라고 읽는 예로 '**生(う)み情(じょう)** 우미죠– (낳은 정)', '**育(そだ)ての情(じょう)** 소다떼노 죠– (기른 정)' 등이 있습니다.

□ 明あかるい 아까루이 형 밝다, 명랑하다

  = 陽気ようきだ 요–끼다 형동

  = 朗ほがらかだ 호가라까다 형동

□ のんきだ 농끼다 형동 낙천적이다, 무사태평이다

  □ おおらかだ 오오라까다 형동 태평하다

  □ のんびりや 놈비리야 명 느긋한 사람

□ 気きさくだ 키사꾸다 형동 싹싹하다

  □ サバサバしている 사바사바시떼 이루 동 (성격이) 시원시원하다

  □ 愛嬌あいきょうのある 아이꾜–노 아루 애교 있다

  □ 人懐ひとなつこい 히또나쯔꼬이 형 붙임성 있다, 사람을 잘 따르다

□ 几帳面きちょうめんだ 키쬬–멘다 형동 꼼꼼하다

□ 積極的せっきょくてきだ 섹꾜꾸떼끼다 형동 적극적이다

  □ 消極的しょうきょくてきだ 쇼–꾜꾸떼끼다 형동 소극적이다

□ 外向的がいこうてきだ 가이꼬-떼끼다 형동 외향적이다
　□ 内向的ないこうてきだ 나이꼬-떼끼다 형동 내향적이다

□ インドア派は 인도아하 인도어파(집안에서 지내기 좋아하는 사람)
　□ アウトドア派は 아우토도아하 아웃도어파(밖에서 활동하기 좋아하는 사람)

□ 楽天的らくてんてきだ 라꾸뗑떼끼다 형동 낙천적이다

□ 活動的かつどうてきだ 카쯔도-떼끼다 형동 활동적이다

□ 人見知ひとみしり 히또미시리 명 낯가림

□ 友好的ゆうこうてきだ 유-꼬-떼끼다 형동 우호적이다

□ 社交的しゃこうてきだ 샤꼬-떼끼다 형동 사교적이다

□ いい 이- 형 좋다, 훌륭하다
　= よい 요이

□ 悪わるい 와루이 형 나쁘다, 못되다
　□ がらが悪わるい 가라가 와루이 질이 나쁘다
　□ 不良ふりょう 후료- 명 불량아
　= ヤンキー 양키-

□ 前向まえむきだ 마에무끼다 형동 긍정적이다
　□ ポジティブ 포지티부 명 긍정적
　□ プラス思考しこう 푸라스 시꼬- 명 긍적적 사고

□ 否定的ひていてきだ 히떼-떼끼다 형동 부정적이다
　□ ネガティブ 네가티부 명 부정적

□ 悲観的ひかんてきだ 히깡떼끼다 형동 비관적이다

□ 無口むくちだ 무꾸찌다 형동 말수가 적다, 과묵하다

= 寡黙かもくだ 카모꾸다

□ 慎重しんちょうだ 싱쬬–다 형동 신중하다

□ 優柔不断ゆうじゅうふだんだ 유–쥬–후단다 형동 우유부단하다

□ 優柔不断ゆうじゅうふだん 유–쥬–후당 명 우유부단

□ 流ながされやすい 나가사레야스이 형 귀가 얇다

□ 大人おとなっぽい 오또납뽀이 형 어른스럽다

□ 子供こどもっぽい 코도몹뽀이 형 어린아이 같다, 유치하다

□ 神経質しんけいしつだ 싱께–시쯔다 형동 신경질적이다

□ 気難きむずかしい 키무즈까시– 형 성미가 까다롭다

□ 偉えらそうだ 에라소–다 형동 잘난체하다, 거만하다

□ 頑固がんこだ 강꼬다 형동 완고하다, 고집스럽다

□ いじっぱり 이집빠리 명 고집쟁이

□ 自分勝手じぶんかってだ 지붕깟떼다 형동 이기적이다, 제멋대로 굴다

= わがままだ 와가마마다

彼かれはとても自分勝手じぶんかってな性格せいかくです。

카레와 토떼모 지붕깟떼나 세–까꾸데스

그는 너무 이기적인 성격이에요.

□ けちだ 케찌다 형동 쩨쩨하다, 인색하다

□ 短気たんきだ 탕끼다 형동 성질이 급하다

□ せっかちだ 섹까찌다 형동 성급하다

□ そそっかしい 소속까시– 형 경솔하다, 덜렁대다

□ がんばり屋や 감바리야 명 끝까지 잘 버티는 사람

□ 引ひきこもり 히끼꼬모리 명 방에 틀어박혀 있는 사람

□ 変かわり者もの 카와리모노 명 특이한 사람, 이상한 사람

04. 교통체증

꼭! 써먹는 **실전 회화**

鈴木
すずき
私わたしは東京とうきょうが嫌きらいだよ。
와따시와 토–꾜–가 키라이다요
나는 도쿄가 싫어.

中村
なかむら
なぜ? 昨日きのうは東京とうきょうが素敵すてきな都会とかいだって言いってたじゃない?
나제? 키노–와 토–꾜–가 스떼끼나 토까이닷떼 잇떼따쟈나이?
왜? 어제는 도쿄가 멋진 도시라고 했었잖아?

鈴木
すずき
そうだけど。でも、今朝けさ交通渋滞こうつうじゅうたいのせいで会社かいしゃに遅おくれたんだ。
소–다께도. 데모, 케사 코–쯔–쥬–따이노 세–데 카이샤니 오꾸레딴다
그렇긴 한데. 하지만, 오늘 아침 교통체증 때문에 회사에 지각했거든.

中村
なかむら
なるほど。そんなに腹立はらたてるな。
나루호도. 손나니 하라따떼루나
그랬구나. 그렇게 짜증 내지 마라.

ユニット 05.

사랑 愛 아이

□ 会あう 아우

동 만나다, 조우하다

□ 合ごうコン 고–꽁

명 (단체) 미팅

□ お見合みあい 오미아이

명 맞선

□ 愛あい 아이

명 사랑

□ 愛あいする 아이스루

동 사랑하다

□ 理想りそうのタイプ 리소–노 타이푸

명 이상형

□ 付つき合あう 츠끼아우

동 교제하다, 사귀다; 함께하다

□ 交際こうさい 코–사이

명 교제

□ デート 데–토

명 데이트

□ 恋こい 코이

명 (남녀 간의) 사랑, 연애

□ 恋こいする 코이스루

동 연애하다, (이성을) 사랑하다

□ 恋人こいびと 코이비또

명 연인, 애인

□ 好すきだ 스끼다

형동 좋아하다, 좋다

□ 彼氏かれし 카레시

명 그이, 연인[애인]인 남성, 남자 친구

□ ボーイフレンド 보-이후렌도

명 남자 친구

□ 懐なつかしい 나쯔까시-

형 그립다; 반갑다

□ 抱だく 다꾸

동 안다; (이성과) 동침하다

□ 恋こいに落おちる 코이니 오찌루

사랑에 빠지다

□ 惚ほれる 호레루

동 (이성에게) 반하다

□ 彼女かのじょ 카노죠

명 연인[애인]인 여성, 여자 친구

□ ガールフレンド 가-루후렌도

명 여자 친구

□ ウィンク 윙쿠

명 윙크

□ キス 키스

= 口付くちづけ 쿠찌즈께

명 키스, 입맞춤

□ チューする 츄-스루

동 뽀뽀하다

□ 関係かんけい 캉께-

명 관계

□ 嫉妬しっと 싯또

명 질투

□ ごまかす 고마까스

동 속이다; 얼버무리다

□ 嘘うそ 우소

명 거짓말

□ 浮気うわき(を)する 우와끼(오) 스루

동 바람(을) 피우다

□ 浮気者うわきもの 우와끼모노

명 바람둥이

□ 裏切うらぎる 우라기루

동 배신하다

□ 振ふる 후루

동 퇴짜 놓다, 차다

□ 別わかれる 와까레루

동 헤어지다, 이별하다

□ 別わかれ 와까레

명 이별

□ 失恋しつれんする 시쯔렌스루

동 실연당하다

□ 忘わすれる 와스레루

동 잊다

□ 落おち込こむ 오찌꼬무

= 凹へこむ 헤꼬무

동 절망하다, 우울하다

□ 婚約 こんやく 콩야꾸
명 약혼

□ 婚約者 こんやくしゃ 콩야꾸샤
= フィアンセ 휘앙세
명 약혼자

□ プロポーズ 프로포-즈
= 求婚 きゅうこん 큐-꽁
명 프러포즈, 청혼

□ 結婚 けっこん 켁꽁
명 결혼

□ 結婚式 けっこんしき 켁꼰시끼
명 결혼식

□ 招待状 しょうたいじょう 쇼-따이죠-
명 청첩장

□ ウェディングドレス 웨딩구도레스
명 웨딩드레스

□ 結婚指輪 けっこんゆびわ 켁꽁유비와
명 결혼 반지

□ ブーケ 부-케
명 부케

□ 披露宴 ひろうえん 히로-엥
명 피로연

□ 花婿 はなむこ 하나무꼬
명 신랑

□ 新郎 しんろう 신로-
명 신랑

□ 花嫁 はなよめ 하나요메
명 신부

□ 新婦 しんぷ 심뿌
명 신부

□ 愛あい 아이 명 사랑

□ 愛あいする 아이스루 동 사랑하다

□ 愛あいし合あう 아이시아우 서로 사랑하다

tip. 愛し合う는 남녀 간의 사랑에서도 쓸 수 있는 표현입니다.

愛あいしてる。
아이시떼루
사랑해.

□ 恋こい 코이 명 (남녀 간의) 사랑, 연애

tip. 恋보다 愛가 큰 개념의 '사랑'입니다.

□ 恋こいする 코이스루 동 연애하다, (이성을) 사랑하다

□ 恋こいに落おちる 코이니 오찌루 (남녀 간의) 사랑에 빠지다

□ 初恋はつこい 하쯔꼬이 명 첫사랑

□ 会あう 아우 동 만나다, 조우하다

□ 出会であう 데아우 동 우연히 만나다, 마주치다

= 遭遇そうぐうする 소–구–스루

= 鉢合はちあわせする 하찌아와세스루

□ 付つき合あう 츠끼아우 동 교제하다, 사귀다; 함께하다

□ 交際こうさい 코–사이 명 교제

今日きょう、買かい物ものに付つき合あって。
쿄–, 카이모노니 츠끼앗떼
오늘, 나랑 같이 쇼핑 가자.

□ 合ごうコン 고–꽁 명 (단체) 미팅

tip. 合コン은 合同(ごうどう 고–도–)+コンパ 콤파 (비용을 갹출하는 친목회)의 준말입니다.

□ お見合みあい 오미아이 명 맞선

□ デート 데–토 명 데이트

□ 理想りそうのタイプ 리소–노 타이푸 명 이상형

□ 好すきなタイプ 스끼나 타이푸 좋아하는 스타일

tip. 한국어로 '좋아하는 스타일'을 직역하면 好(す)きなスタイル 스끼나 스타이루가 되는데, 이 경우 '좋아하는 몸매'라는 어감이므로 적합하지 않습니다.

□ 気きが合あう 키가 아우 마음이 맞다, 취향이 맞다

□ 気きになる 키니 나루 관심이 가다, 신경 쓰이다, 궁금하다

□ 気きに入いる 키니 이루 마음에 들다

□ 気きにくわない 키니 쿠와나이 못마땅하다, 거슬리다

□ 相性あいしょう 아이쇼– 명 궁합

□ 相性占あいしょううらない 아이쇼–우라나이 명 궁합(점)

□ 好すきだ 스끼다 형동 좋아하다, 좋다

□ 大好だいすきだ 다이스끼다 형동 매우 좋아하다

君きみが好すきだ。
기미가 스끼다
너를 좋아해[네가 좋다].

tip. **好きだ**는 타동사처럼 해석되지만, 형용사의 성격을 갖고 있는 형용동사입니다. 형용동사 앞에 목적격 조사 **を**를 취할 수 없으므로, 조사는 항상 **が**를 사용해야 합니다.

□ 恋人こいびと 코이비또 명 연인, 애인

□ 恋人同士こいびとどうし 코이비또도–시 연인 사이

□ 愛人あいじん 아이징 명 (불륜 관계의) 애인

tip. 한국어의 '애인'에 해당하는 표현은 **愛人**이 아니라, **恋人**입니다. **愛人**은 불륜 관계의 사람을 가리키기 때문에 주의하세요.

□ 彼氏かれし 카레시 명 그이, 연인[애인]인 남성, 남자 친구

□ ボーイフレンド 보–이후렌도 명 남자 친구

彼女かのじょは彼氏かれしいる?
카노죠와 카레시 이루?
그녀는 남자 친구 있어?

tip. **彼女**는 '그녀'라는 뜻도 있습니다. 참고로, '그'는 **彼(かれ)** 카레입니다.

□ 彼女かのじょ 카노죠 명 연인[애인]인 여성, 여자 친구

□ ガールフレンド 가–루후렌도 명 여자 친구

□ 知しり合あい 시리아이 명 아는 사이, 지인

= 知人ちじん 치징

□ 魅力みりょく 미료꾸 명 매력

□ 愛あいらしい 아이라시– 형 사랑스럽다
= 愛あいくるしい 아이꾸루시–
= 愛いとしい 이또시–

□ 懐なつかしい 나쯔까시– 형 그립다; 반갑다

□ 口説くどく 쿠도꾸 동 구애하다, 꾀다

□ 軟派なんぱ 남빠 명 꾐(놀기 위해서 거리에서 이성에 접근하여 유혹하는 일)
□ 軟派なんぱする 남빠스루 동 꾀다

□ ウィンク 윙쿠 명 윙크

□ スキンシップ 스킨십푸 명 스킨십

□ 抱だく 다꾸 동 안다; (이성과) 동침하다

□ キス 키스 명 키스, 입맞춤
= 口付くちづけ 쿠찌즈께
□ チューする 츄–스루 동 뽀뽀하다

tip. チューする는 유아어로, 아이들이 쓰는 말입니다.

□ 惚ほれる 호레루 동 (이성에게) 반하다
□ 一目ひとめ惚ぼれする 히또메보레스루 동 한눈에 반하다
□ あばたもえくぼ 아바따모 에꾸보 마마 자국도 보조개로 보인다

tip. あばたもえくぼ는 '제 눈에 안경', 또는 '눈에 콩깍지가 씌었다'라는 의미로 쓸 수 있습니다.

□ お似合にあい 오니아이 잘 어울림
□ 釣つり合あう 츠리아우 동 어울리다, 걸맞다

□ カップル 캅푸루 명 커플

□ 片思かたおもい 카따오모이 명 짝사랑

□ 両思りょうおもい 료–오모이 명 서로 사모하고 사랑함
= 両想りょうおもい 료–오모이

□ 恋煩こいわずらい 코이와즈라이 명 상사병

□ 関係かんけい 캉께– 명 관계

□ 嫉妬しっと 싯또 명 질투

□ トラブル 토라부루 명 트러블; 말썽; 고장

□ ごまかす 고마까스 동 속이다; 얼버무리다

□ 嘘うそ 우소 명 거짓말
□ 嘘うそつき 우소쯔끼 명 거짓말쟁이

□ 言いい訳わけ 이–와께 명 핑계, 변명

□ すっぽかす 습뽀까스 동 어기다(해야 할 일·약속 따위를 하지 않고 제쳐놓다)
□ ドタキャン 도타캰 명 (이행 시간 직전의) 약속 파기

約束やくそくをすっぽかすな。
약소꾸오 습뽀까스나
약속을 어기지 마.

tip. ドタキャン은 土壇場(どたんば) 도땀바의 약자와 영어 キャンセル의 약자를 합친 단어입니다. 土壇場의 어원은 일본 근세시대 때 있었던 단두대 같은 곳을 말하며, 土壇場キャンセル는 '사형 당하기 직전의 취소'라는 의미로, '막판을 뒤집다'라는 뜻이 됩니다.

□ 浮気うわき(を)する 우와끼(오) 스루 동 바람(을) 피우다
□ 浮気者うわきもの 우와끼모노 명 바람둥이

□ 二股ふたまたをかける 후따마따오 카께루 양다리를 걸치다

□ すがる 스가루 동 매달리다; 의지하다

□ 裏切うらぎる 우라기루 동 배신하다

□ 裏切うらぎられる 우라기라레루 동 배신당하다

□ 別わかれる 와까레루 동 헤어지다, 이별하다

□ 別わかれ 와까레 명 이별

私わたしは彼かれと別わかれた。
와따시와 카레또 와까레따
나는 그와 헤어졌다.

□ 振ふる 후루 동 퇴짜 놓다, 차다

□ 振ふられる 후라레루 동 차이다, 버림 받다

私わたしが彼かれを振ふった。
와따시가 카레오 훗따
내가 그를 찼지.

□ 失恋しつれんする 시쯔렌스루 동 실연당하다

□ 忘わすれる 와스레루 동 잊다

□ 落おち込こむ 오찌꼬무 동 절망하다, 우울하다

= 凹へこむ 헤꼬무

□ 立たち直なおる 타찌나오루 동 다시 일어서다, 이겨내다

□ やり直なおす 야리나오스 동 다시 (시작)하다

□ 独身どくしん 독싱 명 싱글, 미혼, 독신

= シングル 싱구루

□ 未婚者みこんしゃ 미꼰샤 명 미혼자

□ 既婚きこん 키꽁 명 기혼

□ 既婚者きこんしゃ 키꼰샤 명 기혼자

□ 婚約こんやく 콩야꾸 명 약혼

□ 婚約者こんやくしゃ 콩야꾸샤 명 약혼자

= フィアンセ 휘앙세

□ プロポーズ 프로포–즈 명 프러포즈, 청혼

= 求婚きゅうこん 큐–꽁

□ 結婚けっこん 켁꽁 명 결혼

□ 恋愛結婚れんあいけっこん 렝아이 켁꽁 명 연애 결혼

□ 見合みあい結婚けっこん 미아이 켁꽁 명 중매 결혼

□ できちゃった結婚けっこん 데끼쨧따 켁꽁 명 속도 위반 결혼

tip. できちゃった結婚은 혼전 임신 등으로 갑자기 하게 되는 결혼을 말하는데, 인기 드라마의 제목이기도 했습니다.

□ 結婚式けっこんしき 켁꼰시끼 명 결혼식

□ 挙式きょしき 쿄시끼 명 거식; 결혼식

結婚式けっこんしきはいつにする?

켁꼰시끼와 이쯔니 스루?

결혼식은 언제로 하지?

□ 嫁よめをもらう 요메오 모라우 장가들다

□ 嫁とつぐ 토쯔구 동 시집가다

= 嫁よめに行いく 요메니 이꾸

□ 日取ひどり 히도리 명 택일

□ 招待状しょうたいじょう 쇼–따이죠– 명 청첩장

□ 結婚指輪けっこんゆびわ 켁꽁유비와 명 결혼 반지

□ ウェディングドレス 웨딩구도레스 명 웨딩드레스

□ ベール 베–루 명 베일, 면사포

□ ブーケ 부–케 명 부케

□ タキシード 타키시–도 명 턱시도

□ 披露宴ひろうえん 히로–엥 명 피로연

□ 仲人なこうど 나꼬–도 명 중매인

tip. **仲人**는 중매 역할뿐만 아니라 두 남녀의 결혼을 보증하고, 결혼 과정이나 결혼 생활에 대해 상담하는 멘토 역할까지 하며, 결혼식에서는 주례도 맡습니다. 중매 결혼일 경우에는 중매인이 결혼을 진행하지만, 연애 결혼일 경우에는 중매인을 정해 나머지 역할을 부탁하기도 합니다. 그러나 오늘날 일본에서는 연애 결혼이 증가하면서, **仲人** 없이 결혼식을 올리는 경우도 많아졌습니다.

□ 花婿はなむこ 하나무꼬 명 신랑

□ 新郎しんろう 신로– 명 신랑

□ 花嫁はなよめ 하나요메 명 신부

□ 新婦しんぷ 심뿌 명 신부

tip. **花婿**와 **花嫁**는 옛날에 쓰이던 '신랑, 신부'라는 말이지만, 지금도 흔히 하는 말입니다. 하객이나 일반 사람들이 축하의 뜻을 담아 '신랑, 신부'를 부를 때 사용합니다. **新郎**과 **新婦**는 신분을 말하거나 결혼식에서 주례가 호칭할 때만 쓰기 때문에, 보통 **花婿**와 **花嫁**를 더 많이 듣게 됩니다.

花嫁はなよめさんがとてもきれいですね!
하나요메상가 토떼모 키레–데스네!
신부가 참 아름다워요!

□ 付つき添そい 츠끼소이 명 들러리

tip. **付き添い**는 '계속 함께하다, 붙어 있다'라는 뜻도 있습니다.

□ お祝いわいの客きゃく 오이와이노 캬꾸 명 하객

□ 祝いわいの言葉ことば 이와이노 코또바 축하의 말, 축사

= 祝詞しゅくし 슈꾸시

= 祝辞しゅくじ 슈꾸지

□ 祝儀しゅうぎ 슈–기 명 축의금

□ 誓ちかう 치까우 동 맹세하다, 서약하다

□ 祝いわう 이와우 동 축하하다, 축복하다

□ おめでとうございます 오메데또–고자이마스 감 축하합니다

お祝いわいしましょう。
오이와이 시마쇼–
축하 (파티) 합시다.

tip. **お祝い**에는 '축하 파티'나 '축하 선물'이라는 의미가 있어서, '축하합니다'라고 할 때, **お祝いします** 오이와이시마스라고 표현하지 않으니 주의하세요.

□ 結婚けっこん(の)(お)祝いわい 켁꽁(노) (오)이와이 명 결혼 (축하) 선물

□ 引出物ひきでもの 히끼데모노 명 답례품(연회나 잔치 때 주인이 손님에게 내놓는 선물)

結婚けっこんのお祝いわいは何なにがいいかしら。
켁꼰노 오이와이와 나니가 이–까시라
결혼 선물은 무엇이 좋을까?

□ めでたいこと 메데따이코또 축하할 일, 경사

□ 祝福しゅくふく 슈꾸후꾸 명 축복

□ 記念日きねんび 키넴비 명 기념일

□ 新婚旅行しんこんりょこう 싱꼰료꼬– 명 신혼여행, 허니문

= ハネムーン 하네무–ㅇ

新婚旅行しんこんりょこうは沖縄おきなわに行いきます。
싱꼰료꼬–와 오끼나와니 이끼마스
신혼여행은 오키나와로 갑니다.

□ 夫婦ふうふ 후–후 명 부부

□ 連つれ合あい 츠레아이 명 배우자

tip. **連(つ)れ** 츠레만 쓰면 '일행'이라는 뜻이 됩니다.

□ 舅しゅうと 슈–또 명 시아버지; 장인

= 義理ぎりのお父とうさん 기리노 오또–상

□ 夫おっとの父ちち 옷또노 치찌 시아버지

□ 姑しゅうとめ 슈-또메 명 시어머니; 장모

= 義理ぎりのお母かあさん 기리노 오까-상

□ 夫おっとの母はは 옷또노 하하 시어머니

tip. 실제로 며느리가 시어머니를 다른 사람에게 언급할 때, **姑**라고 하면 좋지 않은 어감이므로, **義理のお母さん** 기리노 오까-상, **夫のお母さん** 옷또노 오까-상이라고 존칭합니다.
한편, 다른 사람이 며느리나 제3자에게 그 집안의 시어머니를 언급할 때도 **お姑さん** 오슈-또메상이라고 존칭해서 말합니다.

□ 義理ぎりの兄あに 기리노 아니 명 처남, 동서, 매형, 형부

□ 義理ぎりの弟おとうと 기리노 오또-또 명 제부, 매제, 시동생

□ 義理ぎりの姉あね 기리노 아네 명 형수, 올케, 시누이

□ 義理ぎりの妹いもうと 기리노 이모-또 명 제수, 올케, 시누이

□ 妻つまの姉あね 츠마노 아네 명 처형

□ 妻つまの妹いもうと 츠마노 이모-또 명 처제

□ 妻つまの弟おとうと 츠마노 오또-또 명 처남

□ 兄嫁あによめ 아니요메 명 형수, 올케

□ 弟嫁おとうとよめ 오또-또요메 명 제수, 올케

□ 実家じっか 직까 명 생가, 본가; 친정

□ 夫おっとの実家じっか 옷또노 직까 명 시댁

□ 妻つまの実家じっか 츠마노 직까 명 처가

□ 離婚りこん 리꽁 명 이혼

□ バツイチ 바츠이치 명 한 번 이혼한 적 있음

□ 離婚届りこんとどけ 리꼰또도께 명 이혼신청서

tip. **バツイチ**는 '×표가 하나 붙어 있다'는 뜻으로, 이혼을 하면 호적에 '×표(**罰点(ばってん)** 바뗑)'가 표시되는 것에서 연유한 말인데, 젊은이들 사이에서 쓰이는 속어입니다.
참고로, 이혼을 두 번 하면 **バツニ** 바츠니라고 합니다.

□ 熟年離婚じゅくねんりこん 쥬꾸넨리꽁 황혼 이혼

最近さいきんは熟年離婚じゅくねんりこんが増ふえている。
사이낑와 쥬꾸넨리꽁가 후에떼 이루
요즘에는 황혼 이혼이 늘고 있다.

□ 再婚さいこん 사이꽁 명 재혼

□ 別居べっきょ 벡꾜 명 별거

05. 데이트

꼭! 써먹는 **실전 회화**

高橋 たかはし
昨日きのう、中山なかやまさんという人ひとに出会であった。彼女かのじょは僕ぼくの理想りそうのタイプだ。
키노-, 나까야마상또이우 히또니 데앗따.
카노죠와 보꾸노 리소-노 타이푸다
어제, 나카야마 씨라는 사람을 만났어. 그녀는 내 이상형이야.

中村 なかむら
今週末こんしゅうまつにデートに誘さそったか。
콘슈-마쯔니 데-토니 사솟따까
이번 주말에 데이트 신청했어?

高橋 たかはし
いや、まだ。でも、彼女かのじょに会あいたい。
이야, 마다. 데모, 카노죠니 아이따이
아니, 아직. 하지만, 그녀와 만나고 싶어.

中村 なかむら
そうなら、彼女かのじょを特別とくべつな場所ばしょに連つれて行いって、君きみが彼女かのじょのことをどう思おもっているか言ゆってみろよ。
소-나라, 카노죠오 토꾸베쯔나 바쇼니 츠레떼잇떼, 키미가 카노죠노 코또오 도-오못떼 이루까 윳떼미로요
그러면, 그녀를 특별한 장소에 데려가서, 네가 그녀를 어떻게 생각하는지 말해 봐.

ユニット 06.

가족 家族 카조꾸

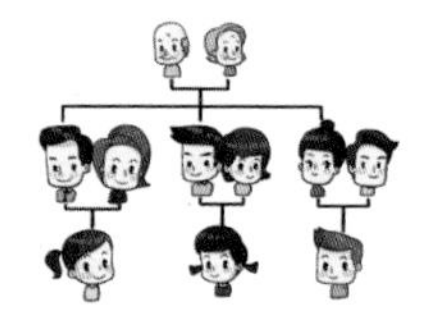

□ 家族かぞく 카조꾸
명 가족

□ 親戚しんせき 신세끼
명 친척

□ お祖父じいさん 오지-상
명 할아버지; 외할아버지

□ お祖母ばあさん 오바-상
명 할머니; 외할머니

□ 両親りょうしん 료-싱
명 양친, 부모

□ お父とうさん 오또-상 명 아버지
□ パパ 파파 명 아빠

□ お母かあさん 오까-상 명 어머니
□ ママ 마마 명 엄마

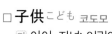

□ 子供こども 코도모
명 아이, 자녀; 어린이

□ 息子むすこ 무스꼬
명 아들

□ 兄あに 아니
= お兄にいさん 오니-상
명 형, 오빠

□ 弟おとうと 오또-또
명 남동생

□ 兄弟きょうだい 쿄-다이
명 형제

□ 姉妹しまい 시마이
명 자매

□ 娘むすめ 무스메
명 딸

□ 姉あね 아네
= お姉ねえさん 오네-상
명 누나, 언니

□ 妹いもうと 이모-또
명 여동생

□ **妻** つま 츠마
= **家内** かない 카나이
명 아내, 처

□ **夫** おっと 옷또
명 남편

□ **旦那** だんな 단나
명 남편; 주인

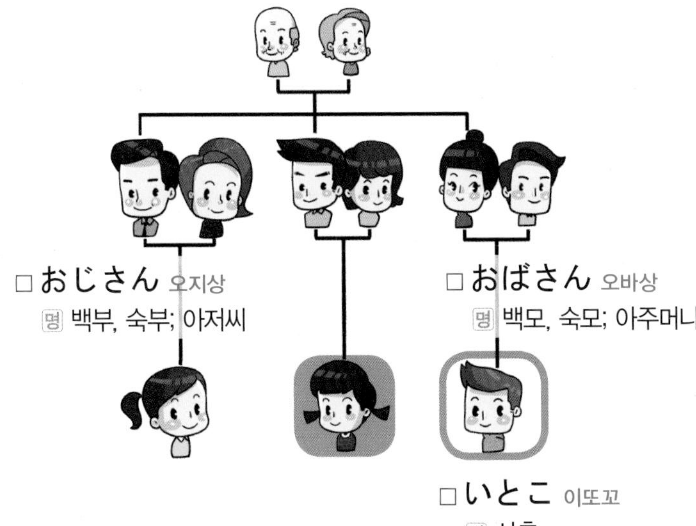

□ おじさん 오지상
명 백부, 숙부; 아저씨

□ おばさん 오바상
명 백모, 숙모; 아주머니

□ いとこ 이또꼬
명 사촌

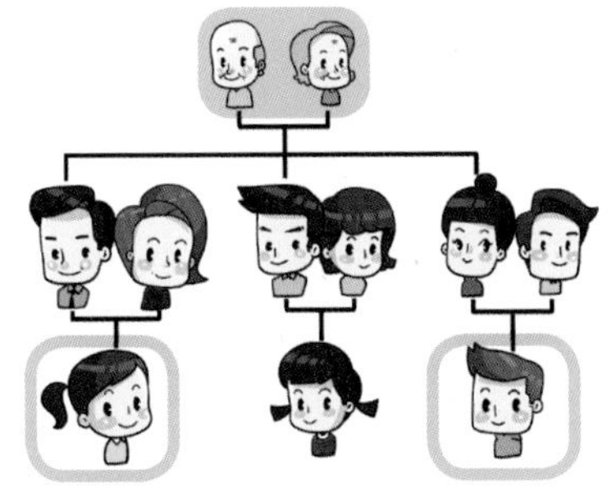

□ **孫娘** まごむすめ
마고무스메
명 손녀

□ **孫** まご 마고
명 손자; 자손

□ めい 메이
명 여자 조카

□ おい 오이
명 남자 조카

□ 大人おとな 오또나
명 어른, 성인

□ 年寄としより 토시요리
= 老人ろうじん 로-징
= シニア 시니아
명 노인, 늙은이

□ おいる 오이루
동 늙다

□ 若者わかもの 와까모노
= 青年せいねん 세-넹
명 청년, 젊은이

□ 若わかい 와까이
형 젊다; 어리다

□ 赤あかちゃん 아까쨩
= ベビー 베비-
명 아기

□ 妊娠にんしん 닌싱
명 임신

□ 妊産婦にんさんぷ 닌삼뿌
명 임산부

□ 出産しゅっさん 슛상
명 출산, 분만

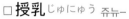

□ 授乳じゅにゅう 쥬뉴-
명 수유

□ 母乳ぼにゅう 보뉴-
명 모유

□ 粉こなミルク 코나미르쿠
명 분유

□ 哺乳瓶ほにゅうびん 보뉴-빙
명 젖병

□ 離乳食りにゅうしょく 리뉴–쇼꾸

명 이유식

□ おむつ 오무쯔

명 기저귀

□ 育そだてる 소다떼루

동 키우다, 기르다, 양육하다

□ 面倒めんどうを見みる 멘도–오 미루

돌보다, 보살피다

□ あやす 아야스

동 어르다, 달래다

□ 保母ほぼ 호보

명 보모

□ 乳母うば 우바

명 유모

□ ベビーシッター 베비–싯타–

명 베이비시터

□ ベビーカー 베비–카–

명 유모차

□ ベビーベッド 베비–벳도

명 아기 침대

□ 家族かぞく 카조꾸 명 가족

□ 両親りょうしん 료–싱 명 양친, 부모

tip. 상대방의 부모를 언급할 때에는, **ご両親(りょうしん)** 고료–싱이라고 높혀서 말합니다.

□ 父ちち 치찌 명 아버지

□ お父とうさん 오또–상 명 아버지

□ おやじ 오야지 명 아버지; 아저씨

□ パパ 파파 명 아빠

tip. **お父さん**과 **お母さん**은 각각 **父**와 **母**의 높임말로, 일반적으로 타인의 아버지와 어머니를 말할 때 쓰입니다.

tip. **おやじ**는 '아버지, 아저씨'라는 뜻의 속어이고, **パパ**는 아이가 쓰는 말입니다.

□ 母はは 하하 명 어머니

□ お母かあさん 오까–상 명 어머니

= おふくろ 오후꾸로

□ ママ 마마 명 엄마

tip. **おふくろ**는 '어머니'라는 뜻의 속어이고, **ママ**는 아이가 쓰는 말입니다.

□ 似にる 니루 동 닮다

□ 似にている 니떼 이루 닮았다

□ そっくり 속꾸리 부 꼭 닮음, 붕어빵

□ お母かあさん似に 오카–산니 엄마 닮음

□ お父とうさん似に 오또–산니 아빠 닮음

あなたはお父とうさんに似にてますか、お母かあさんに似にてますか。
아나따와 오또–산니 니떼마스까, 오까–산니 니떼마스까
당신은 아버지를 닮았어요, 어머니를 닮았어요?

□ 祖父母そふぼ 소후보 명 조부모

□ お祖父じいさん 오지–상 명 할아버지; 외할아버지

□ 祖父そふ 소후 명 조부; 할아버지

□ 母方ははかたの祖父そふ 하하까따노 소후 외할아버지

= 外祖父がいそふ 가이소후

□ お祖母ばあさん 오바–상 명 할머니; 외할머니

□ 祖母そぼ 소보 명 조모; 할머니

□ 母方ははかたの祖母そぼ 하하까따노 소보 명 외할머니

= 外祖母がいそぼ 가이소보

tip. 보통 '할아버지, 할머니'를 호칭할 때는 친가, 외가 구분 없이 **お祖父さん**, **お祖母さん**이라고 하면 됩니다. 하지만, 타인에게 자신의 '할아버지, 할머니'를 말할 때는 낮춰서 **祖父**, **祖母**라고 말하고, 타인의 '할아버지, 할머니'를 말할 때는 높여서 **お祖父さん**, **お祖母さん**이라고 말합니다. **祖父さん**, **祖母さん**은 자신의 '할아버지, 할머니'를 친근하게 부르는 말입니다.

□ 兄弟きょうだい 쿄–다이 명 형제

□ 兄あに 아니 명 형, 오빠

= お兄にいさん 오니–상

□ 弟おとうと 오또–또 명 남동생

tip. **兄さん**은 **兄**를 높여 부르는 말로, 어린 아이들은 **お兄ちゃん**이라고도 합니다. 남의 '형, 오빠'를 말할 때는 높혀서 **お兄さん**이라고 하고, 자신의 '형, 오빠'를 타인에게 말할 때는 낮춰서 **兄**라고 합니다. **姉さん**의 경우도 마찬가지입니다.

□ 姉妹しまい 시마이 명 자매

□ 姉あね 아네 명 누나, 언니

= お姉ねえさん 오네–상

□ 妹いもうと 이모–또 명 여동생

□ 子供こども 코도모 명 아이, 자녀; 어린이

□ 息子むすこ 무스꼬 명 아들

□ 娘むすめ 무스메 명 딸

tip. 남의 자녀를 높이는 '자제분'이라는 말은 **お子(こ)さん** 오꼬상, **お子様(こさま)** 오꼬사마 입니다. 참고로, 레스토랑 같은 곳에서 메뉴 중에 어린이 메뉴를 **お子様(こさま)メニュー** 오꼬사마 메뉴–라고 합니다.

□ 双子ふたご 후따고 명 쌍둥이

= 双生児そうせいじ 소–세–지

□ 夫おっと 옷또 명 남편
tip. 夫, 旦那, 主人은 자신의 남편을 말할 때 쓰고, 상대방의 남편을 일컬을 때는 旦那さん 단나상, ご主人 고슈징, ご主人さま 고슈징사마라고 합니다.

□ 旦那だんな 단나 명 남편; 주인

□ 主人しゅじん 슈징 명 남편, 가장

□ 妻つま 츠마 명 아내, 처
tip. 妻나 家内는 자기의 아내를 말할 때, 奥さん은 남의 아내를 높여 말할 때 쓰는 표현입니다.

= 家内かない 카나이

□ 奥おくさん 옥상 명 부인, 아주머니

□ 婿むこ 무꼬 명 사위

□ 入いり婿むこ 이리무꼬 명 데릴사위

□ 嫁よめ 요메 명 며느리
tip. 嫁는 '아내, 색시'라는 의미도 있습니다.

= お嫁よめさん 오요메상
tip. お嫁さん은 남의 며느리를 말할 때 쓰는 존칭입니다.

= 息子むすこの嫁よめ 무스꼬노 요메

□ 孫まご 마고 명 손자; 자손

□ 孫娘まごむすめ 마고무스메 명 손녀

□ 親戚しんせき 신세끼 명 친척

□ おじさん 오지상 명 백부, 숙부; 아저씨
tip. おじさん, おばさん에는 장음이 없는 것을 주의하세요. 장음이 있으면 おじいさん(할아버지), おばあさん(할머니)가 됩니다.

□ おばさん 오바상 명 백모, 숙모; 아주머니

□ いとこ 이또꼬 명 사촌

□ おい 오이 명 남자 조카

□ めい 메이 명 여자 조카

□ 大人おとな 오또나 명 어른, 성인

□ 年寄としより 토시요리 명 노인, 늙은이 → tip. お年寄(としよ)り 오또시요리는 '노인'을 존경하여 친밀하게 이르는 말입니다.

= 老人ろうじん 로-징

= シニア 시니아

□ 若者わかもの 와까모노 명 청년, 젊은이

= 青年せいねん 세-넹

最近さいきんの若者わかものは常識じょうしきのない奴やつが多おおい!
사이낀노 와까모노와 죠-시끼노 나이 야쯔가 오-이!
요즘 젊은이들은 버르장머리가 없는 녀석들이 많아!

□ 少年しょうねん 쇼-넹 명 소년

□ 少女しょうじょ 쇼-죠 명 소녀

□ 赤あかちゃん 아까쨩 명 아기

= ベビー 베비-

赤あかちゃんは私わたしが面倒めんどうを見みます。
아까쨩와 와따시가 멘도-오 미마스
아기는 내가 돌볼게요.

□ 年とし(を)取とる 토시(오) 토루 나이(가) 들다, 나이(를) 먹다; 늙다

□ おいる 오이루 동 늙다

□ 若わかい 와까이 형 젊다; 어리다

□ 妊娠にんしん 닌싱 명 임신

□ 妊産婦にんさんぷ 닌삼뿌 명 임산부 → tip. 妊産婦는 임신한 상태의 妊婦(にんぷ) 님뿌와 출산을 전후한 여성인 産婦(さんぷ) 삼뿌를 총괄하여 부르는 말입니다.

□ つわり 츠와리 명 입덧

彼女かのじょは妊娠にんしん八ヶ月はちかげつだ。
카노죠와 닌싱 하찌까게쯔다
그녀는 임신 8개월이다.

tip. 八ヶ月(8개월)은 はちかげつ 하찌까게쯔가 정식 발음이지만, 간혹 빨리 발음해서 はっかげつ 학까게쯔라고도 합니다.

□ 出産しゅっさん 슛상 명 출산, 분만

□ 出産予定日しゅっさんよていび 슛상 요떼-비 출산예정일

□ 流産りゅうざん 류-장 명 유산

□ 授乳じゅにゅう 쥬뉴- 명 수유

□ 母乳ぼにゅう 보뉴- 명 모유

□ 粉こなミルク 코나미르쿠 명 분유

□ 離乳食りにゅうしょく 리뉴-쇼꾸 명 이유식

□ 哺乳瓶ぼにゅうびん 보뉴-빙 명 젖병

□ おむつ 오무쯔 명 기저귀

□ おむつ替がえをする 오무쯔가에오 스루 기저귀를 갈다

= おむつを取とり替かえる 오무쯔오 토리까에루

□ おむつを外はずす 오무쯔오 하즈스 기저귀를 떼다

□ 育そだてる 소다떼루 동 키우다, 기르다, 양육하다

□ 面倒めんどうを見みる 멘도-오 미루 돌보다, 보살피다

□ あやす 아야스 동 어르다, 달래다

赤あかちゃんが泣ないてるので、ちょっとあやしてください。
아까쨩가 나이떼루노데, 춋또 아야시떼 쿠다사이
아기가 우니까, 좀 달래 주세요.

□ 保母ほぼ 호보 명 보모

□ 乳母うば 우바 명 유모

□ ベビーシッター 베비-싯타- 명 베이비시터

□ 保育士ほいくし 호이꾸시 명 보육교사

□ ベビーカー 베비–카– 명 유모차

□ ベビーベッド 베비–벳도 명 아기 침대

□ ベビーシート 베비–시–토 명 아기용 카시트

□ チャイルドシート 챠이루도시–토 명 유아용 카시트

□ ブースター 부–스타– 명 부스터 카시트

tip. 부스터 카시트는 **ブースターシート** 부–스타–시–토 를 줄여 **ブースター**라고 합니다. 등받이 부분 없이 앉는 부분만 있는 카시트로, 보통 만 5~6세 이상부터 이용하는 보조용 카시트를 말합니다.

□ 養子ようし 요–시 명 양자

꼭! 써먹는 **실전 회화**

\# 06. 가족 소개

鈴木 すずき
高橋たかはしくんは、お兄にいさんや弟おとうとさんがいるの?
타까하시꾼와, 오니–상야 오또–또상가 이루노?
타카하시는 형이나 남동생이 있어?

高橋 たかはし
弟おとうとが一人ひとりいるよ。彼かれとは年としが8歳さいも離はなれているんだ。
오또–또가 히또리 이루요. 카레또와 토시가 핫사이모 하나레떼이룬다
남동생이 한 명 있어. 그 애랑은 나이가 여덟 살이나 차이 나.

鈴木 すずき
へー、そうなんだ? 弟おとうととは仲なかがいいの?
헤–, 소–난다? 오또–또또와 나까가 이–노?
와, 그래요? 동생과는 사이가 좋아?

高橋 たかはし
うん、でもあの子こはちょっといたずらっ子こなんだ。
응, 데모 아노꼬와 춋또 이따즈락꼬난다
응, 그런데 그 애는 좀 장난꾸러기야.

練習問題

다음 단어를 읽고 맞는 뜻과 연결하세요.

1. おいる •	• 가족
2. お母さん •	• 결혼
3. お父さん •	• 기분, 감정
4. 家族 •	• 기쁨
5. 結婚 •	• 늙다
6. 気分 •	• 몸, 신체
7. 体 •	• 사랑
8. 性格 •	• 성격
9. 顔 •	• 아버지
10. 愛 •	• 어머니
11. 若い •	• 얼굴
12. 喜び •	• 젊다; 어리다

1. おいる – 늙다 2. お母さん – 어머니 3. お父さん – 아버지 4. 家族 – 가족
5. 結婚 – 결혼 6. 気分 – 기분, 감정 7. 体 – 몸, 신체 8. 性格 – 성격
9. 顔 – 얼굴 10. 愛 – 사랑 11. 若い – 젊다; 어리다 12. 喜び – 기쁨

チャプター 3

ユニット **07.**

시간＆날짜 時間・日付 지깡·히즈께

□ **時間**じかん 지깡

명 시간, 때; 시간(시간의 양)

□ **時**とき 토끼

명 때

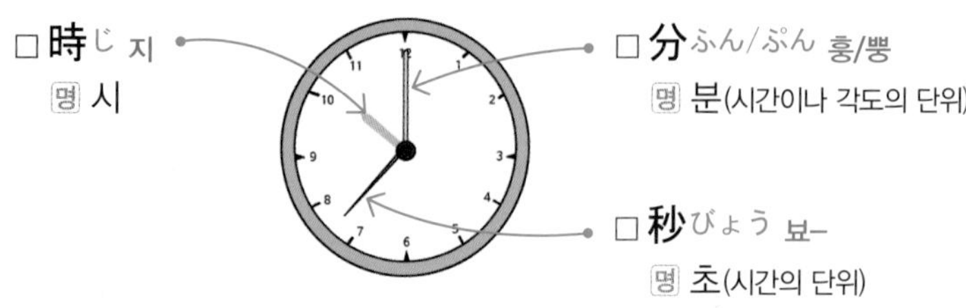

□ **時**じ 지

명 시

□ **分**ふん/ぷん 훙/뿡

명 분(시간이나 각도의 단위)

□ **秒**びょう 뵤–

명 초(시간의 단위)

□ **時計**とけい 토께–

명 시계

□ **腕時計**うでどけい 우데도께–

명 손목시계

□ **目覚**めざ**まし時計**どけい 메자마시도께–

= **アラーム** 아라–무

명 알람 시계, 자명종

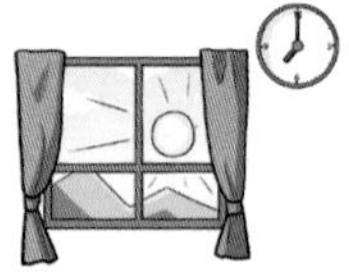

□ **午前**ごぜん 고젱

명 오전

□ **朝**あさ 아사

명 아침, 오전

□ **起**お**きる** 오끼루

동 일어나다, 기상하다

□ **顔**かお**を洗**あら**う**

카오오 아라우 세수하다

□ **歯**は**を磨**みが**く**

하오 미가꾸 이를 닦다

□ **朝**あさ**ご飯**はん 아사고항

명 아침 식사, 아침

□ 午後ごご 고고
= 昼過ひるすぎ 히루스기
명 오후

□ 昼ひる 히루
명 낮, 한낮

□ 眠ねむり 네무리
명 잠

□ 昼寝ひるね 히루네
명 낮잠

□ 昼ひるご飯はん 히루고항
명 점심 식사, 점심

□ 晩ばん 방
명 저녁, 밤

□ 夕方ゆうがた 유-가따
명 저녁때, 해질녘

□ 晩ばんご飯はん 방고항
명 저녁 식사, 저녁

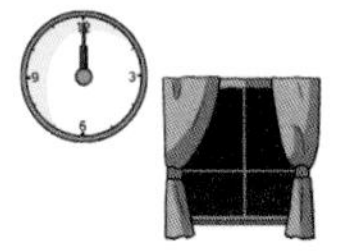

□ 夜よる 요루
명 밤

□ 寝ねる 네루
= 眠ねむる 네무루
동 자다, 잠자다

□ 眠ねむい 네무이
= 眠ねむたい 네무따이
형 졸리다

□ 夢ゆめ 유메
명 꿈

□ 夢ゆめ(を)見みる
유메(오) 미루 꿈꾸다

□ 夜更よふかし 요후까시
= 徹夜てつや 테쯔야
명 밤새움, 철야

□ 不眠症ふみんしょう
후민쇼-
명 불면증

□ **日** にち 니찌
명 일

□ **日** ひ 히
명 해; 날

□ **日にち** ひにち 히니찌
명 날짜, 기일, 날수

□ **週** しゅう 슈-
= **ウイーク** 우이-쿠
명 주

□ **週末** しゅうまつ 슈-마쯔
명 주말

□ **カレンダー** 카렌다-
명 달력

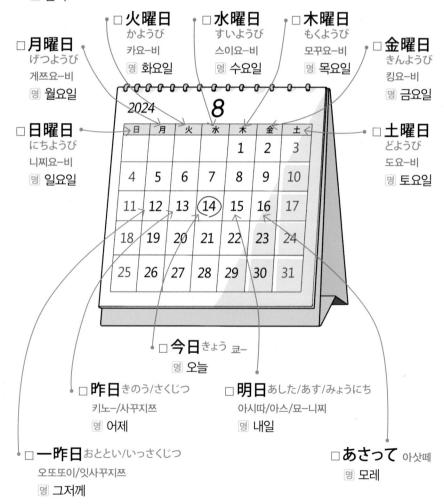

□ **月曜日**
げつようび
게쯔요-비
명 월요일

□ **火曜日**
かようび
카요-비
명 화요일

□ **水曜日**
すいようび
스이요-비
명 수요일

□ **木曜日**
もくようび
모꾸요-비
명 목요일

□ **金曜日**
きんようび
킹요-비
명 금요일

□ **日曜日**
にちようび
니찌요-비
명 일요일

□ **土曜日**
どようび
도요-비
명 토요일

2024 8

日	月	火	水	木	金	土
				1	2	3
4	5	6	7	8	9	10
11	12	13	14	15	16	17
18	19	20	21	22	23	24
25	26	27	28	29	30	31

□ **今日** きょう 쿄-
명 오늘

□ **昨日** きのう/さくじつ
키노-/사꾸지쯔
명 어제

□ **明日** あした/あす/みょうにち
아시따/아스/묘-니찌
명 내일

□ **一昨日** おととい/いっさくじつ
오또또이/잇사꾸지쯔
명 그저께

□ **あさって** 아삿떼
명 모레

□ 月 がつ 가쯔
명 월

□ ケ月 かげつ 카게쯔
= か月 げつ 카게쯔
명 개월

□ 一月 いちがつ 이찌가쯔 명 1월
□ 二月 にがつ 니가쯔 명 2월
□ 三月 さんがつ 산가쯔 명 3월
□ 四月 しがつ 시가쯔 명 4월
□ 五月 ごがつ 고가쯔 명 5월
□ 六月 ろくがつ 로꾸가쯔 명 6월
□ 七月 しちがつ 시찌가쯔 명 7월
□ 八月 はちがつ 하찌가쯔 명 8월
□ 九月 くがつ 쿠가쯔 명 9월
□ 十月 じゅうがつ 쥬-가쯔 명 10월
□ 十一月 じゅういちがつ 쥬-이찌가쯔 명 11월
□ 十二月 じゅうにがつ 쥬-니가쯔 명 12월

□ 年 ねん 넹
명 해, 년

□ 年 とし 토시
명 해; 나이

□ 公休日 こうきゅうび 코-뀨-비
명 공휴일

□ 祝日 しゅくじつ 슈꾸지쯔
= 祭日 さいじつ 사이지쯔
명 (나라에서 정한) 경축일, 공휴일

□ 記念日 きねんび 키넴비
명 기념일

□ 誕生日 たんじょうび 탄죠-비
명 생일

□ (お)正月 しょうがつ (오)쇼-가쯔
명 설날(양력 1월 1일)

□ お盆 ぼん 오봉
명 오봉(양력 8월 15일 전후)

□ 過去 かこ 카꼬
명 과거

□ 現在 げんざい 겐자이
명 현재

□ 未来 みらい 미라이
명 미래

□ 時間じかん 지깡 명 시간, 때; 시간(시간의 양)

□ 時とき 토끼 명 때

もう起おきる時間じかんよ！

모– 오끼루 지깡요!

이제 일어날 시간이야!

□ 時じ 지 명 시

tip. 時를 훈독인 とき로 읽으면 '~때', 음독인 じ로 읽으면 '~시'로 의미가 달라집니다.

□ 分ふん/ぷん 훙/뿡 명 분(시간이나 각도의 단위)

tip. 分은 앞에 오는 숫자에 따라, ふん이나 ぷん으로 발음됩니다.

ミュージカルは、20分ぷん後ごに始はじまります。

뮤–지카루와, 니즙뿡고니 하지마리마스

뮤지컬은 20분 후에 시작합니다.

□ 秒びょう 뵤– 명 초(시간의 단위)

□ 半はん 항 명 반; 30분

□ 時計とけい 토께– 명 시계

□ 腕時計うでどけい 우데도께– 명 손목시계

□ 柱時計はしらどけい 하시라도께– 명 괘종시계; 벽시계

= 掛かけ時計どけい 카께도께–

□ 目覚めざまし時計どけい 메자마시도께– 명 알람 시계, 자명종

= アラーム 아라–무

= 目覚めざまし 메자마시

□ 早はやい 하야이 형 (시간이) 빠르다, 이르다

□ 速はやい 하야이 형 (속도가) 빠르다, 이르다

tip. 早い와 速い는 둘 다 はやい라고 읽는데, 의미적인 차이가 있습니다.

□ 遅おそい 오소이 형 늦다, 느리다

□ 午前ごぜん 고젱 명 오전

□ 午後ごご 고고 명 오후
= 昼過ひるすぎ 히루스기

□ 一日中いちにちじゅう 이찌니찌쥬– 명 하루종일

□ 夜明よあけ 요아께 명 새벽, 새벽녘
= 明あけ方がた 아께가따
= 未明みめい 미메–

□ 夜よが明あける 요가 아께루 날이 새다

□ 朝あさ 아사 명 아침, 오전
□ 今朝けさ 케사 명 오늘 아침

□ 昼ひる 히루 명 낮, 한낮
□ 昼間ひるま 히루마 명 주간, 낮 동안

□ 夕方ゆうがた 유–가따 명 저녁때, 해질녘
= 夕暮ゆうぐれ 유–구레

□ 晩ばん 방 명 저녁, 밤

□ 夜よる 요루 명 밤
□ 夜間やかん 야깡 명 야간
□ 夜中よなか 요나까 명 한밤중
□ 昨夜ゆうべ 유–베 명 어젯밤

□ 起おきる 오끼루 동 일어나다, 기상하다
= 起おき上あがる 오끼아가루

□ 目めが覚さめる 메가 사메루 눈 뜨다, 잠을 깨다

□ 寝坊ねぼうする 네보–스루 동 늦잠 자다

= 寝過ねすごす 네스고스

= 寝過ねすぎる 네스기루

□ 寝坊ねぼう 네보– 명 늦잠꾸러기; 늦잠을 잠

= 朝寝坊あさねぼう 아사네보–

おや、寝坊ねぼうした。

오야, 네보–시따

이런, 늦잠을 잤네.

□ 洗あらう 아라우 동 씻다

□ 顔かおを洗あらう 카오오 아라우 세수하다

= 洗顔せんがんする 셍강스루

□ 洗顔せんがんフォーム 셍강호–무 세안제

□ 洗面台せんめんだい 셈멘다이 명 세면대

顔かおを洗あらったら、目めが覚さめるよ。

카오오 아랏따라, 메가 사메루요

세수하면, 잠이 깰 거야.

□ 歯はを磨みがく 하오 미가꾸 이를 닦다

□ 髪かみを洗あらう 카미오 아라우 머리를 감다

= 頭あたまを洗あらう 아따마오 아라우

= シャンプーする 샴푸–스루

□ シャワー 샤와– 명 샤워

□ シャワーを浴あびる 샤와–오 아비루 샤워하다

□ 風呂ふろ 후로 명 목욕, 목욕통, 목욕탕

□ お風呂ふろに入はいる 오후로니 하이루 목욕하다

お風呂ふろに入はいってるよ。

오후로니 하잇떼루요

목욕하고 있어.

□ 食たべる 타베루 동 먹다

□ 食事しょくじ 쇼꾸지 명 식사

□ 朝あさご飯はん 아사고항 명 아침 식사, 아침

= 朝食ちょうしょく 쵸–쇼꾸

= 朝飯あさめし 아사메시

朝あさご飯はんの用意よういができました！

아사고항노 요–이가 데끼마시따!

아침 식사 준비가 다 됐어요!

tip. 朝ご飯은 朝飯보다 공손한 말입니다. 飯(めし) 메시는 격이 다소 떨어지는 표현이지만, 전문용어로 쓰이기도 합니다. 예를 들어, '焼(や)き飯(めし) 야끼메시 볶음밥', '釜飯(かまめし) 카마메시 솥밥' 등이 있습니다.

□ 昼ひるご飯はん 히루고항 명 점심 식사, 점심

= お昼ひる 오히루

= 昼飯ひるめし 히루메시

= 昼食ちゅうしょく 츄–쇼꾸

□ 晩ばんご飯はん 방고항 명 저녁 식사, 저녁

= 夕食ゆうしょく 유–쇼꾸

= お夕飯ゆうはん 오유–항

□ 夕食ゆうしょくをとる 유–쇼꾸오 토루 관 저녁밥을 먹다

□ おやつ 오야쯔 명 간식(주로 오후에 먹는 간식)

おやつをちょうだい。

오야쯔오 쵸–다이

간식을 주세요.

□ 寝ねる 네루 동 자다, 잠자다

= 眠ねむる 네무루

□ 眠ねむり 네무리 명 잠

□ 昼寝ひるね 히루네 명 낮잠

□ 眠ねむい 네무이 형 졸리다

= 眠ねむたい 네무따이

□ 居眠いねむりする 이네무리스루 동 졸다

□ うとうとする 우또우또스루 동 꾸벅꾸벅 졸다

□ 夜更よふかし 요후까시 명 밤새움, 철야

= 徹夜てつや 테쯔야

□ 不眠症ふみんしょう 후민쇼– 명 불면증

□ 寝ねぼける 네보께루 동 잠이 덜 깨어 어리둥절하다

□ 寝ねぼけ 네보께 명 잠이 덜 깬 상태

□ 寝言ねごとを言いう 네고또오 이우 잠꼬대를 하다

□ いびきをかく 이비끼오 카꾸 코를 골다

□ 夢ゆめ 유메 명 꿈

□ 夢ゆめ(を)見みる 유메(오) 미루 꿈꾸다

□ 悪夢あくむ 아꾸무 명 악몽

おやすみ、いい夢ゆめを見みてね！

오야스미, 이– 유메오 미떼네!

잘 자, 좋은 꿈 꿔!

□ 日にち 니찌 명 일

□ 日ひ 히 명 해; 날

□ 日ひにち 히니찌 명 날짜, 기일, 날수

□ 日々ひび 히비 나날, 하루하루

予約よやくの日ひにちを変更へんこうしたいんですけど。

요야꾸노 히니찌오 헹꼬–시따인데스께도

예약 날짜를 변경하고 싶은데요.

□ 週しゅう 슈– 명 주
= ウイーク 우이–쿠

□ ゴールデンウイーク 고–루뎅우이–쿠 명 골든 위크
□ シルバーウイーク 시루바–우이–쿠 명 실버 위크

tip. ゴールデンウイーク는 golden과 week를 합친 일본 조어로, 대체로 4월 말에서 5월 초이며 1년 중 휴일이 가장 많은 황금 연휴 주간입니다. シルバーウイーク는 ゴールデンウイーク를 따라 한 표현으로, 11월 3일 '문화의 날'을 중심으로 한 연휴 주간을 말합니다.

□ 月がつ 가쯔 명 월
□ ヶ月かげつ 카게쯔 명 개월
= か月げつ 카게쯔

□ 年ねん 넹 명 해, 년
□ 年とし 토시 명 해; 나이

□ カレンダー 카렌다– 명 달력

tip. 일본에서는 현재 '旧暦(きゅうれき) 큐–레끼 (음력)'를 사용하지 않습니다.

□ 平日へいじつ 헤–지쯔 명 평일

□ 休やすみ 야스미 명 휴일, 쉼
□ 休日きゅうじつ 큐–지쯔 명 휴일

□ 公休日こうきゅうび 코–뀨–비 명 공휴일
□ 振替休日ふりかえきゅうじつ 후리까에뀨–지쯔 명 대체 휴일
□ 祝日しゅくじつ 슈꾸지쯔 명 (나라에서 정한) 경축일, 공휴일
= 祭日さいじつ 사이지쯔
□ 国民こくみんの祝日しゅくじつ 코꾸민노 슈꾸지쯔 국경일

tip. 祭日는 祝日와 함께 현재까지 많이 쓰이지만, 정식으로는 천왕의 의식이나 제전이 행해지는 날을 의미합니다. 祝祭日라고도 했으나 1947년에 폐지령이 내려졌고, 지금은 祝日나 1948년 새로 제정된 国民の祝日가 바른 표현입니다.

□ 祭まつり 마쯔리 명 축제, 잔치 → tip. 祭り는 고대의 제사에서 유래했습니다.

□ 大晦日おおみそか 오오미소까 명 섣달 그믐날

□ 年越とししこし蕎麦そば 토시꼬시소바 명 섣달 그믐날 밤에 먹는 메밀국수

tip. 大晦日의 밤 12시 전후에 'お正月(しょうがつ) 오쇼-가쯔 (설날)'를 맞이하며 年越し蕎麦를 먹는 풍습이 있는데, 명칭은 지역마다 특색 있게 부르기도 합니다.

□ (お)正月しょうがつ (오)쇼-가쯔 명 설날(양력 1월 1일)

= 元日がんじつ 간지쯔

= 元旦がんたん 간땅

□ おせち料理りょうり 오세찌료-리 명 설 음식

□ 初詣はつもうで 하쯔모-데 명 정월의 첫 참배

韓国人かんこくじんは元旦がんたんにひとつ年としを取とります。
카꼬꾸징와 간딴니 히또쯔 토시오 토리마스
한국인은 설날에 한 살 더 먹습니다.

□ 新年しんねん、明あけましておめでとうございます。
신넹, 아께마시떼 오메데또- 고자이마스 새해 복 많이 받으세요. (신년을 맞이하여 축하 드립니다.)

tip. 양력 1월 1일은 일본에서 가장 큰 명절로, 새해가 되면 밤 12시를 기점으로 가족이 절이나 신사에 모여 한 해의 소원을 빌고 새해 3일 동안 음식을 나눠 먹으며 한 해의 건강과 무사함을 기원합니다. 일본에는 우리나 중국처럼 음력으로 세는 명절은 없습니다.

□ 成人せいじんの日ひ 세-진노 히 명 성인의 날

tip. 일본의 '성인의 날'은 1월 둘째 월요일로, 만 20세가 된 사람을 축하하고 격려하는 날입니다. 이날, 젊은이들은 양복과 후리소데(일본 전통의상인 기모노의 일종)를 입고 행사를 치릅니다.

□ 節分せつぶんの日ひ 세쯔분노 히 명 절분 → tip. '절분'은 입춘 전날로, 2월 3~4일경 볶은 콩을 뿌려 잡귀를 쫓는 행사를 합니다.

□ ひなまつり 히나마쯔리 명 히나마쓰리(여자 어린이날)

tip. ひなまつり는 매년 3월 3일에 여자아이의 탄생과 행복을 비는 날로, 축제 며칠 전부터 붉은 단 위에 'ひな人形(にんぎょう) 히나닝교'라는 일본 전통의상을 입은 인형들로 장식하고 'ちらしずし 치라시즈시(식초와 소금으로 간을 한 밥에 생선, 고기, 달걀부침, 채소 등을 얹은 음식)'를 먹으며 아이의 행복과 건강을 기원합니다.

□ 端午たんごの節句せっく 탄고노 섹꾸 명 단오절(양력 5월 5일)

tip. '단오절'은 중국의 단오에서 유래된 것으로, 남자아이들의 성장과 행복을 비는 행사가 열립니다. 집 밖에는 'こいのぼり코이노보리(종이나 헝겊으로 만든 잉어 모양의 깃발)'를 달고, 집 안에는 단 위에 투구, 무사 인형 등으로 장식하고, 창포나 찰떡으로 아이의 출세를 기원합니다.

□ 子供こどもの日ひ 코도모노 히 명 어린이날

tip. 일본의 '어린이날'은 단오절과 같은 5월 5일입니다. 원래 단오절은 남자 어린이날, 히나마쯔리는 여자 어린이날로 구분하다가, 최근 남녀 구별없이 경축일이라는 이미지가 강해졌습니다.

□ お盆ぼん 오봉 명 오봉(양력 8월 15일 전후)

□ 盆踊ぼんおどり 봉오도리 명 오봉 축제 때 추는 춤

tip. '오봉'은 '설'과 더불어 일본 최대의 명절로, 조상에 대한 제례, 대규모 귀성, 성묘 등을 하는 점에서 한국의 '추석'과 비슷합니다.

□ 花見はなみ 하나미 명 꽃구경, 꽃놀이

□ 桜さくら 사꾸라 명 벚꽃

tip. 일본의 4월에는 전국적으로 공원마다 만발한 벚꽃나무 아래에 앉아 도시락과 술을 즐기는 꽃놀이가 성행합니다.

□ 七夕たなばたまつり 타나바따 마쯔리 명 칠석제

tip. 칠석제는 양력 7월 7일로, 가늘고 긴 종이에 노래나 의미가 있는 문구, 소원 등을 써서 대나무에 매달아 놨다가, 다음 날 대나무째 강이나 바다에 흘려 보냅니다.

□ 花火大会はなびたいかい 하나비 타이까이 명 불꽃놀이 대회

□ 浴衣ゆかた 유까따 명 유카타

tip. **花火大会**는 대표적인 여름 축제로, 7~8월이 되면 전국 각지에서 대규모 '불꽃놀이' 행사가 열립니다. 이때, **浴衣**(목욕을 한 뒤 또는 여름철에 입는 무명 홑옷)를 입습니다.

□ 月見つきみ 츠끼미 명 달구경

= 観月かんげつ 캉게쯔

tip. **月見**는 음력 8월 15일과 9월 13일 밤의 달을 감상하는 행사입니다.

□ バレンタインデー 바렌타인데– 명 밸런타인 데이

□ チョコレート 쵸코레–토 명 초콜릿

□ 本命ほんめいチョコ 홈메–쵸코

명 (여성이 좋아하는 남성에게 진심을 담아 주는) 진짜 초콜릿

□ 義理ぎりチョコ 기리쵸코 명 (친구나 동료에게 그냥 의리상 주는) 의리 초콜릿

□ ホワイトデー 호와이토데– 명 화이트데이

□ キャンディ 캰디 명 사탕

□ 母ははの日ひ 하하노 히 명 어머니날

tip. 母の日는 5월 둘째주 일요일로, 카네이션이나 장미꽃 등을 선물합니다.

□ 父ちちの日ひ 치찌노 히 명 아버지날

tip. 父の日는 6월 셋째주 일요일입니다.

□ ハロウィーン 하로위–ㅇ 명 핼러윈

□ クリスマス 쿠리스마스 명 크리스마스

クリスマスに普通ふつう何なにをしますか。
쿠리스마스니 후쯔– 나니오 시마스까
크리스마스에 보통 뭐해요?

□ 年末年始ねんまつねんし 넴마쯔넨시 연말연시

□ 忘年会ぼうねんかい 보–넨까이 명 송년회

□ 新年会しんねんかい 신넨까이 명 신년회

□ 記念日きねんび 키넴비 명 기념일

□ 誕生日たんじょうび 탄죠–비 명 생일

□ 月曜日げつようび 게쯔요–비 명 월요일

□ 火曜日かようび 카요–비 명 화요일

□ 水曜日すいようび 스이요–비 명 수요일

□ **木曜日** もくようび 모꾸요–비 명 목요일

□ **金曜日** きんようび 킹요–비 명 금요일

□ **土曜日** どようび 도요–비 명 토요일

□ **日曜日** にちようび 니찌요–비 명 일요일

□ **週末** しゅうまつ 슈–마쯔 명 주말

今度こんどの週末しゅうまつに私わたしと美術館びじゅつかんに行いきませんか。
콘도노 슈–마쯔니 와따시또 비쥬쯔깐니 이끼마셍까
이번 주말에 저랑 미술관에 갈래요?

□ **今日** きょう 쿄– 명 오늘

□ **今日** こんにち 콘니찌 명 오늘날, 요즘; 오늘

今日きょうの天気てんきはどうですか。
쿄–노 텡끼와 도–데스까
오늘 날씨는 어때요?

□ **昨日** きのう/さくじつ 키노–/사꾸지쯔 명 어제

□ **一昨日** おととい/いっさくじつ 오또또이/잇사꾸지쯔 명 그저께
= **先先日** せんせんじつ 센센지쯔

□ **明日** あした/あす/みょうにち 아시따/아스/묘–니찌 명 내일

tip. **あした**는 구어체 표현으로 일상적으로 가장 널리 쓰이는 말입니다. **あす**는 딱딱하고 공손한 느낌의 문어적 표현으로, 방송의 일기예보나 속담 관용구 등에서 많이 쓰이며, '가까운 장래, 앞날'이라는 뜻도 있습니다. **みょうにち**는 가장 격식 있는 말씨로, 격식 차린 상황(법정이나 회의 등)이나 문어체에 주로 쓰입니다.

□ **あさって** 아삿떼 명 모레

□ **しあさって** 시아삿떼 명 글피

□ **本日**ほんじつ 혼지쯔 명 금일, 오늘

□ **先日**せんじつ 센지쯔 명 일전, 요전날

□ **翌日**よくじつ 요꾸지쯔 명 익일, 다음 날

先日せんじつはお世話せわになりますた。
센지쯔와 오세와니 나리마시따
일전에는 신세졌습니다. (일전에는 도와주셔서 감사합니다.)

□ **今週**こんしゅう 콘슈– 명 이번 주

□ **先週**せんしゅう 센슈– 명 지난주

□ **来週**らいしゅう 라이슈– 명 다음 주

□ **今月**こんげつ 콩게쯔 명 금월, 이달

= **本月**ほんげつ 홍게쯔

□ **先月**せんげつ 셍게쯔 명 지난달

□ **来月**らいげつ 라이게쯔 명 다음 달

□ **今年**ことし 코또시 명 올해, 금년

□ **去年**きょねん 쿄넹 명 지난해, 작년

= **昨年**さくねん 사꾸넹 → **tip. 昨年**은 **去年**보다 격식을 차린 말입니다.

□ **来年**らいねん 라이넹 명 내년, 다음 해

□ **毎年**まいとし 마이또시 명 매년, 해마다

□ **世紀**せいき 세–끼 명 세기

□ **期間**きかん 키깡 명 기간

□ **期限**きげん 키겡 명 기한

□ **最近**さいきん 사이낑 명 최근

□ **この頃**ごろ 코노고로 명 요즘

□ **近頃**ちかごろ 치까고로 명 최근, 근래

最近さいきん天気てんきがずっといいですね。
사이낑 텡끼가 즛또 이-데스네
최근 날씨가 계속 좋네요.

□ **現在**げんざい 겐자이 명 현재

□ **過去**かこ 카꼬 명 과거

□ **未来**みらい 미라이 명 미래

#07. 크리스마스

꼭! 써먹는 **실전 회화**

中村なかむら **クリスマスに何なにする計画けいかく?**
쿠리스마스니 나니스루 케-까꾸?
크리스마스에 뭐 할 계획이야?

鈴木すずき **私わたしは教会きょうかいに礼拝れいはいに行いくつもりなの。あなたは?**
와따시와 쿄-까이니 레-하이니 이꾸쯔모리나노. 아나따와?
나는 교회에 예배 드리러 갈 예정이야. 너는?

中村なかむら **僕ぼくは家うちで友達ともだちと一緒いっしょにクリスマスパーティーをしようと思おもっているんだけど、一緒いっしょにどう?**
보쿠와 우찌데 토모다찌또 잇쇼니 쿠리스마스 파-티-오 시요-또 오못떼이룬다께도, 잇쇼니 도-?
나는 집에서 친구들과 함께 크리스마스 파티를 할 생각인데, 함께 어때?

鈴木すずき **行いきたいんだけど、その日ひに他ほかの予定よていがあるのよ。**
이끼따인다께도, 소노 히니 호까노 요떼-가 아루노요
가고 싶지만, 그날 다른 약속이 있어서.

ユニット 08.

날씨 & 계절 天気・季節 텡끼 · 키세쯔

□ 天気てんき 텡끼

명 날씨, 일기

□ 天気予報てんきよほう 텡끼요호-

명 일기예보

□ 晴はれる 하레루

동 (하늘이) 개다, 맑다

□ 曇くもる 쿠모루

동 흐리다, 흐려지다

□ 暖あたたかい 아따따까이

형 따뜻하다

□ 暑あつい 아쯔이

형 덥다

□ 涼すずしい 스즈시-

형 시원하다, 서늘하다

□ 寒さむい 사무이

형 춥다

□ 空そら 소라

명 하늘

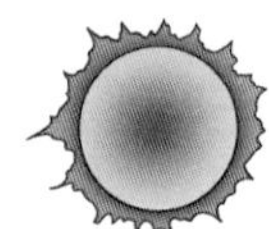

□ 太陽たいよう 타이요- 명 태양

□ 日ひ 히 명 해, 태양

□ 雲くも 쿠모
명 구름

□ 霧きり 키리
명 안개

□ 風かぜ 카제
명 바람

□ 台風たいふう 타이후–
명 태풍

□ 雨あめ 아메
명 비

□ 雨あめが降ふる 아메가 후루
비가 오다

□ 傘かさ 카사
명 우산

□ 虹にじ 니지
명 무지개

□ 雷かみなり 카미나리 명 천둥, 우뢰

□ 稲妻いなずま 이나즈마 명 번개

□ 大雪おおゆき 오오유끼
명 대설, 큰눈

□ 雪ゆき 유끼
명 눈

□ 雪ゆきが降ふる
유끼가 후루
눈이 오다

□ 雪ゆきだるま 유끼다루마
명 눈사람

□ 乾かわく 카와꾸
동 건조하다

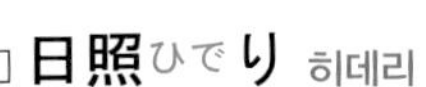

□ 日照ひでり 히데리
명 가뭄

□ 湿しめる 시메루
동 축축해지다, 습기차다

□ 湿気しっけ 식께
명 습기

□ 洪水こうずい 코–즈이
명 홍수

□ 季節きせつ 키세쯔
명 계절

□ 春はる 하루
명 봄

□ 夏なつ 나쯔
명 여름

□ 秋あき 아끼
명 가을

□ 冬ふゆ 후유
명 겨울

□ 種たね 타네 명 씨, 씨앗

□ 芽め 메 명 싹

□ つぼみ 츠보미
명 꽃봉오리

□ 黄砂こうさ 코–사
= 黄沙こうさ 코–사
명 황사

□ 暑あつさ 아쯔사
명 더위

□ 猛暑もうしょ 모–쇼
명 폭염

□ 熱帯夜ねったいや 넷따이야
명 열대야

□ 収穫しゅうかく 슈–까꾸
명 수확

□ 紅葉もみじ/こうよう 모미지/코–요–
명 단풍

□ 落おち葉ば 오찌바
명 낙엽

□ 凍こおる 코–루
동 얼다

□ 氷こおり 코–리
명 얼음

□ 凍傷とうしょう 토–쇼–
명 동상

□ 気温きおん 키옹
명 기온

□ 温度おんど 온도
명 온도

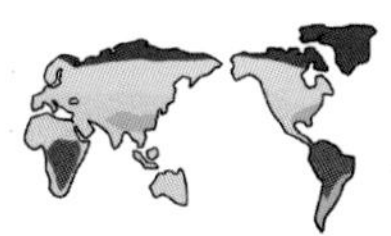

□ 気候きこう 키꼬–
명 기후

□ 気候変動きこうへんどう 키꼬–헨도–
명 기후변화

□ 天気てんき 텡끼 명 날씨, 일기

□ 天気予報てんきよほう 텡끼요호– 명 일기예보

□ 気象庁きしょうちょう 키쇼–쬬– 명 기상청

□ 日和ひより/びより 히요리/비요리 ～하기에 좋은 날씨

□ 行楽日和こうらくびより 코–라꾸비요리 행락에 좋은 날씨

□ 洗濯日和せんたくびより 센따꾸비요리 빨래하기에 좋은 날씨

□ 晴はれる 하레루 동 (하늘이) 개다, 맑다

□ 晴はれ 하레 명 맑음

天気予報てんきよほうでは晴はれだと言いっていました。
텡끼요호–데와 하레다또 잇떼 이마시따
일기예보에서는 맑다고 했습니다.

□ 曇くもる 쿠모루 동 흐리다, 흐려지다

□ 曇くもり 쿠모리 명 흐림

ところにより曇くもり時々ときどき雨あめ。
토꼬로니요리 쿠모리 토끼도끼 아메
곳에 따라 흐리고 때때로 비.

□ 暖あたたかい 아따따까이 형 따뜻하다

□ 暑あつい 아쯔이 형 덥다

本当ほんとうに暑あついです。
혼또–니 아쯔이데스
정말 덥네요.

□ 寒さむい 사무이 형 춥다

だんだん寒さむくなっています。
단당 사무꾸낫떼 이마스
점점 추워지고 있어요.

□ 涼すずしい 스즈시– 형 시원하다, 서늘하다

□ 肌寒はださむい 하다사무이 형 쌀쌀하다

涼すずしいです。
스즈시–데스
서늘해요.

□ 空そら 소라 명 하늘

□ 青空あおぞら 아오조라 명 푸른 하늘, 창공

□ 晴天せいてん 세–뗑 명 맑게 갠 하늘

□ 太陽たいよう 타이요– 명 태양

□ 日ひ 히 명 해, 태양

□ 日差ひざし 히자시 명 햇빛

日差ひざしが暖あたたかいですね。
히자시가 아따따까이데스네
햇빛이 따사롭네요.

□ 雲くも 쿠모 명 구름

□ 霧きり 키리 명 안개

□ 風かぜ 카제 명 바람

□ そよ風かぜ 소요까제 명 산들바람, 미풍

□ 嵐あらし 아라시 명 광풍, 폭풍; 폭풍우, 비바람

□ 風かぜが吹ふく 카제가 후꾸 바람이 불다

□ 台風たいふう 타이후– 명 태풍

□ 強風きょうふう 쿄–후– 명 강풍

□ 竜巻たつまき 타쯔마끼 명 회오리

□ 暴風ぼうふう 보–후– 명 폭풍

□ **雨**あめ 아메 명 비

□ **小雨**こさめ 코사메 명 가랑비

□ **大雨**おおあめ 오오아메 명 큰비, 폭우

□ **あめおとこ** 아메오또꼬 비를 몰고 다니는 남자

もう雨あめは止やみましたか。
모- 아메와 야미마시따까
이제 비는 그쳤나요?

tip. 무슨 일을 하려고 할 때면 꼭 비가 오는 사람이 있습니다. **あめおとこ**는 그런 사람 중에 특히 남자를 가리키는 말입니다.

□ **にわか雨**あめ 니와까아메 명 소나기

□ **通**とお**り雨**あめ 토–리아메 명 지나가는 비

□ **夕立**ゆうだち 유–다찌 명 (주로 오후나 저녁에 내리는) 소나기

道みちでにわか雨あめに会あいました。
미찌데 니와까아메니 아이마시따
길에서 소나기를 만났습니다.

□ **雨**あめ**が降**ふ**る** 아메가 후루 비가 오다

雨あめがぱらぱらと降ふってきた。
아메가 파라빠라또 훗떼 키따
빗방울이 하나둘 떨어지기 시작했다.

□ **傘**かさ 카사 명 우산

□ **傘**かさ**を差**さ**す** 카사오 사스 우산을 쓰다

□ **日傘**ひがさ 히가사 명 양산

□ **梅雨**つゆ/ばいう 츠유/바이우 명 장마

梅雨つゆに入はいりました。
츠유니 하이리마시따
장마철에 접어들었어요.

tip. **梅雨**는 보통 **つゆ**라고 발음하지만, '장마전선'은 **梅雨前線(ばいうぜんせん)** 바이우젠센이라고 합니다.

□ **虹**にじ 니지 명 무지개

□ 露つゆ 츠유 명 이슬

□ 霧雨きりさめ 키리사메 명 이슬비

□ 雹ひょう 효– 명 우박

□ 雷かみなり 카미나리 명 천둥, 우뢰

雷かみなりが鳴なっています。
카미나리가 낫떼 이마스
천둥이 치고 있어요.

□ 稲妻いなずま 이나즈마 명 번개

稲妻いなずまが走はしります。
이나즈마가 하시리마스
번개가 쳐요.

□ 雪ゆき 유끼 명 눈

□ 大雪おおゆき 오오유끼 명 대설, 큰눈

□ 雪ゆきが降ふる 유끼가 후루 눈이 오다

雪ゆきがこんこんと降ふっています。
유끼가 콩꼰또 훗떼 이마스
눈이 펑펑 내리고 있어요.

□ 乾かわく 카와꾸 동 건조하다

□ 乾燥かんそう 칸소– 명 건조

□ 湿しめる 시메루 동 축축해지다, 습기차다

□ 湿しめっている 시멧떼 이루 습하다

□ 湿気しっけ 식께 명 습기

□ じめじめ 지메지메 부 축축, 질퍽질퍽

□ 日照ひでり 히데리 명 가뭄

□ 洪水こうずい 코–즈이 명 홍수

洪水こうずいで橋はしが押おし流ながされました。
코–즈이데 하시가 오시나가사레마시따
홍수로 다리가 떠내려갔어요.

□ 季節きせつ 키세쯔 명 계절

□ 春はる 하루 명 봄

春はるがいつの間まにか目めの前まえに迫せまってきました。
하루가 이쯔노마니까 메노 마에니 세맛떼 키마시따
봄이 어느새 눈 앞에 다가왔어요.

□ 種たね 타네 명 씨, 씨앗

□ 芽め 메 명 싹

□ 芽生めばえる 메바에루 동 싹트다, 움트다

□ 芽めが出でる 메가 데루 싹이 트다

□ つぼみ 츠보미 명 꽃봉오리

□ 花粉症かふんしょう 카훈쇼– 명 꽃가루 알레르기

□ 花粉症対策かふんしょうたいさく 카훈쇼–타이사꾸 꽃가루 알레르기 대책

花粉症かふんしょうで鼻はながむずむず。
しっかり花粉症かふんしょうの対策たいさくをしなきゃ。
카훈쇼–데 하나가 무즈무즈. 식까리 카훈쇼노 타이사꾸오 시나꺄
꽃가루 알레르기로 코가 근질근질. 확실히 꽃가루 알레르기 대책을 해야지.

□ 黄砂こうさ 코–사 명 황사

= 黄沙こうさ 코–사

黄砂こうさが来くる時ときは外出がいしゅつを控ひかえる方ほうがいい。
코–사가 쿠루 토끼와 가이슈쯔오 히까에루 호–가 이–
황사가 올 때는 외출을 삼가는 게 좋아.

□ 夏なつ 나쯔 명 여름

今年ことしの夏なつは特とくに暑あついです。
코또시노 나쯔와 토꾸니 아쯔이데스
올 여름은 특히 더워요.

□ 暑あつさ 아쯔사 명 더위

□ 猛暑もうしょ 모–쇼 명 폭염

□ 蒸むし暑あつい 무시아쯔이 형 무덥다, 찌는듯이 덥다

夏なつは蒸むし暑あついです。
나쯔와 무시아쯔이데스
여름은 찌는듯이 더워요.

□ 熱帯夜ねったいや 넷따이야 명 열대야

□ 熱中症ねっちゅうしょう 넷쮸–쇼– 명 열사병

熱帯夜ねったいやが続つづいている。
넷따이야가 츠즈이떼 이루
열대야가 계속되고 있어.

□ 秋あき 아끼 명 가을

秋あきは瞬またたく間まに通とおり過すぎました。
아끼와 마따따꾸마니 토–리스기마시따
가을은 눈깜짝할 사이에 지나갔어요.

□ 収穫しゅうかく 슈–까꾸 명 수확

□ 紅葉もみじ/こうよう 모미지/코–요– 명 단풍

□ 紅葉狩もみじがり 모미지가리 명 단풍놀이

□ カエデ 카에데 명 단풍나무

□ イチョウ 이쵸– 명 은행나무

tip. 紅葉를 もみじ라고 읽으면 '단풍'을 뜻하고, こうよう라고 읽으면 가을철에 울긋불긋 물든 나뭇잎들을 총칭합니다.

□ 落おち葉ば 오찌바 명 낙엽

□ 冬ふゆ 후유 명 겨울

□ 雪片せっぺん 셉뻰 명 눈송이

= 雪ゆきの花はな 유끼노하나

□ 雪ゆきだるま 유끼다루마 명 눈사람

□ 雪合戦ゆきがっせん 유끼갓셍 명 눈싸움

□ 凍こおる 코-루 동 얼다

□ 凍こごえる 코고에루 동 얼다; (손·발 따위가 추위로) 곱아들다

□ 凍傷とうしょう 토-쇼- 명 동상

□ 氷こおり 코-리 명 얼음

□ 霜しも 시모 명 서리

□ 気温きおん 키옹 명 기온

□ 温度おんど 온도 명 온도

□ 零下れいか 레-까 명 영하

tip. 일본어에는 '영상'이라는 단어가 따로 없고, **零度(れいど)以上(いじょう)の気温(きおん)** 레-도 이죠-노 키옹이라고 표현합니다.

□ 湿度しつど 시쯔도 명 습도

□ 降水量こうすいりょう 코-스이료- 명 강수량

□ 梅雨前線ばいうぜんせん 바이우젠셍 명 장마 전선

□ さくら開花前線さくらかいかぜんせん 사꾸라 카이까 젠셍 벚꽃 개화 전선

□ 満開まんかい 망까이 명 만개, 꽃이 한창임

= 花盛はなざかり 하나자까리

tip. 매년 봄이 되면 일본 전역에 활짝 피는 벚꽃은 일본인은 물론, 관광객들에게도 인기가 많습니다. 일본의 각 지역별로 벚꽃 개화 시기를 예상하는 지도가 http://sakura.weathermap.jp 사이트에 시시각각 업데이트 됩니다.

□ **大気**たいき 타이끼 명 대기

□ **空気**くうき 쿠–끼 명 공기

□ **気候**きこう 키꼬– 명 기후

□ **気候変動**きこうへんどう 키꼬–헨도– 명 기후변화

□ **地球温暖化**ちきゅうおんだんか 치뀨–온당까 명 지구온난화

□ **紫外線**しがいせん 시가이셍 명 자외선

□ **紫外線対策**しがいせんたいさく 시가이셍 타이사꾸 자외선 대책

□ **赤外線**せきがいせん 세끼가이셍 명 적외선

08. 열대야

꼭! 써먹는 **실전 회화**

高橋 たかはし **暑**あつ**さのせいで昨夜**ゆうべ**一睡**いっすい**もできなかったよ。**
아쯔사노 세–데 유–베 잇스이모 데끼나깟따요
더위 때문에 어젯밤 한숨도 못 잤어.

中村 なかむら **俺**おれ**もだ。暑**あつ**くて死**し**にそうだよ。**
오레모다. 아쯔꾸떼 시니소–다요
나도 그래. 더워서 죽을 것 같아.

高橋 たかはし **いつまでこの猛暑日**もうしょび**が続**つづ**くんだろうね。**
이쯔마데 코노 모–쇼비가 츠즈꾼다로–네
언제까지 이 폭염이 계속되는 걸까?

中村 なかむら **それがずばり俺**おれ**が知**し**りたいところだ。**
소레가 즈바리 오레가 시리따이 토꼬로다
그게 바로 내가 알고 싶은 점이야.

동물 & 식물 動物·植物 도-부쯔·쇼꾸부쯔

□ 動物どうぶつ 도-부쯔
명 동물

□ ペット 펫토
명 애완동물

□ 飼かう 카우
동 사육하다, 기르다

□ 足あし 아시
명 (동물의) 발, 다리

□ しっぽ 십뽀
명 꼬리

□ 噛かむ 카무
동 물다

□ 犬いぬ 이누
명 개

□ 猫ねこ 네꼬
명 고양이

□ 牛うし 우시
명 소

□ 豚ぶた 부따
명 돼지

□ うさぎ 우사기
명 토끼

□ 羊ひつじ 히쯔지
명 양

□ 馬うま 우마
명 말

□ しまうま 시마우마
명 얼룩말

□ 獅子しし 시시
= ライオン 라이옹
명 사자

□ 虎とら 토라
명 호랑이

□ 熊くま 쿠마
명 곰

□ きつね 키쯔네
명 여우

□ おおかみ 오오까미
명 이리; 늑대

□ 猿さる 사루
명 원숭이

□ 象ぞう 조-
명 코끼리

□ きりん 키링
명 기린

□ 鹿しか 시까
명 사슴

□ さい 사이
명 코뿔소

□ たぬき 타누끼
명 너구리

□ もぐら 모구라
명 두더지

□ ねずみ 네즈미
명 쥐

□ りす 리스
명 다람쥐

□ くじら 쿠지라
명 고래

□ いるか 이루까
명 돌고래

□ 鳥とり 토리
명 새

□ 翼つばさ 츠바사
= 羽はね 하네
명 날개(새의 날개)

□ くちばし 쿠찌바시
명 부리, 주둥이

□ 鶏にわとり 니와또리
명 닭

□ ひよこ 히요꼬
명 병아리

□ かも 카모
명 오리

□ すずめ 스즈메
명 참새

□ はと 하또
명 비둘기

□ からす 카라스
명 까마귀

□ かささぎ 카사사기
명 까치

□ わし 와시
명 독수리

□ かもめ 카모메
명 갈매기

□ 孔雀くじゃく 쿠쟈꾸
명 공작

□ みみずく 미미즈꾸
명 부엉이

□ ペンギン 펭깅
명 펭귄

□ 魚さかな 사까나

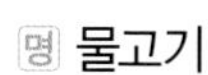

명 물고기

□ えら 에라

명 아가미

□ ひれ 히레

명 지느러미

□ 熱帯魚ねったいぎょ 넷따이교

명 열대어

□ 金魚きんぎょ 킹교

명 금붕어

□ 金魚鉢きんぎょばち 킹교바찌

명 어항

□ さめ 사메

명 상어

□ たこ 타꼬

명 문어; 낙지

□ えい 에이

명 가오리

□ 亀かめ 카메

명 거북

□ わに 와니

명 악어

□ 蛇へび 헤비

명 뱀

□ とかげ 토까게

명 도마뱀

□ 蛙かえる 카에루

명 개구리

□ かたつむり 카따쯔무리

명 달팽이

□ 昆虫こんちゅう 콘쮸–
명 곤충

□ 虫むし 무시 명 벌레

□ あり 아리
명 개미

□ 蜂はち 하찌 명 벌

□ 蜜蜂みつばち 미쯔바찌
명 꿀벌

□ ちょうちょう 쵸–쬬–
명 나비

□ とんぼ 톰보
명 잠자리

□ せみ 세미
명 매미

□ こおろぎ 코오로기
명 귀뚜라미

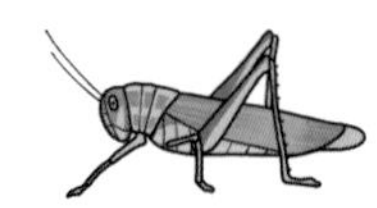

□ ばった 밧따
명 메뚜기

□ かまきり 카마끼리
명 사마귀

□ カブトムシ
카부토무시
명 딱정벌레

□ てんとうむし
텐또–무시
명 무당벌레

□ はえ 하에
명 파리

□ 蚊か 카
명 모기

□ ごきぶり 고끼부리
명 바퀴벌레

□ くも 쿠모
명 거미

□ 植物しょくぶつ 쇼꾸부쯔
명 식물

□ 木き 키
명 나무

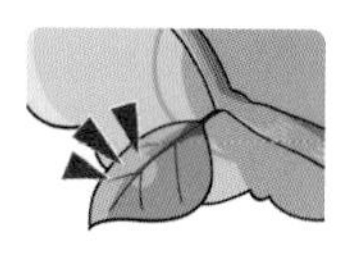

□ 葉はっぱ 합빠
명 잎, 잎사귀

□ 根ね 네
= 根ねっこ 넥꼬
명 뿌리

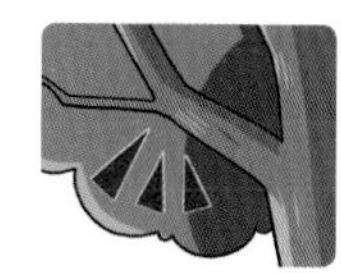

□ 枝えだ 에다
명 (나뭇)가지

□ 実み 미
명 열매, 과실

□ 松まつの木き 마쯔노끼
명 소나무

□ 竹たけ 타께
명 대나무

□ 草くさ 쿠사
명 풀

□ 花はな 하나
명 꽃

□ 桜さくら 사꾸라
명 벚꽃

□ ばら 바라
명 장미

□ 梅うめの花はな 우메노하나
명 매화

□ 朝顔あさがお 아사가오
명 나팔꽃

□ ハスの花はな 하스노하나
명 연꽃

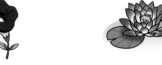

□ 動物どうぶつ 도-부쯔 명 동물

□ 雄おす 오스 명 수컷

□ 雌めす 메스 명 암컷

□ 足あし 아시 명 (동물의) 발, 다리

□ 毛け 케 명 털

□ しっぽ 십뽀 명 꼬리

動物どうぶつを飼かうのが好すきです。
도-부쯔오 카우노가 스끼데스
동물 기르는 것을 좋아해요.

□ ペット 펫토 명 애완동물

□ 飼かう 카우 동 사육하다, 기르다

ペットを飼かっていますか。
펫토오 캇떼 이마스까
애완동물을 키우고 있습니까?

□ 引ひっかく 힉까꾸 동 할퀴다

□ 唸うなる 우나루 동 (동물이) 으르렁거리다

□ 噛かむ 카무 동 물다

□ 犬いぬ 이누 명 개

□ 子犬こいぬ 코이누 명 강아지

□ 吠ほえる 호에루 동 (개가) 짖다

□ わんわん 왕왕 부 멍멍(개 짖는 소리)

tip. 일본어로 개가 짖는 소리를 わんわん이라고 해서 '개'를 'わんちゃん 완짱(멍멍이)'으로도 부릅니다.

□ 猫ねこ 네꼬 명 고양이

□ こ猫ねこ 코네꼬 명 새끼 고양이; 작은 고양이

□ ニャーニャー鳴なく 냐-냐- 나꾸 (고양이가) 야옹거리다

□ ニャー 냐- 부 야옹(고양이가 우는 소리)

□ 牛うし 우시 명 소

□ 子牛こうし 코우시 명 송아지

□ 雌牛めうし 메우시 명 암소

□ 雄牛おうし 오우시 명 수소

□ 乳牛ちちうし/にゅうぎゅう 치찌우시/뉴-규- 명 젖소

□ 豚ぶた 부따 명 돼지

□ 子豚こぶた 코부따 명 새끼 돼지

□ いのしし 이노시시 명 멧돼지

□ うさぎ 우사기 명 토끼

□ 羊ひつじ 히쯔지 명 양

□ 馬うま 우마 명 말

□ 子馬こうま 코우마 명 망아지

□ ひづめ 히즈메 명 발굽

□ たてがみ 타떼가미 명 갈기

□ しまうま 시마우마 명 얼룩말

□ 獅子しし 시시 명 사자

= ライオン 라이옹

□ 虎とら 토라 명 호랑이

□ 熊くま 쿠마 명 곰

□ きつね 키쯔네 명 여우

□ おおかみ 오오까미 명 이리; 늑대

□ 猿さる 사루 명 원숭이

□ チンパンジー 침판지– 명 침팬치

□ ゴリラ 고리라 명 고릴라

□ オランウータン 오랑우–탕 명 오랑우탄

□ 象ぞう 조– 명 코끼리

□ 象牙ぞうげ 조–게 명 상아

□ きりん 키링 명 기린

□ 鹿しか 시까 명 사슴

□ ノロジカ 노로지카 명 노루

= ノロ 노로

= ノル 노루

□ ノルのしっぽみたいだ 노루노 십뽀미따이다 노루 꼬리만 하다('작다'는 의미)

□ 大鹿おおしか 오–시까 명 고라니

□ トナカイ 토나카이 명 순록

□ さい 사이 명 코뿔소

□ らくだ 라꾸다 명 낙타

□ かば 카바 명 하마

□ カンガルー 캉가루– 명 캥거루

□ コアラ 코아라 명 코알라

□ たぬき 타누끼 명 너구리

□ もぐら 모구라 명 두더지

□ ねずみ 네즈미 명 쥐

□ ハムスター 하무스타– 명 햄스터

ハムスターを檻おりに入いれて飼かってください。
하무스타–오 오리니 이레떼 캇떼 쿠다사이
햄스터를 우리에 넣어 기르세요.

□ りす 리스 명 다람쥐

□ はりねずみ 하리네즈미 명 고슴도치

□ こうもり 코–모리 명 박쥐

□ くじら 쿠지라 명 고래

□ いるか 이루까 명 돌고래

□ おっとせい 옷또세– 명 물개

□ 鳥とり 토리 명 새

□ 翼つばさ 츠바사 명 날개(새의 날개)

= 羽はね 하네

tip. 羽에는 새털, 깃털이라는 의미도 있습니다. 곤충의 날개는 '翅(はね) 하네'라고 합니다.

□ くちばし 쿠찌바시 명 부리, 주둥이

□ 巣す 스 명 둥지

□ 卵たまご 타마고 명 알

□ 鶏にわとり 니와또리 명 닭
□ ひよこ 히요꼬 명 병아리

□ かも 카모 명 오리

□ すずめ 스즈메 명 참새

□ はと 하또 명 비둘기

□ からす 카라스 명 까마귀

□ かささぎ 카사사기 명 까치

□ わし 와시 명 독수리

□ かもめ 카모메 명 갈매기

□ つばめ 츠바메 명 제비

□ おうむ 오–무 명 앵무새

□ 孔雀くじゃく 쿠자꾸 명 공작

□ だちょう 다쬬– 명 타조

□ みみずく 미미즈꾸 명 부엉이

□ ペンギン 펭깅 명 펭귄

□ 魚さかな 사까나 명 물고기
□ えら 에라 명 아가미
□ ひれ 히레 명 지느러미
□ うろこ 우로꼬 명 비늘

□ 熱帯魚 ねったいぎょ 넷따이교 명 열대어

□ 金魚 きんぎょ 킹교 명 금붕어

□ 金魚鉢 きんぎょばち 킹교바찌 명 어항

□ さめ 사메 명 상어

□ たこ 타꼬 명 문어; 낙지

□ えい 에이 명 가오리

□ うなぎ 우나기 명 뱀장어

□ 亀 かめ 카메 명 거북

□ わに 와니 명 악어

□ 蛇 へび 헤비 명 뱀

彼かれは蛇へびのペットを飼かっています。
카레와 헤비노 펫토오 캇떼이마스
그는 애완용 뱀을 키워요.

□ とかげ 토까게 명 도마뱀

□ 蛙 かえる 카에루 명 개구리

□ お玉 たま じゃくし 오따마쟈꾸시 명 올챙이

□ かたつむり 카따쯔무리 명 달팽이

□ 昆虫 こんちゅう 콘쮸– 명 곤충

□ 虫 むし 무시 명 벌레

□ 触角 しょっかく 쇽까꾸 명 더듬이

□ あり 아리 명 개미

□ 蜂はち 하찌 명 벌

□ 蜜蜂みつばち 미쯔바찌 명 꿀벌

□ ちょうちょう 쵸–쬬– 명 나비

□ あげはちょう 아게하쬬– 명 호랑나비

□ とんぼ 톰보 명 잠자리

□ カブトムシ 카부토무시 명 딱정벌레

= アオオサムシ 아오오사무시

ペットでカブトムシを飼かう人ひともいる。
펫토데 카부토무시오 카우 히또모 이루
애완동물로 딱정벌레를 키우는 사람도 있어.

□ てんとうむし 텐또–무시 명 무당벌레

□ せみ 세미 명 매미

□ こおろぎ 코오로기 명 귀뚜라미

□ ばった 밧따 명 메뚜기

□ かまきり 카마끼리 명 사마귀

□ はえ 하에 명 파리

□ 蚊か 카 명 모기

□ ごきぶり 고끼부리 명 바퀴벌레

□ みみず 미미즈 명 지렁이

□ くも 쿠모 명 거미

□ 植物しょくぶつ 쇼꾸부쯔 명 식물

□ 種たね 타네 명 씨, 씨앗

□ 蒔まく 마꾸 동 (씨를) 뿌리다, 파종하다

□ 芽め 메 명 싹

□ 木き 키 명 나무

□ 葉はっぱ 합빠 명 잎, 잎사귀

□ 木この葉は 코노하 명 나뭇잎

□ 根ね 네 명 뿌리

= 根ねっこ 넥꼬

□ 根元ねもと 네모또 명 뿌리, 밑; 근본

□ 枝えだ 에다 명 (나뭇)가지

□ 茎くき 쿠끼 명 줄기

□ 幹みき 미끼 명 (나무의) 줄기

□ 実み 미 명 열매, 과실

= 果実かじつ 카지쯔

□ 森もり 모리 명 수풀, 삼림

= 林はやし 하야시

□ 松まつの木き 마쯔노끼 명 소나무

□ 柳やなぎ 야나기 명 버드나무

□ 竹たけ 타께 명 대나무

□ 草くさ 쿠사 명 풀

□ 花はな 하나 명 꽃

□ 花はなびら 하나비라 명 꽃잎

□ 雌めしべ 메시베 명 암술

□ 雄おしべ 오시베 명 수술

□ 咲さく 사꾸 동 (꽃이) 피다

□ 桜さくら 사꾸라 명 벚꽃

□ ばら 바라 명 장미

□ 百合ゆり 유리 명 백합

花はなの中なかで百合ゆりの花はなが一番いちばん好すきです。
하나노 나까데 유리노 하나가 이찌방 스끼데스
꽃 중에서 백합을 가장 좋아합니다.

□ 菊きく 키꾸 명 국화

□ 梅うめの花はな 우메노하나 명 매화

□ つばきの花はな 츠바끼노하나 명 동백꽃

□ ひまわり 히마와리 명 해바라기

□ たんぽぽ 탐뽀뽀 명 민들레

□ チューリップ 츄–립푸 명 튤립

□ デイジー 데이지– 명 데이지

□ カーネーション 카–네–숑 명 카네이션

□ コスモス 코스모스 명 코스모스

□ れんぎょう 렝교– 명 개나리

□ つつじ 츠쯔지 명 진달래

□ 朝顔あさがお 아사가오 명 나팔꽃

□ アカシア 아카시아 명 아카시아

□ すみれ 스미레 명 제비꽃

□ ハスの花はな 하스노하나 명 연꽃

□ サボテン 사보텡 명 선인장

□ 植うえる 우에루 동 심다

□ 伸のびる 노비루 동 자라다, 뻗다

□ 水みずをやる 미즈오 야루 물을 주다

꼭! 써먹는 실전 회화

鈴木すずき あなたはペットを飼かっているの?
아나따와 펫토오 캇떼 이루노?
너는 애완동물을 기르고 있니?

平井ひらい うん、犬いぬを飼かい始はじめて3年さんねんになるよ。
웅, 이누오 카이하지메떼 산넨니 나루요
응, 강아지를 기르기 시작한 지 3년 됐어.

鈴木すずき マンションで犬いぬを飼かうのは大変たいへんじゃない?
만숀데 이누오 카우노와 타이헨쟈나이?
아파트에서 개를 키우는 건 힘들지 않아?

平井ひらい そうだね。でも、うちの犬いぬはちゃんとしつけができているから。ハムスターも2匹にひきいるよ。
소-다네. 데모, 우찌노 이누와 챤또 시쯔께가 데끼떼이루까라. 하무스타-모 니히끼 이루요
그렇지. 하지만, 우리 집 개는 훈련이 잘 되어 있어서. 햄스터도 두 마리 있어.

練習問題

다음 단어를 읽고 맞는 뜻과 연결하세요.

1. ペット •	• 계절
2. 季節 •	• 구름
3. 動物 •	• 꽃
4. 木 •	• 나무
5. 時間 •	• 날씨
6. 植物 •	• 날짜
7. 雨 •	• 동물
8. 雲 •	• 비
9. 日 •	• 시간, 때
10. 日にち •	• 식물
11. 天気 •	• 애완동물
12. 花 •	• 해, 태양

1. **ペット** – 애완동물 2. **季節** – 계절 3. **動物** – 동물 4. **木** – 나무
5. **時間** – 시간, 때 6. **植物** – 식물 7. **雨** – 비 8. **雲** – 구름
9. **日** – 해, 태양 10. **日にち** – 날짜 11. **天気** – 날씨 12. **花** – 꽃

チャプター 4

ユニット **10.**

집 家 이에

□ 家いえ 이에
명 집

□ 部屋へや 헤야 명 방

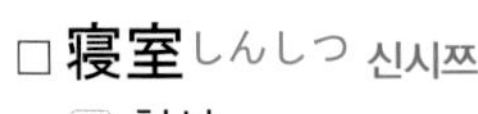

□ 寝室しんしつ 신시쯔
명 침실

□ リビング 리빙구
= 茶ちゃの間ま 챠노마
명 거실

□ 台所だいどころ
다이도꼬로
= キッチン 킷칭
명 부엌, 주방

□ 風呂場ふろば 후로바
= 浴室よくしつ 요꾸시쯔
명 욕실

□ お手洗てあらい
오떼아라이
= トイレ 토이레
명 화장실

□ ドア 도아 명 문

□ 玄関げんかん 겐깡
명 현관

□ 鍵かぎ 카기
= キー 키-
명 열쇠

□ 窓まど 마도
명 창문

□ 開あける 아께루
동 열다

□ 閉しめる 시메루
동 닫다

□ 囲かこい 카꼬이
명 울타리

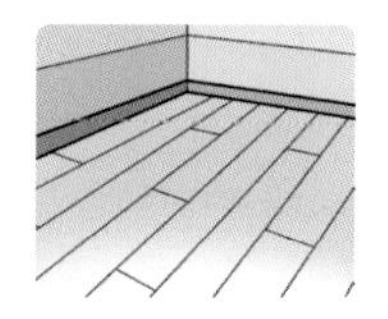

□ 床ゆか 유까

명 바닥, 마루

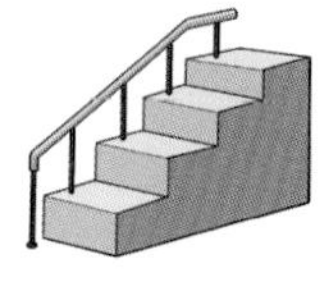

□ 階段かいだん 카이당

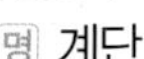

명 계단

□ エレベーター

에레베-타-

명 엘리베이터

□ 屋根やね 야네

명 지붕

□ 屋根裏部屋やねうらべや

야네 우라베야

명 다락방, 지붕밑 층

□ 地下室ちかしつ

치까시쯔

명 지하실, 지하층

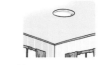

□ 庭にわ 니와

명 정원

□ 天井てんじょう 텐죠-

명 천장

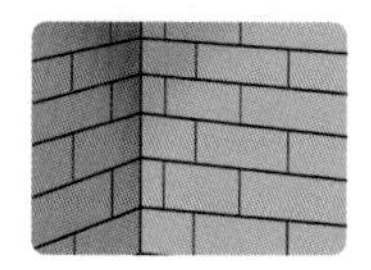

□ 壁かべ 카베

명 벽

□ 家具かぐ 카구

명 가구

□ テーブル 테-브루

명 테이블

□ こたつ 코따쯔

명 고타츠

□ ソファー 소화-

명 소파

□ 椅子いす 이스

= チェア 체아

명 의자

□ 机つくえ 츠꾸에

= デスク 데스쿠

명 책상

□ テレビ 테레비
명 텔레비전

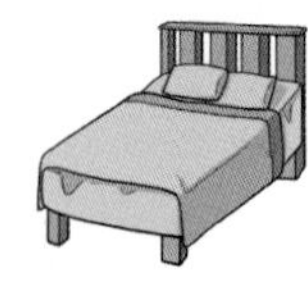

□ ベッド 벳도
명 침대

□ タンス 탄스
= クローゼット
쿠로–젯토
명 옷장

□ 本棚ほんだな 혼다나
명 책장

□ 引ひき出だし
히끼다시
명 서랍

□ 化粧台けしょうだい
케쇼–다이
= ドレッサー 도렛사–
명 화장대

□ 鏡かがみ 카가미
명 거울

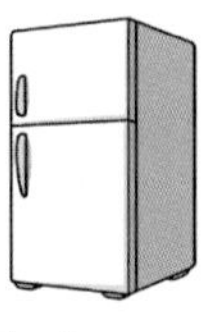

□ 冷蔵庫れいぞうこ
레–조–꼬
명 냉장고

□ オーブン 오–븡
명 오븐

□ ガスレンジ 가스렌지
명 가스레인지

□ 電子でんしレンジ
덴시렌지
명 전자레인지

□ ミキサー 미키사–
명 믹서

□ オーブントースター
오–븐토–스타–
명 토스터

□ 食器洗しょっきあらい機き 쇽끼아라이끼
명 식기세척기

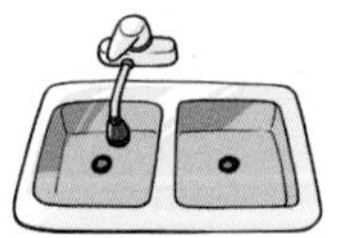

□ 流ながし台だい
나가시다이
명 싱크대, 개수대

□ 風呂ふろ 후로
명 욕조

□ シャワー機き
샤와–끼
명 샤워기

□ 洗面台せんめんだい
셈멘다이
명 세면대

□ 蛇口じゃぐち 쟈구찌
= 水栓すいせん 수이셍
명 수도꼭지

□ 石鹸せっけん 섹껭
명 비누

□ 便器べんき 벤끼
명 변기

□ ごみ箱ばこ 고미바꼬
명 쓰레기통

□ 掃除そうじ 소–지
명 청소

□ 掃除機そうじき 소–지끼
명 청소기

□ ふき掃除そうじ
후끼소–지
걸레질

□ ほこりを払はらう
호꼬리오 하라우
먼지를 털다

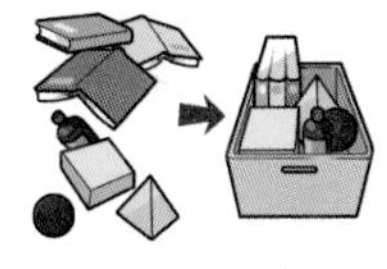

□ 片付かたづける
카따즈께루
동 정리하다, 정돈하다

□ 洗濯せんたく 센따꾸
명 세탁

□ 洗濯物せんたくもの
센따꾸모노
명 빨래, 세탁물

□ 洗濯機
せんたくき/せんたつき
센따꾸끼/센딱끼
명 세탁기

□ 家いえ 이에 명 집

□ 家庭かてい 카떼 명 가정

□ 住宅じゅうたく 쥬–따꾸 명 주택

□ 部屋へや 헤야 명 방

□ 寝室しんしつ 신시쯔 명 침실

□ リビング 리빙구 명 거실

= 茶ちゃの間ま 챠노마

リビングがもうちょっと広ひろいほうがいいです。
리빙구가 모– 춋또 히로이호–가 이–데스
거실이 좀 더 넓으면 좋겠어요.

□ 台所だいどころ 다이도꼬로 명 부엌, 주방

= キッチン 킷칭

このアパートの台所だいどころはすべての設備せつびが揃そろっています。
코노 아파–토노 다이도꼬로와 스베떼노 세쯔비가 소롯떼 이마스
이 아파트의 부엌은 모든 설비가 갖춰져 있어요.

□ 風呂場ふろば 후로바 명 욕실

= 浴室よくしつ 요꾸시쯔

□ お手洗てあらい 오떼아라이 명 화장실

tip. 일본 주택은 대부분 욕실과 화장실이 분리되어 있습니다. **お手洗い**는 '손 씻는 곳'이라는 뜻으로, 화장실을 완곡하게 표현한 단어입니다.

= トイレ 토이레

□ トイレットペーパー 토이렛토페–파– 화장실 휴지

トイレはどこですか。
토이레와 도꼬데스까
화장실이 어디죠?

□ ドア 도아 명 문

□ 玄関げんかん 겐깡 명 현관

□ 入いり口ぐち 이리구찌 명 입구

□ 出口でぐち 데구찌 명 출구

□ 出入でい/ではいり口ぐち 데이리구찌/데하이리구찌 명 출입구

□ 玄関げんかんチャイム 겐깡 챠이무 명 현관의 초인종

= 玄関げんかんの呼び鈴よびりん 겐깐노 요비링

□ 鍵かぎ 카기 명 열쇠

= キー 키-

□ 窓まど 마도 명 창문

窓まどをちょっと拭ふいてくれますか。
마도오 춋또 후이떼 쿠레마스까
창문을 좀 닦아줄래요?

□ 開あける 아께루 동 열다

□ 閉しめる 시메루 동 닫다

□ ベランダ 베란다 명 베란다, 발코니

= バルコニー 바루코니-

□ 囲かこい 카꼬이 명 울타리

= 垣根かきね 카끼네

= さく 사꾸

□ 床ゆか 유까 명 바닥, 마루

□ 階段かいだん 카이당 명 계단

□ エレベーター 에레베-타- 명 엘리베이터

□ 屋根やね 야네 명 지붕

□ 屋根裏部屋やねうらべや 야네 우라베야 명 다락방, 지붕밑 층

□ 地下室ちかしつ 치까시쯔 명 지하실, 지하층

□ 庭にわ 니와 명 정원

□ 物置ものおき 모노오끼 명 헛간

□ 倉庫そうこ 소-꼬 명 창고

□ 天井てんじょう 텐죠- 명 천장

□ 壁かべ 카베 명 벽

□ カーテン 카-텡 명 커튼

□ 家具かぐ 카구 명 가구

私わたしはインテリアとか家具かぐのデザインに興味きょうみが高たかいです。
와따시와 인테리아또까 카구노 데자인니 쿄-미가 타까이데스
저는 인테리어나 가구 디자인에 관심이 많아요.

□ 食卓しょくたく 쇼꾸따꾸 명 식탁

□ テーブル 테-브루 명 테이블

□ ちゃぶ台だい 챠부다이 명 (접었다 폈다 할 수 있는 다리가 낮은) 밥상

食卓しょくたくに肘ひじをつくのはやめなさい。
쇼꾸따꾸니 히지오 츠꾸노와 야메나사이
식탁에서 팔꿈치를 올리면 안 돼요.

□ こたつ 코따쯔 명 고타츠

tip. こたつ는 일본 전통의 실내 난방기구의 일종으로, 나무로 만든 밥상에 이불이나 담요를 씌우고 그 아래에는 난로가 있습니다.

□ ソファー 소화– 명 소파

ソファーにゆったり座すわっています。
소화–니 육꾸리 스왓떼 이마스
소파에 편하게 앉아 있습니다.

□ 椅子いす 이스 명 의자

= チェア 체아

□ リクライニングチェア 리쿠라이닝구체아 명 안락의자(리클라이너 의자)

□ 座椅子ざいす 자이스 명 좌식 의자

tip. 座椅子는 일본식 방에 앉을 때 등받이는 있고 다리가 없는 의자로, 座를 坐(ざ)자로 혼동하는 경우가 종종 있는데, 틀리지 않도록 주의합니다.

□ 机つくえ 츠꾸에 명 책상

= デスク 데스쿠

□ 座卓ざたく 자따꾸 명 좌탁(앉아 쓰는 책상)

□ テレビ 테레비 명 텔레비전

今晩こんばんテレビで何なにをやる?
콤방 테레비데 나니오 야루?
오늘 밤 TV에서 뭐 하지?

□ ベッド 벳도 명 침대

□ タンス 탄스 명 옷장

= クローゼット 쿠로–젯토

□ 押入おしいれ 오시이레 명 벽장

□ 飾かざり棚だな 카자리다나 명 장식장, 진열장

= コレクションケース 코레쿠숀케–스

□ 本棚ほんだな 혼다나 명 책장

□ 引ひき出だし 히끼다시 명 서랍 → **tip.** 引き出し는 '예금을 찾다'라는 뜻도 있습니다.

□ 棚たな 타나 명 선반

棚たなのほこりちょっとはたいてくれる?
타나노 호꼬리 촛또 하따이떼 쿠레루?
선반의 먼지 좀 털어 줄래?

□ 化粧台けしょうだい 케쇼–다이 명 화장대

= ドレッサー 도렛사–

□ 鏡かがみ 카가미 명 거울

□ 電灯でんとう 덴또– 명 전등, 불

= 電気でんき 뎅끼 → **tip.** 電気는 '전기'라는 뜻도 있습니다.

□ ハンガー 항가– 명 옷걸이

□ 冷蔵庫れいぞうこ 레–조–꼬 명 냉장고

□ 冷凍庫れいとうこ 레–또–꼬 명 냉동고

= フリーザー 후리–자–

残のこった食たべ物ものは冷蔵庫れいぞうこに入いれて置おきます。
노꼿따 타베모노와 레–조–꼬니 이레떼 오끼마스
남은 음식은 냉장고에 넣어둘게요.

□ オーブン 오–븡 명 오븐

□ ガスレンジ 가스렌지 명 가스레인지

裕子ゆうこはガスレンジをつけてました。
유–꼬와 가스렌지오 츠께떼마시따
유코는 가스레인지를 켜고 있었다.

□ 電子でんしレンジ 덴시렌지 명 전자레인지

電子でんしレンジは食たべ物ものを調理ちょうりする時間じかんを減へらしてくれます。
덴시렌지와 타베모노오 쵸-리스루 지깡오 헤라시떼 쿠레마스
전자레인지는 음식을 조리하는 시간을 줄여줍니다.

□ **ミキサー** 미키사- 명 믹서

□ **オーブントースター** 오-븐토-스타- 명 토스터

□ **食器洗しょっきあらい機き** 쇽끼아라이끼 명 식기세척기

□ **流ながし台だい** 나가시다이 명 싱크대, 개수대

お皿さらを流ながし台だいに入いれてくれる?
오사라오 나가시다이니 이레떼 쿠레루?
그릇을 개수대에 넣어 줄래?

□ **風呂ふろ** 후로 명 욕조
= **浴槽よくそう** 욕소-

tip. '목욕을 하다'는 '욕조에 들어가다'라는 뜻의 **風呂(ふろ)に入(はい)る** 후로니 하이루라고 합니다.

午前中ごぜんちゅうずっと風呂ふろを磨みがきました。
고젠쥬- 즛또 후로오 미가끼마시따
아침 내내 욕조를 닦았습니다.

□ **シャワー機き** 샤와-끼 명 샤워기

□ **湯桶ゆおけ** 유오께 물바가지

tip. '바가지'는 '박으로 만든 바가지'를 가리키는 **ひさご** 히사고라는 단어가 있는데, 요즘은 플라스틱 용품이 많아 거의 사용하지 않습니다.

□ **風呂椅子ふろいす** 후로 이스 목욕 의자

□ **洗面台せんめんだい** 셈멘다이 명 세면대

□ **蛇口じゃぐち** 쟈구찌 명 수도꼭지
= **水栓すいせん** 수이센

□ **石鹸せっけん** 섹껭 명 비누

□ 便器べんき 벤끼 명 변기

□ 御虎子おまる 오마루 명 변기, 요강

□ ごみ箱ばこ 고미바꼬 명 쓰레기통

ごみはごみ箱ばこに。
고미와 고미바꼬니
휴지는 휴지통에.

□ 掃除そうじ 소-지 명 청소

□ 大掃除おおそうじ 오오소지 명 대청소

□ 掃除機そうじき 소-지끼 명 청소기

大掃除おおそうじでまる一日いちにちつぶれました。
오-소-지데 마루 이찌니찌 츠부레마시따
대청소로 하루가 고스란히 지나갔다.

□ ふき掃除そうじ 후끼소-지 걸레질

= 雑巾ぞうきんがけ 조-낑가께

この部屋へやは雑巾ぞうきんがけが必要ひつようだね。
코노 헤야와 조-낑가께가 히쯔요-다네
이 마루바닥은 걸레질이 필요하겠는 걸.

□ 汚よごれを落おとす 요고레오 오또스 더러움을 없애다

□ ほこりを払はらう 호꼬리오 하라우 먼지를 털다

□ 片付かたづける 카따즈께루 동 정리하다, 정돈하다

□ 洗濯せんたく 센따꾸 명 세탁

□ 洗濯物せんたくもの 센따꾸모노 명 빨래, 세탁물

洗濯物せんたくものをよくもんで洗あらいなさい。
센따꾸모노오 요꾸 몬데 아라이나사이
빨래를 잘 주물러[비벼] 빨아라.

□ **洗濯機**せんたくき/せんたつき 센따꾸끼/센딱끼 명 세탁기

洗濯機せんたくき**を回**まわ**さなければならない。**
센따꾸끼오 마와사나께레바 나라나이
세탁기를 돌려야겠어.

tip. 洗濯機의 정식 표기는 せんたくき이지만, せんたっき로 발음하기도 합니다.

10. 설거지

꼭! 써먹는 **실전 회화**

鈴木 すずき **中村**なかむら**くん、お皿洗**さらあら**い、手伝**てつだ**ってくれる?**
나까무라꿍, 오사라아라이, 데쯔닷떼쿠레루?
나카무라, 설거지, 좀 도와 줄 수 있어?

中村 なかむら **いや、今日**きょう**僕**ぼく**、お部屋**へや**全部**ぜんぶ**とトイレのお掃除**そうじ**をしたよ。**
이야, 쿄– 보쿠, 오헤야 젠부또 토이레노 오소–지오 시따요
아니, 오늘 나, 방 전부와 화장실 청소를 했다고.

鈴木 すずき **うん? でも、私**わたし**今**いま**出**で**かけなきゃいけないの。もう一度**いちど**手伝**てつだ**ってほしいな。**
응? 데모, 와따시 이마 데까께나꺄이께나이노. 모– 이찌도 테쯔닷떼 호시–나
응, 하지만, 나 지금 나가야 되거든. 한 번 더 도와주면 좋겠어.

中村 なかむら **わかった。でも、今回**こんかい**が最後**さいご**だからね。**
와깟따. 데모, 콘까이가 사이고다까라네
알겠어, 하지만, 이번이 마지막이야.

ユニット 11.

옷 服 후꾸

□ 服ふく 후꾸

명 옷

□ 着きる 키루

동 옷을 입다

□ 脱ぬぐ 누구

동 벗다

□ 洋服ようふく 요-후꾸

명 옷, 양복

□ スーツ 스-츠

명 슈트, 양복

□ 和服わふく 와후꾸

명 일본옷

□ 着物きもの 키모노

명 옷, 기모노

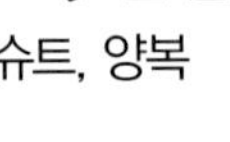

□ 穿はく 하꾸

동 (바지 등을) 입다

□ 被かぶる 카부루

동 (모자 등을) 쓰다

□ つける 츠께루

동 달다, 부착하다

□ ズボン 즈봉
= パンツ 판츠

명 바지

□ 半はんズボン 한즈봉
= 短たんパン 탐팡

명 반바지

□ ジーンズ 지-ㄴ즈
= ジーパン 지-팡

명 청바지

□ スカート 스카–토
명 치마

□ ワンピース 완피–스
명 원피스

□ ドレス 도레스
명 드레스

□ シャツ 샤츠
명 셔츠

□ Y ワイ シャツ
와이샤츠
명 와이셔츠

□ T ティー シャツ
티–샤츠
명 티셔츠

□ ブラウス 브라우스
명 블라우스

□ セーター 세–타–
명 스웨터

□ ジャケット 쟈켓토
명 재킷

□ ジャンパー 쟘파–
= ジャン 쟝
명 점퍼

□ コート 코–토
명 코트

□ 寝巻ねまき 네마끼
= パジャマ 파쟈마
명 잠옷, 파자마

□ インナー 인나–
= インナーウエア
인나–웨아
명 속옷, 이너웨어, 내복

□ ランジェリー
란제리–
명 란제리, 여성 속옷

□ スポーツウエア
스포–츠웨아
명 운동복

□ マフラー 마후라–
명 목도리

□ スカーフ 스카–후
명 스카프

□ ハンカチ 한카치
명 손수건

□ オーバーオール
오–바–오–루
명 멜빵

□ ベルト 베루토
명 허리띠, 벨트

□ 手袋 てぶくろ 테부꾸로
명 장갑

□ 帽子 ぼうし 보–시
명 모자

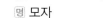

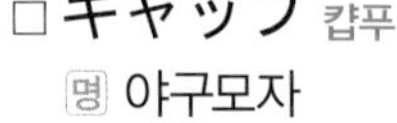

□ キャップ 캽푸
명 야구모자

□ ネクタイ 네쿠타이
명 넥타이

□ 靴下 くつした 쿠쯔시따
명 양말

□ 靴 くつ 쿠쯔
명 신발

□ 運動靴 うんどうぐつ
운도–구쯔
= スニーカー 스니–카–
명 운동화

□ ブーツ 부–츠
명 부츠

□ ハイヒール 하이히–루

명 하이힐

□ ローファー 로–화–
명 단화

□ サンダル 산다루
명 샌들

□ 草履ぞうり 조–리
명 (일본) 쪼리 샌들

□ スリッパ 스립파
명 실내화(슬리퍼)

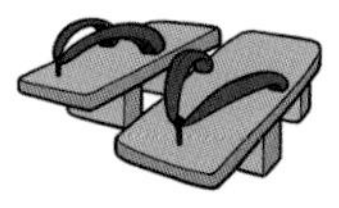

□ 下駄げた 게따
명 일본 나막신

□ 眼鏡めがね 메가네
명 안경

□ サングラス 산구라스
명 선글라스

□ 時計とけい 토께–
명 시계

□ かばん 카방
명 가방

□ バッグ 박구
= ハンドバッグ
한도박구
명 핸드백

□ リュックサック
륙쿠삭쿠
명 등에 매는 가방
(배낭, 책가방 등)

□ 財布さいふ 사이후
명 지갑

□ 宝石ほうせき 호–세끼
= ジュエリー 쥬에리–
명 보석, 귀금속

□ ネックレス 넥쿠레스
명 목걸이

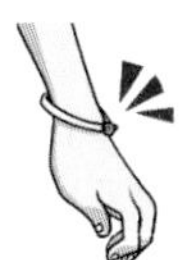

□ ブレスレット
브레스렛토
명 팔찌

□ ピアス 피아스
= イヤリング 이야링구
명 귀걸이

□ 指輪ゆびわ 유비와
= リング 링구
명 반지

□ 服ふく 후꾸 명 옷

□ 衣類いるい 이루이 명 의류

□ 衣服いふく 이후꾸 명 의복

□ 洋服ようふく 요–후꾸 명 옷, 양복

□ 和服わふく 와후꾸 명 일본옷

□ 着物きもの 키모노 명 옷, 기모노

□ 上着うわぎ 우와기 명 윗도리, 겉옷

□ 下着したぎ 시따기 명 속옷, 내의

= 肌着はだぎ 하다기

□ 着きる 키루 동 옷을 입다

□ 装よそおう 요소–우 동 치장하다, 정중한 옷차림을 하다

□ 上着うわぎを羽織はおる 우와기오 하오루 윗도리를 걸치다

今日きょうは何なにを着きる?
쿄–와 나니오 키루?
오늘은 뭘 입지?

□ 脱ぬぐ 누구 동 벗다

□ 穿はく 하꾸 동 (바지 등을) 입다

tip. 穿く와 같은 발음의 履(は)く 하꾸는 '(신발을) 신다'라는 의미로 쓰입니다.

□ 掛かける 카께루 동 (안경을) 쓰다

□ 被かぶる 카부루 동 (모자 등을) 쓰다

□ つける 츠께루 동 달다, 부착하다

□ する 스루 동 하다

tip. つける는 귀걸이 같은 액세서리나 시계, 넥타이, 벨트 등을 착용할 때 쓰는 동사이며, する도 사용할 수 있습니다.

□ ズボン 즈봉 명 바지

= パンツ 판츠

□ 半はんズボン 한즈봉 명 반바지

= 短たんパン 탐팡

□ 長ながズボン 나가즈봉 명 긴바지

彼女かのじょはいつもズボンをはいている。
카노죠와 이쯔모 즈봉오 하이떼 이루
그녀는 늘 바지만 입어.

□ ジーンズ 지-ㄴ즈 명 청바지

= ジーパン 지-팡

□ スカート 스카-토 명 치마

□ ミニスカート 미니스카-토 명 미니스커트

□ プリーツスカート 프리-츠스카-토 명 주름치마

□ ワンピース 완피-스 명 원피스

□ ドレス 도레스 명 드레스

今度こんどのパーティーのドレスコードは何なんですか。
콘도노 파-티-노 도레스코-도와 난데스까
이번 파티의 드레스 코드가 뭐예요?

□ スーツ 스-츠 명 슈트, 양복

□ シャツ 샤츠 명 셔츠

□ Yワイシャツ 와이샤츠 명 와이셔츠

□ Tティーシャツ 티-샤츠 명 티셔츠

□ 袖そで 소데 명 소매

□ 長袖ながそで 나가소데 명 긴소매

□ 半袖はんそで 한소데 명 반소매

□ 袖そでなし 소데나시 명 민소매

= ノースリーブ 노-스리-부

□ ブラウス 브라우스 명 블라우스

□ セーター 세-타- 명 스웨터

□ タートルネック 타-토루넥쿠 명 터틀넥 스웨터

= とっくり 톡꾸리

□ Vブイネック 브이넥쿠 브이넥 스웨터

□ ラウンドネック 라운도넥쿠 라운드넥 스웨터

□ ウールセーター 우-루세-타- 울 스웨터(털 스웨터)

□ カーディガン 카-디강 명 카디건

□ ベスト 베스토 명 조끼

= チョッキ 춋키

□ ジャケット 쟈켓토 명 재킷

□ 革かわジャケット 카와쟈켓토 가죽 재킷

□ ダウンジャケット 다운쟈켓토 패딩 점퍼

□ ジャンパー 쟘파- 명 점퍼

= ジャン 쟝

tip. ジャン은 ジャンパー의 준말로, 革ジャン 등 복합어의 요소로만 쓰입니다.

□ コート 코-토 명 코트

□ 部屋着へやぎ 헤야기 홈웨어

= ホームウエア 호-무웨아

□ 寝巻ねまき 네마끼 명 잠옷, 파자마

= パジャマ 파쟈마

□ インナー 인나- 명 속옷, 이너웨어, 내복

= インナーウエア 인나-웨아

□ ランジェリー 란제리- 명 란제리, 여성 속옷

□ スポーツウエア 스포-츠웨아 명 운동복
　= トレーニングウエア 토레-닝구웨아
　□ 水着みずぎ 미즈기 명 수영복
　□ ビキニ 비키니 명 비키니 수영복

□ 雨具あまぐ 아마구 명 우비
　□ レインコート 레인코-토 명 비옷

tip. **雨具**는 우산, 비옷, 나막신 등 비오는 날 사용하는 것들을 모두 포함합니다.

□ マフラー 마후라- 명 목도리
　□ スカーフ 스카-후 명 스카프
　□ ショール 쇼-루 명 숄

□ ハンカチ 한카치 명 손수건

□ オーバーオール 오-바-오-루 명 멜빵

□ ベルト 베루토 명 허리띠, 벨트

□ 手袋てぶくろ 테부꾸로 명 장갑

□ 帽子ぼうし 보-시 명 모자
　□ キャップ 캽푸 명 야구모자
　□ チェーン帽子ぼうし 체-ㅇ보-시 명 (챙이 둥글게 둘러져 있는) 모자
　□ ビニー 비니- 명 비니(머리에 딱 맞는 동그란 모자)

□ ネクタイ 네쿠타이 명 넥타이

□ 靴下くつした 쿠쯔시따 명 양말

□ タイツ 타이츠 명 타이즈
　□ ストッキング 스톡킹구 명 스타킹
　□ レギンス 레깅스 명 레깅스(다리에 달라붙는 바지)

□ 靴くつ 쿠쯔 명 신발

□ 運動靴うんどうぐつ 운도-구쯔 명 운동화
= スニーカー 스니-카-

□ ブーツ 부-츠 명 부츠

□ ハイヒール 하이히-루 명 하이힐

□ ローファー 로-화- 명 단화

□ サンダル 산다루 명 샌들
□ 草履ぞうり 조-리 명 (일본) 쪼리 샌들

□ スリッパ 스립파 명 실내화(슬리퍼)

□ 下駄げた 게따 명 일본 나막신

□ 眼鏡めがね 메가네 명 안경
□ サングラス 산구라스 명 선글라스

□ 時計とけい 토께- 명 시계

□ かばん 카방 명 가방

□ バッグ 박구 명 핸드백
= ハンドバッグ 한도박구
□ ポーチ 포-치 명 파우치(주로 가죽으로 만든 작은 주머니)

□ リュックサック 륙쿠삭쿠 명 등에 매는 가방(배낭, 책가방 등)
□ ランドセル 란도세루 명 란도셀(네모난 배낭 형태의 초등학생용 책가방)

tip. 란도셀은 일본의 에도시대 말기인 1847년 왕족과 귀족 자녀들의 교육기관에서 아이들에게 메도록 한 가방입니다. 백팩을 의미하는 네덜란드어의 '란셀(Ransel)'을 일본식으로 발음한 것입니다.

□ スーツケース 스–츠케–스 명 여행 가방

= キャリーバッグ 캬리–박구

□ 財布さいふ 사이후 명 지갑

□ 長財布ながざいふ 나가자이후 명 장지갑

タクシーの中なかに財布さいふを置おき忘わすれました。

타쿠시–노 나까니 사이후오 오끼와스레마시따

택시 안에 지갑을 두고 내렸어요.

□ 宝石ほうせき 호–세끼 명 보석, 귀금속

= ジュエリー 쥬에리–

□ アクセサリー 악세사리– 명 장신구

□ ネックレス 넥쿠레스 명 목걸이

□ ブレスレット 브레스렛토 명 팔찌

□ ピアス 피아스 명 귀걸이

= イヤリング 이야링구

tip. **ピアス**는 뚫은 귀에 하는 귀걸이이고, **イヤリング**는 뚫지 않은 귀에 하는 귀걸이를 말합니다.

□ 指輪ゆびわ 유비와 명 반지

= リング 링구

□ ブローチ 브로–치 명 브로치

□ ヘアピン 헤아핑 명 머리핀

□ 襟えり 에리 명 옷깃

□ ポケット 포켓토 명 호주머니

□ 懐ふところ 후또꼬로 명 호주머니(에 가지고 있는 돈); 품

死装束しにしょうぞくにポケットはない。

시니쇼–죠꾸니 포켓토와 나이

수의에는 호주머니가 없다. ('빈손으로 왔다가 빈손으로 간다'는 의미)

□ ファスナー 화스나– 명 지퍼

= チャック 챠쿠

□ 生地きじ 키지 명 천, 옷감

= 布ぬの 누노

□ シルク 시루쿠 명 비단, 실크

□ 綿わた 와따 명 면; 솜

= コットン 콧통

□ ウール 우–루 명 모직, 양모

□ 合成繊維ごうせいせんい 고–세–셍이 합성섬유

□ 革かわ 카와 명 가죽, 피혁

□ 毛皮けがわ 케가와 명 모피

tip. **革**와 **皮**(かわ)의 발음이 같고 의미가 비슷하여 쓰임을 혼동하기 쉬운데, **革**는 동물의 가죽을 가공하여 만든 것을 일컫고, **皮**는 동물의 가죽을 포함한 모든 껍질을 가리킵니다.

□ 柄がら 가라 명 무늬

□ ストライプ 스토라이프 명 줄무늬

= 縞模様しまもよう 시마 모요–

= 縞しま 시마

□ チェック 첵쿠 명 체크무늬

□ 水玉みずたま 미즈따마 명 물방울무늬

= 水玉模様みずたまもよう 미즈따마 모요–

□ 花柄はながら 하나가라 명 꽃무늬

= 花模様はなもよう 하나 모요–

□ ヒョウ柄がら 효–가라 명 호피무늬

今年ことしはチェックが流行りゅうこうするらしい。
코또시와 첵쿠가 류–꼬–스루라시–
올해는 체크무늬가 유행하나 봐.

□ 刺繍ししゅう 시슈– 명 자수

= 縫取ぬいとり 누이또리

□ 刺繍ししゅうを施ほどこす 시슈–오 호도꼬스 자수를 놓다

= 縫取ぬいとりをする 누이또리오 스루

□ 流行はやり/りゅうこう 하야리/류–꼬– 명 유행

□ ファッション 홧숑 명 패션

□ 流行はやっている 하얏떼 이루 유행하고 있다

□ 流行りゅうこうが過すぎる 류–꼬–가 스기루 유행이 지나다

こんなジーパンを着きないと流行りゅうこうに取とり残のこされる。
콘나 지–팡오 키나이또 류–꼬–니 토리노꼬사레루
이런 청바지를 안 입으면 유행에 뒤떨어져.

11. 생일 선물

꼭! 써먹는 **실전 회화**

中村 なかむら
誕生日たんじょうびのプレゼントに何なにが欲ほしいの?
탄죠–비노 프레젠토니 나니가 호시–노?
생일 선물로 뭐 갖고 싶어?

高橋 たかはし
手袋てぶくろが欲ほしいな。失なくしちゃったんだよ。
테부꾸로가 호시–나. 나꾸시쨧딴다요
장갑이 갖고 싶어. 잃어버렸거든.

中村 なかむら
あ、そう? 今いま買かい物ものに出でかけましょう。
아, 소–? 이마 카이모노니 데까께마쇼
아, 그래? 지금 쇼핑하러 가자.

高橋 たかはし
本当ほんとう? それじゃ、セーターも買かおう。
혼또–? 소레쟈, 세–타–모 가오–
정말? 그럼, 스웨터도 사야겠다.

음식 食べ物 타베모노

□ 食たべ物もの 타베모노
명 음식

□ 食たべる 타베루
동 먹다

□ 飲のむ 노무
동 마시다

□ 料理りょうりする
료-리스루
동 요리하다

□ 肉にく 니꾸
명 고기

□ 牛肉ぎゅうにく 규-니꾸
명 소고기

□ 豚肉ぶたにく 부따니꾸
명 돼지고기

□ 鶏肉とりにく 토리니꾸
명 닭고기

□ 羊肉ようにく 요-니꾸
= ラム肉にく 라무니꾸
명 양고기

□ 魚さかな 사까나
명 생선

□ 鮭さけ 사께
= サーモン 사-몽
명 연어

□ 鮪まぐろ 마구로
명 참치; 다랑어

□ アワビ 아와비
명 전복

□ いか 이까
명 오징어

□ 海老えび 에비
명 새우

□ カキ 카키
명 굴

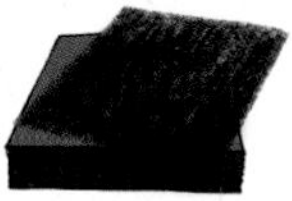

□ 海苔のり 노리
명 김

□ 米こめ 코메
명 쌀

□ 小麦粉こむぎこ
코무기꼬
명 밀가루

□ シリアル 시리아루
명 곡물 식품

□ 豆まめ 마메
명 콩

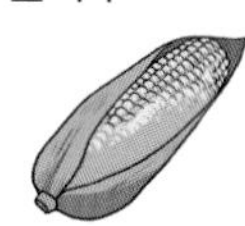

□ とうもろこし
토–모로꼬시
명 옥수수

□ 野菜やさい 야사이
명 채소

□ にんじん 닌징
명 당근

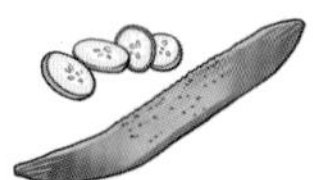

□ きゅうり 큐–리
명 오이

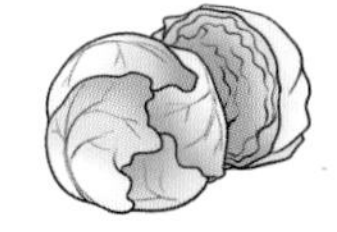

□ キャベツ 캬베츠
명 양배추

□ トマト 토마토
명 토마토

□ ほうれん草そう
호–렌소–
명 시금치

□ ブロッコリー
브록코리–
명 브로콜리

□ 茄子なす 나스
명 가지

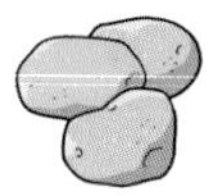

□ じゃがいも 쟈가이모
명 감자

□ サツマイモ 사츠마이모
명 고구마

□ 玉たまねぎ 타마네기
명 양파

□ 果物 くだもの 쿠다모노
명 과일

□ いちご 이찌고
명 딸기

□ りんご 링고
명 사과

□ 梨 なし 나시
명 배

□ オレンジ 오렌지
명 오렌지

□ レモン 레몽
명 레몬

□ ぶどう 부도–
명 포도

□ 柿 かき 카끼
명 감(나무)

□ バナナ 바나나
명 바나나

□ すいか 스이까
명 수박

□ メロン 메롱
명 멜론

□ パイナップル 파이납프루
명 파인애플

□ 桃 もも 모모
명 복숭아

□ 杏子 あんず 안즈
명 살구

□ さくらんぼ 사꾸람보
명 체리

□ マンゴー 망고–
명 망고

□ いちじく 이찌지꾸
명 무화과

□ アボカド 아보카도
명 아보카도

□ 飲のみ物もの 노미모노
명 음료, 마실 것

□ ジュース 쥬-스
명 주스

□ 水みず 미즈
명 물

□ 牛乳ぎゅうにゅう 규-뉴-
= ミルク 미르쿠
명 우유

□ コーヒー 코-히-
명 커피

□ アイスクリーム
아이스쿠리-무
명 아이스크림

□ 味付あじつけ 아지쯔께
명 양념

□ タレ 타레
= ソース 소-스
명 드레싱, 소스

□ 塩しお 시오
명 소금

□ 砂糖さとう 사또-
명 설탕

□ 酢す 스
명 식초

□ 醤油しょうゆ 쇼-유
명 간장

□ 揚あげる 아게루
동 튀기다

□ てんぷら 템뿌라
명 튀김

□ 煎いる 이루
동 볶다; 지지다

□ 炒いため 이따메
명 볶음; 지짐

□ 焼やく 야꾸
동 굽다

□ 焼やき物もの 야끼모노
명 구이

□ 食たべ物もの 타베모노 명 음식

□ 食たべる 타베루 동 먹다

残のこさずすべて食たべなさい。
노꼬사즈 스베떼 타베나사이
남기지 말고 다 먹어.

□ 飲のむ 노무 동 마시다

tip. 우리말은 '먹다'와 '마시다'를 특별히 구분하여 사용하지 않는 편이지만, 일본어에서는 마시는 음료에 대해서는 반드시 '마시다'라는 의미인 **飲む**를 씁니다. 또, '약을 먹다'라고 할 때도 동사는 **飲む**를 씁니다. 참고로 **呑(の)む**는 '(음료 외의 것이나 고체같은 것을) 삼키다'라는 동사로 쓰입니다.

□ 食事しょくじ 쇼꾸지 명 식사, 끼니

食事しょくじを簡単かんたんに済すました。
쇼꾸지오 칸딴니 스마시따
식사를 간단히 때웠어요.

□ 料理りょうりする 료-리스루 동 요리하다
= 調理ちょうりする 쵸-리스루

どのように料理りょうりしたものですか。
도노요-니 료-리시따 모노데스까
어떻게 요리한 것입니까?

□ 調理法ちょうりほう 쵸-리호- 명 요리법, 레시피
= レシピ 레시피

□ 肉にく 니꾸 명 고기
□ 牛肉ぎゅうにく 규-니꾸 명 소고기
□ 豚肉ぶたにく 부따니꾸 명 돼지고기
□ 鶏肉とりにく 토리니꾸 명 닭고기
□ 羊肉ようにく 요-니꾸 명 양고기
= ラム肉にく 라무니꾸

□ 魚さかな 사까나 명 생선

□ 鮭さけ 사께 명 연어

= サーモン 사-몽

tip. 鮭는 さけ가 정식 발음이지만, 연구 결과 60% 이상이 しゃけ 샤께로 발음한다고 합니다. 주로 날것을 자른 것을 さけ라 하고, 가공한 식품을 しゃけ라고도 하지만, 정식 표현은 아니니 참고하세요.

□ 鮪まぐろ 마구로 명 참치; 다랑어

□ 鱈たら 타라 명 대구

□ 鯖さば 사바 명 고등어

□ しらす 시라스 명 멸치

□ アワビ 아와비 명 전복

□ たこ 타꼬 명 문어; 낙지

□ いか 이까 명 오징어

tip. 마른오징어는 スルメ 스루메라고 합니다.

□ 海老えび 에비 명 새우

□ 貝かい 카이 명 조개

□ カキ 카키 명 굴

□ ウニ 우니 명 성게

□ 海苔のり 노리 명 김

□ 穀物こくもつ 코꾸모쯔 명 곡물

□ 米こめ 코메 명 쌀

□ 小麦粉こむぎこ 코무기꼬 명 밀가루

□ シリアル 시리아루 명 곡물 식품

= コーンフレーク 코-ㅇ후레-쿠

tip. シリアル는 콘플레이크나 오트밀 등 아침 식사용으로 가공된 식품을 말합니다.

□ 豆まめ 마메 명 콩

□ えんどう豆まめ 엔도-마메 명 완두콩

□ インゲン豆まめ 인겐마메 명 강낭콩

□ 大豆だいず 다이즈 명 대두

□ 小豆あずき 아즈끼 명 팥

□ とうもろこし 토–모로꼬시 명 옥수수

□ 野菜やさい 야사이 명 채소

□ にんじん 닌징 명 당근

□ きゅうり 큐–리 명 오이

□ キャベツ 캬베츠 명 양배추

□ レタス 레타스 명 양상추

□ トマト 토마토 명 토마토

□ ほうれん草そう 호–렌소– 명 시금치

□ ピーマン 피–망 명 피망

  □ パプリカ 파프리카 명 파프리카

□ ブロッコリー 브록코리– 명 브로콜리

□ カボチャ 카보챠 명 호박

  = パンプキン 팜프킹

□ 茄子なす 나스 명 가지

□ じゃがいも 쟈가이모 명 감자

  □ サツマイモ 사츠마이모 명 고구마

□ 玉たまねぎ 타마네기 명 양파

□ ねぎ 네기 명 파

□ にんにく 닌니꾸 명 마늘

□ 生薑しょうが 쇼–가 명 생강

□ 唐辛子とうがらし 토–가라시 명 고추

□ コショウ 코쇼– 명 후추

□ オリーブ 오리–브 명 올리브

□ 果物くだもの 쿠다모노 명 과일

□ いちご 이찌고 명 딸기

□ りんご 링고 명 사과

□ 梨なし 나시 명 배

□ オレンジ 오렌지 명 오렌지

□ みかん 미깡 명 귤

□ レモン 레몽 명 레몬

□ ぶどう 부도– 명 포도

□ 柿かき 카끼 명 감(나무)

□ バナナ 바나나 명 바나나

□ すいか 스이까 명 수박

□ メロン 메롱 명 멜론

□ パイナップル 파이납프루 명 파인애플

□ 桃もも 모모 명 복숭아

□ 杏子あんず 안즈 명 살구

□ さくらんぼ 사꾸람보 명 체리

□ マンゴー 망고- 명 망고

□ いちじく 이찌지꾸 명 무화과

□ アボカド 아보카도 명 아보카도

□ 飲のみ物もの 노미모노 명 음료, 마실 것

□ ジュース 쥬-스 명 주스 → **tip.** 주류 이외의 음료를 통틀어 **ジュース**라고도 합니다.

飲のみ物ものは何なにになさいますか。

노미모노와 나니니 나사이마스까

음료는 무엇으로 하시겠습니까?

□ 水みず 미즈 명 물 → **tip.** **水**는 일반적으로 '찬물'을 말합니다.

お水みずもうちょっといただけますか。

오미즈 모- 쵸또 이따다께마스까

물 좀 더 주시겠어요?

□ 牛乳ぎゅうにゅう 규-뉴- 명 우유

= ミルク 미르쿠 → **tip.** **ミルク**는 커피에 넣는 크림을 뜻하기도 합니다.

□ 酒さけ 사께 명 술

□ ワイン 와잉 명 와인

□ ビール 비-루 명 맥주

□ **炭酸飲料**たんさんいんりょう 탄상 잉료– 명 탄산음료

□ **コーラ** 코–라 명 콜라

□ **サイダー** 사이다– 명 사이다

□ **コーヒー** 코–히– 명 커피

コーヒーは食事しょくじ**の後**あと**に持**も**ってきてください。**
코–히–와 쇼꾸지노 아또니 못떼 키떼 쿠다사이
커피는 식사 후에 갖다 주세요.

□ **デザート** 데자–토 명 디저트, 후식

= **スイーツ** 스위–츠

tip. **スイーツ**는 과자, 케이크, 푸딩, 아이스크림 등 단 음식을 통틀어 말합니다. **スウィーツ** 스위–츠라고 표기하기도 합니다.

デザートはいかがですか。
데자–토와 이까가데스까
디저트는 어떠세요?

□ **アイスクリーム** 아이스쿠리–무 명 아이스크림

□ **味付**あじつ**け** 아지쯔께 명 양념

□ **合**あ**わせ調味料**ちょうみりょう 아와세쵸–미료– 양념장

□ **ダシ** 다시 명 육수

= **だし汁**じる 다시지루

tip. **ダシ**는 다시마, 가다랑어포, 멸치 등을 끓여 우린 국물로, 음식의 맛을 내는 데 쓰이는 육수를 말하며, **だし汁**의 준말입니다.

□ **タレ** 타레 명 드레싱, 소스

= **ソース** 소–스

= **ドレッシング** 도렛싱구

□ **塩**しお 시오 명 소금

□ **味塩**あじしお 아지시오 명 맛소금

□ **砂糖**さとう 사또– 명 설탕

□ 酢す 스 명 식초

□ うまみ調味料ちょうみりょう 우마미쵸-미료- MSG(화학조미료), 조미료

tip. うまみ調味料 대신 유명 조미료의 상표명인 味(あじ)の素(もと) 아지노모또를 흔히 사용합니다.

□ 醤油しょうゆ 쇼-유 명 간장

□ ポン酢ず 폰즈 초간장

□ 味噌みそ 미소 명 된장

□ 唐辛子味噌とうがらしみそ 토-가라시 미소 명 고추장

□ 唐辛子酢味噌とうがらしすみそ 토-가라시 스미소 명 초고추장

□ サラダ油あぶら 사라다아부라 명 식용유

□ ごま油あぶら 고마아부라 명 참기름

□ オリーブオイル 오리-브오이루 명 올리브유

□ バター 바타- 명 버터

□ マヨネーズ 마요네-즈 명 마요네즈

□ ケチャップ 케챱프 명 케첩

□ わさび 와사비 명 고추냉이

□ マスタード 마스타-도 명 겨자

□ 蜂蜜はちみつ 하찌미쯔 명 꿀

= ハニー 하니-

□ ジャム 쟈무 명 잼

□ むく 무꾸 동 (껍질을) 까다, 벗기다

□ 切きる 키루 동 자르다

□ みじん切ぎり 미진기리 명 다지기; 잘게 썰기

□ 千切せんぎり 센기리 채썰기

□ おろす 오로스 동 강판에 갈다

□ おろし 오로시 명 (강판에) 갈기, 갊

□ 混まぜる 마제루 동 섞다

□ 揚あげる 아게루 동 튀기다

□ てんぷら 템뿌라 명 튀김

= 揚あげ物もの 아게모노

□ 煎いる 이루 동 볶다; 지지다

= 炒いためる 이따메루

□ 炒いため 이따메 명 볶음; 지짐

□ 焼やく 야꾸 동 굽다

□ 焼やき物もの 야끼모노 명 구이 → **tip.** 焼き物는 '도자기'를 의미하기도 합니다.

□ 煮にる 니루 동 삶다

= ゆでる 유데루

□ 煮込にこみ 니꼬미 명 (여러 가지 재료를 넣어서 푹) 끓인 요리

□ 蒸むす 무스 동 찌다

□ 蒸むし煮に 무시니 명 찜

□ (ご飯はんを) 炊たく (고항오) 타꾸 동 (밥을) 짓다

□ 和あえる 아에루 동 무치다, 버무리다

= 混まぜ合あわす 마제아와스

□ 調理器具ちょうりきぐ 쵸-리끼구 명 조리기구

□ 調理道具ちょうりどうぐ 쵸-리도-구 명 조리도구

□ 包丁ほうちょう 호-쬬- 명 부엌칼

□ ナイフ 나이흐 명 나이프(서양식 작은 칼)

□ まな板いた 마나이따 명 도마

□ しゃもじ 샤모지 명 주걱

□ しゃくし 샤시 명 국자

□ ヘラ 헤라 명 뒤집개

□ 泡立あわだて器き 아와다떼끼 명 거품기

□ 鍋なべ 나베 명 (둥글고 속이 깊은) 냄비

□ フライパン 프라이팡 명 프라이팬

□ 食器しょっき 쇼끼 명 식기

□ 和食器わしょっき 와쇼끼 명 일본 식기

□ 洋食器ようしょっき 요-쇼끼 명 서양 식기

□ 器うつわ 우쯔와 명 그릇

□ どんぶり 돔부리 명 사발

= どんぶりばち 돔부리바찌

□ 茶ちゃわん 챠왕 명 밥그릇

□ 汁しるわん 시루왕 명 국그릇

□ 皿さら 사라 명 접시

□ 匙さじ 사지 명 숟가락 → **tip.** 匙는 '~ 숟갈'이라는 의존명사로도 쓰입니다.

= スプーン 스푸-ㅇ

□ 茶ちゃさじ 챠사지 명 찻숟가락

= ティースプーン 티-스푸-ㅇ

□ 箸はし 하시 명 젓가락 → tip. 箸는 '~ 젓갈'이라는 의존명사로도 쓰입니다.

□ 菜さいばし 사이바시 명 (요리할 때 쓰는) 긴 젓가락

□ はし箱ばこ 하시바꼬 명 젓가락통

□ フォーク 훠-쿠 명 포크

□ トレイ 토레이 명 쟁반 → tip. トレー 토레-라고도 발음하지만 トレイ가 정식 발음입니다.

= 盆ぼん 봉

12. 음식 투정

꼭! 써먹는 **실전 회화**

鈴木
すずき

残のさずに全部ぜんぶ食たべてね。
노사즈니 젬부 타베떼네
남기지 말고 다 먹어.

中村
なかむら

豆まめは食たべたくないよ。美味おいしくないんだもん。
마메와 타베따꾸나이요. 오이시꾸나잉다몽
콩은 먹기 싫어. 맛이 없단 말이야.

鈴木
すずき

そうやって食たべ物ものをえり好ごのみするのは駄目だめなのよ。
소-얏떼 타베모노오 에리고노미스루노와 다메나노요
그렇게 음식을 가리면 안 돼.

中村
なかむら

分わかった。そしたらケチャップをかけてもいいの?
와깟따. 소시따라 케찹프오 카께떼모 이-노?
알았어. 그럼 케첩 뿌려도 돼?

ユニット **13.**

취미 趣味 슈미

□ 趣味しゅみ 슈미
명 취미

□ スポーツ 스포–츠
= 運動うんどう 운도–
명 스포츠, 운동

□ ジョギング 죠깅구
명 조깅

□ 水泳すいえい 스이에–
= 泳およぎ 오요기
= スイミング 스이밍구
명 수영

□ テニス 테니스
명 테니스

□ バドミントン
바도민통
명 배드민턴

□ サッカー 삭카–
명 축구

□ 野球やきゅう 야뀨–
명 야구

□ バスケット 바스켓토
명 농구

□ バレー 바레–
명 배구

□ 卓球たっきゅう 탁큐–
= ピンポン 핀퐁
명 탁구

□ ゴルフ 고루후
명 골프

□ ヨガ 요가
명 요가

□ テクォンドー 테퀀도–
명 태권도

□ 相撲すもう 스모–
명 스모

□ スケート 스케-토
명 스케이트

□ スノーボード
스노-보-도
명 스노보드

□ スキー 스키-
명 스키

□ 音楽おんがく 옹가꾸
= ミュージック 뮤-직쿠
명 음악

□ メロディー 메로디-
명 멜로디, 선율

□ 歌うた 우따 명 노래
□ 歌うたう 우따우
동 노래하다

□ 歌手かしゅ 카슈
명 가수

□ 演奏えんそうする
엔소-스루
동 연주하다

□ 楽器がっき 각끼
명 악기

□ ピアノ 피아노
명 피아노

□ ギター 기타-
명 기타

□ 三味線しゃみせん
샤미셍
명 샤미센

□ コンサート 콘사-토
명 음악회, 콘서트

□ ミュージカル
뮤-지카루
명 뮤지컬

□ 歌舞伎かぶき 카부끼
명 가부키

□ 映画えいが 에–가
명 영화

□ 映画館えいがかん 에–가깡
명 영화관

□ 映画監督えいがかんとく
에–가 칸또꾸
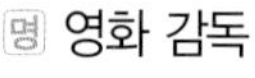
명 영화 감독

□ 俳優はいゆう 하이유
= 役者やくしゃ 약샤
명 배우

□ 本ほん 홍
명 책

□ 読書どくしょ 독쇼
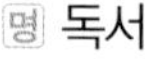
명 독서

□ 小説しょうせつ 쇼–세쯔
명 소설

□ 雑誌ざっし 잣시
명 잡지

□ コミック 코믹쿠
= 漫画まんが 망가
명 만화

□ おとぎ話ばなし
오또기바나시
= 童話どうわ 도–와
명 동화

□ 本屋ほんや 홍야
= 書店しょてん 쇼뗑
명 서점

□ 図書館としょかん
토쇼깡
명 도서관

□ 書かく 카꾸
동 쓰다

□ 写真しゃしん 샤싱
명 사진

□ 写真撮影しゃしんさつえい 샤싱사쯔에-
명 사진촬영

□ カメラ 카메라
명 카메라

□ 絵え 에
명 그림

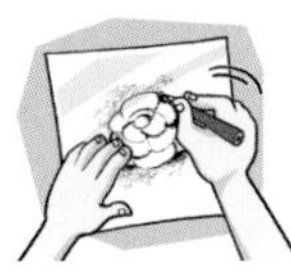

□ スケッチ 스켓치
명 스케치, 밑그림

□ 描えがく 에가꾸
동 그림 그리다, 채색하다

□ 絵えの具ぐ 에노구
명 그림물감

□ 遊あそび 아소비
명 놀이

□ 玩具おもちゃ 오모쨔
= がんぐ 간구
명 장난감, 완구

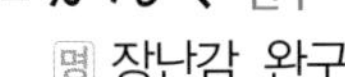

□ 山登やまのぼり 야마노보리
= 登山とざん 토장
명 등산

□ キャンプ 캼푸
= キャンピング 캼핑구
명 캠핑, 야영

□ 釣つり 츠리
명 낚시

□ 編あみ物もの 아미모노
명 뜨개질

□ コレクション 코렉숀
명 수집; 수집물, 컬렉션

□ 園芸えんげい 엔게-
명 원예, 정원 가꾸기

□ 趣味しゅみ 슈미 명 취미 → **tip.** 정중하게 물을 때는 **ご趣味** 고슈미라고 합니다.

趣味しゅみは何なんですか。
슈미와 난데스까
취미가 뭐예요?

□ レジャー 레쟈– 명 여가, 여가활동
= レジャー活動かつどう 레쟈– 카쯔도–

□ スポーツ 스포–츠 명 스포츠, 운동
= 運動うんどう 운도–
□ 鍛きたえる 키따에루 동 운동하다; 단련하다
□ 競技きょうぎ 쿄–기 명 경기
□ 試合しあい 시아이 명 시합

どんなスポーツが好すきですか。
돈나 스포–츠가 스끼데스까
무슨 스포츠를 좋아하세요?

□ 散歩さんぽ 삼뽀 명 산책, 산보

□ 走はしる 하시루 동 달리다
□ ジョギング 죠깅구 명 조깅
□ ジョギングする 죠깅구스루 동 조깅하다

最近さいきんジョギングを始はじめました。
사이낑 죠깅구오 하지메마시따
최근 조깅을 시작했어요.

□ ジム 지무 명 체육관; 헬스클럽
= フィットネスクラブ 휫토네스쿠라브
= スポーツジム 스포–츠지무

ジムには一週間いっしゅうかんにどのくらい通かよっていますか。
지무니와 잇슈–깐니 도노꾸라이 카욧떼 이마스까
헬스클럽은 일주일에 몇 번 가세요?

□ 水泳すいえい 스이에– 명 수영

= 泳およぎ 오요기

= スイミング 스이밍구

□ 水泳すいえいする 스이에–스루 동 수영하다

= 泳およぐ 오요구

□ プール 프–루 명 수영장

= スイミングプール 스이밍구프–루

□ ボール 보–루 명 공

= 球たま 타마

□ ラケット 라켓토 명 라켓

□ テニス 테니스 명 테니스

□ バドミントン 바도민통 명 배드민턴

□ サッカー 삭카– 명 축구

□ アメリカンフットボール 아메리칸훗토보–루 명 미식축구

□ 野球やきゅう 야뀨– 명 야구

野球やきゅうはどのチームのファンですか。
야뀨–와 도노 치–무노 환데스까
야구는 어느 팀 팬이에요?

□ バスケット 바스켓토 명 농구

= バスケットボール 바스켓토보–루

tip. バスケットボール를 줄여서 バスケット, バレーボール를 줄여서 バレー라고 합니다.

□ バレー 바레– 명 배구

= バレーボール 바레–보–루

□ 卓球たっきゅう 탁큐– 명 탁구

= ピンポン 핀퐁

□ ゴルフ 고루후 명 골프

□ ゴルフ場じょう 고루후죠– 명 골프장

□ ヨガ 요가 명 요가

□ 競輪けいりん 케–링 명 사이클링, 자전거 경기

= サイクリング 사이쿠링구

□ スケート 스케–토 명 스케이트

□ ローラースケート 로–라–스케–토 명 롤러 스케이트

□ アイスリンク 아이스링쿠 명 스케이트장

= スケート場じょう 스케–토죠–

□ スケートボード 스케–토보–도 명 스케이트보드

= スケボー 스케보–

□ スノーボード 스노–보–도 명 스노보드

□ スキー 스키– 명 스키

□ スキー場じょう 스키–죠– 스키장

冬ふゆになると毎週まいしゅうスキーに行いきます。

후유니 나루또 마이슈– 스키–니 이끼마스

겨울이 되면 거의 매주 스키를 타러 가요.

□ 格闘技かくとうぎ 칵또–기 명 격투기

□ 武道ぶどう 부도– 명 무도

□ 合気道あいきどう 아이끼도– 명 합기도

□ 空手からて 카라떼 명 당수, 가라데(격투기의 일종)

□ テクォンドー 테퀀도– 명 태권도

□ 柔道じゅうどう 쥬–도– 명 유도

□ 剣道けんどう 켄도– 명 검도

□ 相撲すもう 스모– 명 스모

tip. 相撲는 相撲取(すもうと)り 스모–또리의 준말로, 일본 고유의 씨름을 말합니다.

□ ボクシング 복싱구 명 권투, 복싱

= 拳闘けんとう 켄또–

□ 音楽おんがく 옹가꾸 명 음악

= ミュージック 뮤–직쿠

どんな音楽おんがくが好すきですか。
돈나 옹가꾸가 스끼데스까
어떤 음악을 좋아하세요?

□ 聴きく 키꾸 동 듣다

tip. 聞(き)く 키꾸는 들리는 것을 '듣다'이고, 聴く는 의지를 가지고 자세히 '듣다'입니다. 그래서 '음악을 듣다'는 '청취하다'라는 의미의 聴く를 사용합니다.

時間じかんがある時ときはポップミュージックを聴ききます。
지깡가 아루 토끼와 폽푸뮤–직쿠오 키끼마스
시간이 날 때는 팝 음악을 들어요.

□ 歌うた 우따 명 노래

□ 歌うたう 우따우 동 노래하다

□ 歌手かしゅ 카슈 명 가수

好すきな歌手かしゅは誰だれですか。
스끼나 카슈와 다레데스까
좋아하는 가수는 누구예요?

□ メロディー 메로디– 명 멜로디, 선율

= 節ふし 후시

= 旋律せんりつ 센리쯔

□ ディスク 디스쿠 명 디스크, 음반

= レコード 레코–도

□ 演奏えんそうする 엔소-스루 동 연주하다

□ 演奏会えんそうかい 엔소-까이 명 연주회

□ ジャンル 쟝루 명 장르

□ 楽器がっき 각끼 명 악기

楽器がっきを弾ひけますか。
각끼오 히께마스까
악기를 다룰 줄 아세요?

□ ピアノ 피아노 명 피아노

ピアノを少すこし弾ひきます。
피아노오 스꼬시 히끼마스
피아노를 조금 칩니다.

□ バイオリン 바이오링 명 바이올린

□ チェロ 체로 명 첼로

□ フルート 후루-토 명 플루트

□ 三味線しゃみせん 샤미셍 명 샤미센

tip. 三味線은 일본 전통 악기로 세 줄의 현악기입니다.

□ ハープ 하-푸 명 하프

= 竪琴たてごと 타떼고또

□ ギター 기타- 명 기타

趣味しゅみでギターを習ならっています。
슈미데 기타-오 나랏떼 이마스
취미로 기타를 배우고 있어요.

□ 鼓つづみ 츠즈미 명 장구, 북

tip. 鼓는 가죽으로 싸서 만든 타악기의 총칭으로 쓰입니다.

□ 太鼓たいこ 타이꼬 명 북

□ ドラム 도라무 명 드럼, 북

□ トランペット 토란펫토 명 트럼펫
= ペット 펫토

□ サキソホン 사키소홍 명 색소폰
tip. サクソフォン 사쿠소훙이라고 쓰기도 합니다.
= サックス 삭쿠스

□ コンサート 콘사–토 명 음악회, 콘서트

□ オーケストラ 오–케스토라 명 오케스트라, 교향악단
□ 指揮者しきしゃ 시끼샤 명 지휘자
= コンダクター 콘탁타–

□ 映画えいが 에–가 명 영화
□ 映画えいがを観みる 에–가오 미루 영화를 보다
tip. 観る와 見(み)る 미루는 발음은 같지만, '영화를 관람하다'라고 할 때는 観る입니다.

どんな映画えいがが好すきですか。
돈나 에–가가 스끼데스까
어떤 영화를 좋아하세요?

□ アクション映画えいが 악숀에–가 명 액션 영화
□ アニメーション 아니메–숑 명 만화 영화, 애니메이션
= アニメ 아니메
□ コメディー映画えいが 코메디–에–가 명 코미디 영화
□ 恋愛映画れんあいえいが 렝아이 에–가 로맨틱 영화
□ ラブコメディー映画えいが 라부코메디–에–가 명 로맨틱 코미디 영화
= ラブコメ映画えいが 라부코메에–가
□ SFエスエフ映画えいが 에스에후에–가 명 공상 과학 영화
□ ホラー映画えいが 호라–에–가 명 공포 영화
□ ドキュメンタリー映画えいが 도큐멘타리–에–가 명 다큐멘터리 영화

ホラー映画えいがをたびたび観みます。
호라–에–가오 타비따비 미마스
공포 영화를 자주 봅니다.

□ 映画館えいがかん 에–가깡 명 영화관

□ 劇場げきじょう 게끼죠– 명 극장

tip. 劇場은 映画館과 구별하여 연극, 공연 등을 하는 '극장'을 말합니다.

□ オペラ 오페라 명 오페라

□ ミュージカル 뮤–지카루 명 뮤지컬

□ 歌舞伎かぶき 카부끼 명 가부키

tip. 歌舞伎는 일본 전통 공연 예술로, 출연자는 남성으로만 구성됩니다. 가부키는 歌舞伎座(かぶきざ) 카부끼자라는 가부키 전용 극장에서만 공연합니다.

□ 宝塚歌劇たからづかかげき 타까라즈까 까게끼 다카라즈카 가극

tip. 兵庫県(ひょうごけん) 효–고껭에 위치한 宝塚(たからづか) 타까라즈까에 본거지를 두고 있는 여성들로만 구성된 '가극(歌劇(かげき) 카게끼)'을 말합니다. '宝塚歌劇団(たからづかかげきだん) 타까라즈까 카게끼당 (다카라즈카 가극단)'은 애칭으로 タカラゼンヌ 다카라젠누라고도 합니다.

□ 公開こうかい 코–까이 명 공개; 개봉

□ 初演しょえん 쇼엥 명 초연

□ 映画監督えいがかんとく 에–가 칸또꾸 명 영화 감독

□ 俳優はいゆう 하이유 명 배우

= 役者やくしゃ 약샤

□ 男優だんゆう 당유– 명 남자 배우

□ 女優じょゆう 죠유– 명 여자 배우

好すきな男優だんゆう、女優じょゆうは誰だれですか。

스끼나 당유–, 죠유–와 다레데스까

좋아하는 남자 배우, 여자 배우는 누구입니까?

□ 観客かんきゃく 칸꺄꾸 명 관객

□ あらすじ 아라스지 명 줄거리

= ストーリー 스토–리–

□ 主人公しゅじんこう 슈진꼬– 명 주인공

□ ヒーロー 히–로– 명 (소설이나 영화 등의) 남자 주인공

□ ヒロイン 히로잉 명 여자 주인공

□ 本ほん 홍 명 책

□ 読よむ 요무 동 읽다

□ 読書どくしょ 독쇼 명 독서

□ 読書会どくしょかい 독쇼까이 명 독서회

暇ひまなときは読書どくしょで時間じかんをつぶします。
히마나 토끼와 독쇼데 지깡오 츠부시마스
한가할 때는 독서로 시간을 보내요.

□ 読書三余どくしょさんよ 독쇼상요 명 독서삼여

tip. 読書三余는 독서하기에 좋은 세 가지 시기로, 겨울, 밤, 비 오는 날을 말합니다.

□ 文学ぶんがく 분가꾸 명 문학

□ 小説しょうせつ 쇼–세쯔 명 소설

□ 詩し 시 명 시

□ 随筆ずいひつ 즈이히쯔 명 수필, 에세이

= エッセイ 엣세–

私わたしの趣味しゅみは小説しょうせつを読よむことです。
와따시노 슈미와 쇼–세쯔오 요무 코또데스
제 취미는 소설 읽기예요.

□ 雑誌ざっし 잣시 명 잡지

□ コミック 코믹쿠 명 만화

= 漫画まんが 망가

□ おとぎ話ばなし 오또기바나시 명 동화

= 童話どうわ 도–와

□ 偉人伝いじんでん 이진뎅 명 위인전

□ 自伝じでん 지뎅 명 자서전

□ 本屋ほんや 홍야 명 서점

= 書店しょてん 쇼뗑

□ 図書館としょかん 토쇼깡 명 도서관

□ 書かく 카꾸 동 쓰다

□ 著述ちょじゅつする 쵸쥬쯔스루 동 저술하다

□ 作家さっか 삭까 명 작가, 글 쓰는 사람

□ 著者ちょしゃ 쵸샤 명 저자

□ 小説家しょうせつか 쇼–세쯔까 명 소설가

□ 詩人しじん 시징 명 시인

□ 随筆家ずいひつか 즈이히쯔까 명 수필가

好すきな作家さっかは誰だれですか。
스끼나 삭까와 다레데스까
좋아하는 작가는 누구인가요?

□ 写真しゃしん 샤싱 명 사진

□ 写真撮影しゃしんさつえい 샤싱사쯔에– 명 사진촬영

□ (写真しゃしんを) 撮とる (샤싱오) 토루 (사진을) 찍다

写真撮影しゃしんさつえいは私わたしの趣味しゅみの一ひとつです。
샤싱사쯔에–와 와따시노 슈미노 히또쯔데스
사진 촬영은 제 취미 중 하나예요.

tip. '(사진을) 찍다'라고 할 때, **撮る** 토루와 같은 발음의 '**取(と)る** 토루(잡다, 쥐다)'가 헷갈리기 쉬우니 주의하세요.

□ カメラ 카메라 명 카메라

□ デジタルカメラ 데지타루카메라 디지털 카메라

= デジカメ 데지카메

□ 絵え 에 명 그림

□ 油絵あぶらえ 아부라에 명 유화

□ 水彩画すいさいが 스이사이가 명 수채화

= みずえ 미즈에

□ 水墨画すいぼくが 스이보꾸가 명 수묵화

□ スケッチ 스켓치 명 스케치, 밑그림

□ すがき 스가끼 명 소묘, 데생

= 素描そびょう 소뵤–

= デッサン 뎃상

□ 挿絵さしえ 사시에 명 삽화, 일러스트

= イラスト 이라스토

= イラストレーション 이라스토레–숑

□ 描えがく 에가꾸 동 그림 그리다, 채색하다

tip. 描く의 발음은 えがく 에가꾸 또는 かく 카꾸라고 합니다.
'그림을 그리다'에서 '그림'을 생략해서 '그리다'라고도 하기 때문에 두 가지 발음이 있습니다.

□ 画家がか 가까 명 화가

= えかき 에까끼

□ 絵えの具ぐ 에노구 명 그림물감

□ 色いろ 이로 명 색

□ 筆ふで 후데 명 붓

□ スケッチブック 스켓치북쿠 명 스케치북

= 写生帳しゃせいちょう 샤세–쬬–

□ キャンバス 캼바스 명 캔버스

□ 遊あそぶ 아소부 [동] 놀다

□ 遊あそび 아소비 [명] 놀이

□ 戦争せんそうごっこをする 센소-곡꼬오 스루 전쟁놀이를 하다

□ ゲームをする 게-무오 스루 게임을 하다

□ ボードゲーム 보-도게-무 [명] 보드게임

□ さいころ 사이꼬로 [명] 주사위

□ 玩具おもちゃ 오모짜 [명] 장난감, 완구

= がんぐ 간구

□ けん玉だま 켄다마 [명] 켄다마(죽방울)

tip. けん玉는 나무로 만들어진 본체에 줄로 이어진 공을 얹거나 끼워 넣는 일본의 전통 장난감 놀이입니다.

□ 山登やまのぼり 야마노보리 [명] 등산

= 登山とざん 토장

□ (山やまを)登のぼる (야마오) 노보루 [동] (산에) 오르다, 등산하다

tip. 山登り는 '등산가'라는 뜻도 있으며, 전문적인 등산가는 登山家(とざんか) 토잔까입니다.

□ 岩登いわのぼり 이와노보리 [명] 암벽 등반

= ロッククライミング 록쿠쿠라이밍구

□ ピクニック 피쿠닉쿠 [명] 소풍

= 遠足えんそく 엔소꾸

tip. 遠足는 주로 학교에서 가는 '소풍'을 말합니다.

□ 現場学習げんばがくしゅう 겜바각슈- [명] 현장학습

= フィールドワーク 휘-루도와-쿠

□ キャンプ 캼푸 [명] 캠핑, 야영

= キャンピング 캼핑구

□ 釣つり 츠리 [명] 낚시

□ 工芸こうげい 코-게- [명] 공예

□ 編あみ物もの 아미모노 명 뜨개질

□ 園芸えんげい 엔게– 명 원예, 정원 가꾸기

= ガードニング 가–도닝구

□ 生いけ花ばな 이께바나 명 꽃꽂이

□ コレクション 코렉숑 명 수집; 수집물, 컬렉션

□ コレクトする 코렉토스루 동 수집하다

= 集あつめる 아쯔메루

何なにを集あつめていますか。

나니오 아쯔메떼 이마스까

무엇을 수집하고 있습니까?

13. 기타

꼭! 써먹는 **실전 회화**

鈴木 すずき
暇ひまな時とき、何なにをするの?
히마나 토끼, 나니오 스루노?
시간 있을 때, 뭐 해?

平井 ひらい
私わたしはギターを弾ひくね。
와따시와 기타–오 히꾸네
나는 기타를 쳐.

鈴木 すずき
すごい! 私わたしのために一曲いっきょく演奏えんそうしてほしいな。
스고이! 와따시노타메니 잇꾜꾸 엔소–시떼 호시–나
굉장하네! 나를 위해 한 곡 연주해 주면 좋겠다.

平井 ひらい
実じつは、最近さいきん習ならい始はじめたばかりで。次つぎに一度いちど弾ひいて見みるね。
지쯔와, 사이낑 나라이하지메따바까리데. 츠기니 이찌도 히–떼미루네
사실은, 최근에 배우기 시작한 거라서. 다음에 한번 쳐 볼게.

ユニット 14.

전화 & 인터넷 電話・インターネット 뎅와·인타-넷토

□ 電話でんわ 뎅와

명 전화

□ 携帯電話けいたいでんわ

케-따이뎅와

명 휴대전화

□ スマートホン

스마-토홍

명 스마트 폰

□ 電話でんわをかける

뎅와오 카께루

전화를 걸다

□ 電話でんわに出でる

뎅와니 데루

전화를 받다

□ 電話でんわを切きる

뎅와오 키루

전화를 끊다

□ ビデオ電話でんわ

비디오 뎅와

명 영상통화

□ 電話番号でんわばんごう

뎅와방고-

명 전화번호

□ ローミングサービス

로-밍구 사-비스

로밍서비스

□ メール 메-루

명 문자 메시지

□ 着信ちゃくしんメロディ

착싱 메로디

명 벨소리

□ マナーモード

마나-모-도

명 (휴대전화의) 진동

□ ダウンロード 다운로–도
명 다운로드

□ アップロード 압프로–도
명 업로드

□ アップデート 압프데–토
명 업데이트

□ 電源でんげんを入いれる
뎅겡오 이레루
전원을 켜다

□ 電源でんげんを切きる
뎅겡오 키루
전원을 끄다

□ アプリ 아프리
명 애플리케이션, 앱

□ バッテリー 밧테리–
명 배터리

□ バッテリー上あがり
밧테리– 아가리
= 放電ほうでん 호–뎅
명 방전

□ 充電じゅうでん 쥬–뎅
명 충전

□ 充電じゅうでんする
쥬–덴스루
동 충전하다

□ インターネット 인타–넷토
= ネット 넷토
명 인터넷

□ ワイファイ 와이화이
= 無線むせんインターネット
무셍 인타–넷토
명 와이파이, 무선 인터넷

□オンラインゲーム
온라인 게-무
명 온라인 게임

□インターネットショピング
인타-넷토 쇼핑구
명 인터넷 쇼핑

□インターネットバンキング
인타-넷토 방킹구
명 인터넷 뱅킹

□お気(き)に入(い)り
오끼니이리
명 즐겨찾기

□イーメール
이-메-루
명 이메일

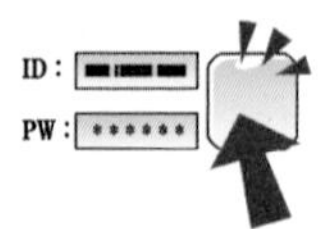

□ログイン 로그잉
명 로그인

□ログアウト 로그아우토
명 로그아웃

□ウェブサイト
웨브사이토
명 웹사이트

□検索(けんさく)する
켄사꾸스루
동 검색하다

□コンピューター
콤퓨-타-
=パソコン 파소콩
명 컴퓨터

□ノートパソコン
노-토 파소콩
명 노트북 컴퓨터

□タブレット 타브렛토
명 태블릿 컴퓨터

□モニター 모니타-
명 모니터

□ キーボード 키-보-도
명 키보드

□ マウス 마우스
명 마우스

□ プログラム
프로구라무
명 프로그램

□ プリンター 프링타-
명 프린터

□ ファイル 화이루
명 파일

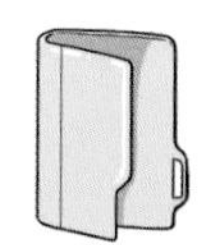

□ フォルダ 호루다
명 폴더

□ セーブ 세-브
= 保存ほぞん 호종
명 저장

□ 削除さくじょ 사꾸죠
명 삭제

□ 保安ほあん 호앙
명 보안

□ ウイルス 우이루스
명 바이러스

□ ソーシャルネットワーク 소-샤루 넷토와-쿠
명 소셜 네트워크, SNS

□ ブログ 브로구
명 블로그

□ 電話でんわ 뎅와 명 전화

tip. 전화 통화를 시작할 때 '여보세요'는 もしもし 모시모시입니다.

今いま、電話でんわいい?
이마, 뎅와 이-?
지금, 통화 괜찮아?

□ 携帯電話けいたいでんわ 케-따이뎅와 명 휴대전화

tip. 携帯電話는 카타카나로 ケータイ 케-타이, ケイタイ 케이타이라고도 합니다.

□ スマートホン 스마-토홍 명 스마트 폰

tip. スマートホン을 줄여서 スマーホ 스마-호라고도 합니다.

携帯電話番号けいたいでんわばんごうちょっと教おしえて。
케-따이뎅와 방고- 춋또 오시에떼
휴대전화 번호 좀 알려 줘.

□ 電話でんわをかける 뎅와오 카께루 전화를 걸다

□ 電話でんわに出でる 뎅와니 데루 전화를 받다

□ 電話でんわを切きる 뎅와오 키루 전화를 끊다

□ 電話でんわを代かわる 뎅와오 카와루 전화를 바꾸다

tip. '바꾸다' かわる는 한자가 代(か)わる, 替(か)わる, 換(か)わる 세 가지 있습니다. 이 중 '전화를 바꿔 주다'는 代わる를 씁니다.

□ 話中はなしちゅう 하나시쮸- 명 통화 중

話中はなしちゅうです。
하나시쮸-데스
통화 중입니다.

□ 切きらずに待まつ 키라즈니 마쯔 끊지 않고 기다리다

□ 折おり返かえし電話でんわする 오리까에시 뎅와스루 다시 전화하다

□ 間違まちがい電話でんわ 마찌가이 뎅와 잘못 걸린 전화

□ ビデオ電話でんわ 비디오 뎅와 명 영상통화

□ 緊急電話きんきゅうでんわ 킨뀨-뎅와 긴급 전화

□ 電話番号でんわばんごう 뎅와방고- 명 전화번호

□ 電話帳でんわちょう 뎅와쬬- 명 전화번호부

□ 公衆電話こうしゅうでんわ 코-슈-뎅와 명 공중전화

公衆電話こうしゅうでんわはどこにありますか。
코-슈-뎅와와 도꼬니 아리마스까
공중전화는 어디 있어요?

□ コレクトコール 코레쿠토코-루 명 수신자 부담 전화

□ ローミングサービス 로-밍구 사-비스 로밍서비스

海外かいがいに行いく前まえにケータイのローミングサービスを忘わすれるな。
카이가이니 이꾸 마에니 케-타이노 로-밍구 사-비스오 와스레루나
해외에 가기 전에 휴대전화 로밍서비스 하는 거 잊지 마.

□ 留守番電話るすばんでんわ 루스방뎅와 명 자동응답기

□ 音声おんせいメール 온세-메-루 명 음성 메일(보이스 메일)

tip. 留守番電話을 줄여서 留守電(るすでん) 루스뎅이라고도 합니다.

□ 伝言でんごん 뎅공 명 메시지

= メッセージ 멧세-지

□ 文字通信もじつうしん 모지쯔-싱 (휴대전화의) 문자 메시지 주고 받기

= モジツー 모지츠-

□ メール 메-루 명 문자 메시지

□ メールアドレス 메-루아도레스 메일 주소

tip. メールアドレス를 줄여서 メールアド 메-루아도라고도 합니다.

□ メールを送おくる 메-루오 오꾸루 문자 메시지를 보내다

□ メールをもらう 메-루오 모라우 문자 메시지를 받다

tip. メール는 휴대전화의 문자와 이메일 둘 다 뜻하지만, 대부분 휴대전화의 문자를 의미합니다. 일본의 휴대전화 메시지는 메일 주소가 따로 설정되어 있고, 휴대전화 번호 없이도 사용할 수 있기 때문입니다. 이메일은 Eメール 이메-루, イーメール 이-메-루라고 합니다.

□ デコメール 데코 메-루 명 데코 메일

= デコメ 데코메

tip. デコメール는 휴대전화 메일에 그림 문자나 애니메이션 파일 등을 첨부하는 서비스입니다.

□ 絵文字えもじ 에모지 (휴대전화의) 그림문자

□ スタンプ 스탐프 이모티콘

□ スマホの壁紙かべがみ 스마호노 카베가미 스마트폰의 배경화면

□ 液晶えきしょう 에끼쇼– 명 액정

□ 着信ちゃくしんメロディ 챠싱 메로디 명 벨소리

= 着ちゃくメロ 챠꾸메로

= 着信音ちゃくしんおん 챠싱옹

□ マナーモード 마나–모–도 명 (휴대전화의) 진동

マナーモードにしてください。

마나–모–도니 시떼 쿠다사이

진동모드로 바꿔 주세요.

□ アプリ 아프리 명 애플리케이션, 앱

□ ダウンロード 다운로–도 명 다운로드

□ アップロード 압프로–도 명 업로드

□ アップデート 압프데–토 명 업데이트

□ 電源でんげん 뎅겡 명 전원

□ 電源でんげんを入いれる 뎅겡오 이레루 전원을 켜다

□ 電源でんげんを切きる 뎅겡오 키루 전원을 끄다

□ バッテリー 밧테리– 명 배터리

□ バッテリー上あがり 밧테리– 아가리 명 방전

= 放電ほうでん 호–뎅

□ 充電じゅうでん 쥬–뎅 명 충전

□ 充電じゅうでんする 쥬–덴스루 동 충전하다

□ 充電器じゅうでんき 쥬–덴끼 명 충전기

昨日きのうの夜よるケータイを充電じゅうでんしておくべきだったのに……

키노–노 요루 케–타이오 쥬–덴시떼 오꾸베끼닷따노니

어젯밤에 휴대전화를 충전해 놨어야 했는데……

□ インターネット 인타–넷토 명 인터넷

= ネット 넷토

ただインターネットをしてるだけ。

타다 인타–넷토오 시떼루다께

그냥 인터넷을 훑어보는 중이야.

□ ワイファイ 와이화이 명 와이파이, 무선 인터넷

= 無線むせんインターネット 무셍 인타–넷토

□ モバイルデータ 모바이루 데–타 명 모바일 데이터

□ オンラインゲーム 온라인 게–무 명 온라인 게임

□ インターネットショピング 인타–넷토 쇼핑구 명 인터넷 쇼핑

□ インターネットバンキング 인타–넷토 방킹구 명 인터넷 뱅킹

インターネットバンキングは本当ほんとうに便利べんりだ。

인타–넷토 방킹구와 혼또–니 벤리다

인터넷 뱅킹은 정말 편리하잖아.

□ お気きに入いり 오끼니이리 명 즐겨찾기

tip. お気に入り는 '마음에 듦, 마음에 드는 사람'을 가리키는 단어로, '즐겨찾기'를 말합니다.

私わたしのウェブサイトを「お気きに入いり」に追加ついかしてください。

와따시노 웨부사이토오 「오끼니이리」니 츠이까시떼 쿠다사이

저희 웹사이트를 즐겨찾기에 추가해 주세요.

□ イーメール 이–메–루 명 이메일

□ イーメールアドレス 이–메–루아도레스 이메일 주소

□ 電子でんしメールで送おくる 덴시메–루데 오꾸루 이메일로 보내다

イーメールを送おくってくれ。

이–메–루오 오꿋떼 쿠레

이메일 보내 줘.

□ 添付てんぷファイル 뎀뿌화이루 첨부 파일

□ 添付てんぷする 뎀뿌스루 첨부하다

□ ログイン 로그잉 명 로그인

□ ログアウト 로그아우토 명 로그아웃

□ 会員加入かいいんかにゅう 카이인까뉴– 회원 가입

□ 新規登録しんきとうろく 신끼또–로꾸 신규 등록

□ 会員脱退かいいんだったい 카이인닷따이 회원 탈퇴

tip. **会員加入**는 '신규로 자격을 취득'한다로, 증명서를 발급하거나 가입할 때 많이 씁니다. 사이트에 가입할 때는 **新規登録**가 더 무난한 표현입니다.

□ ブラウザ 브라우자 명 브라우저

□ アカウント 아카운토 명 계정

□ ウェブサイト 웨브사이토 명 웹사이트

□ ホームページ 호–무페–지 명 홈페이지

□ 接続せつぞくする 세쯔조꾸스루 동 접속하다

= つながる 츠나가루

□ 検索けんさくする 켄사꾸스루 동 검색하다

□ 検索けんさくバー 켄사꾸바– 검색창

□ アドレスバー 아도레스바– 주소창

□ アイディー 아이디– 명 아이디
= ユーザーアイディー 유–자–아이디–

□ パスワード 파스와–도 명 비밀번호
= 暗証番号あんしょうばんごう 안쇼–방고–

□ コンピューター 콤퓨–타– 명 컴퓨터
= パソコン 파소콩
□ デスクトップコンピューター 데스쿠톱프 콤퓨–타– 명 데스크톱 컴퓨터
□ ノートパソコン 노–토 파소콩 명 노트북 컴퓨터
□ タブレット 타브렛토 명 태블릿 컴퓨터

tip. 컴퓨터를 잘 못하는 '컴맹'은 パソコン音痴(おんち) 파소콩 온찌라고 합니다.

□ モニター 모니타– 명 모니터
□ ディスプレー 디스프레– 명 화면 표시
□ スクリーン装置そうち 스크리–ㅇ 소–찌 명 화면장치; 액정화면
= 液晶画面えきしょうがめん 에끼쇼–가멩
□ デスクトップ壁紙かべがみ 데스쿠톱프 카베가미 명 데스크톱 바탕화면

□ キーボード 키–보–도 명 키보드
□ キーボードを打うつ 키–보–도오 우쯔 키보드를 치다

□ マウス 마우스 명 마우스
□ 無線むせんマウス 무셈 마우스 명 무선 마우스
= コードレスマウス 코–도레스 마우스
□ マウスパット 마우스팟토 명 마우스 패드
□ クリックする 쿠릭쿠스루 동 클릭하다

□ プログラム 프로구라무 명 프로그램

□ オーエス 오–에스 명 킴퓨터 운영 체제(OS)
= オペレーティングシステム 오페레–팅구 시스테무

□ インストールする 인스토–루스루 동 설치하다

= セットアップする 셋토압프스루

□ プリンター 프링타– 명 프린터

□ コピー 코피– 명 복사; 사본

□ コピー機き 코피–끼 명 복사기

□ スキャナー 스캬나– 명 스캐너

□ ウェブカメラ 웨브카메라 명 웹캠

□ ファイル 화이루 명 파일

□ フォルダ 호루다 명 폴더

□ セーブ 세–브 명 저장

= 保存ほぞん 호종

□ セーブする 세–브스루 동 저장하다

□ 削除さくじょ 사꾸죠 명 삭제

□ 消けす 케스 동 지우다, 삭제하다

= 削除さくじょする 사꾸죠스루

うっかりしてファイルを消けしてしまいました。
욱까리시떼 화이루오 케시떼 시마이마시따
실수로 파일을 지웠어요.

□ 保安ほあん 호앙 명 보안

□ ウイルス 우이루스 명 바이러스

□ ワクチンプログラム 왁칭 프로그라무 명 컴퓨터 백신

□ 迷惑めいわくメール 메–와꾸 메–루 명 스팸메일

= スパムメール 스파무 메–루

□ ソーシャルネットワーク 소-샤루 넷토와-쿠 명 소셜 네트워크, SNS

□ ブログ 브로구 명 블로그

□ ゲストブック 게스토북쿠 명 방명록
= 芳名帳ほうめいちょう 호-메-쬬-

tip. 방명록이란 단어로 芳名録(ほうめいろく) 호메로꾸도 있는데 주로 芳名帳를 사용합니다.

□ ネットカフェ 넷토 카훼 피시방; 만화방
= 漫画喫茶まんがきっさ 망가낏사

tip. 漫画喫茶는 만화 漫画(まんが) 망가와 찻집 喫茶店(きっさてん) 킷사뗑의 합성어로, PC방에 컴퓨터는 물론 만화, 잡지 등과 함께 찻집처럼 음료도 구비되어 있기 때문입니다.

꼭! 써먹는 **실전 회화**

14. 이메일

大山 おおやま
中村なかむらくん、私わたしが送おくったイーメール見みましたか。
나까무라꿍, 와따시가 오꿋따 이-메-루 미마시따까
나까무라, 내가 보낸 이메일 봤습니까?

中村 なかむら
いいえ、まだ見みませんでした。
이이에, 마다 미마셍데시따
아니요, 아직 안 봤습니다.

大山 おおやま
それ見みたら返事へんじお願ねがいします。
소레미따라 헨지 오네가이시마스
그거 보면 답장 좀 부탁합니다.

中村 なかむら
はい、わかりました！
하이, 와까리마시따!
네, 알겠습니다!

練習問題

다음 단어를 읽고 맞는 뜻과 연결하세요.

1. インターネット •	• 가구
2. かばん •	• 가방
3. スポーツ •	• 과일
4. 家 •	• 스포츠, 운동
5. 家具 •	• 신발
6. 果物 •	• 옷
7. 服 •	• 음식
8. 食べ物 •	• 음악
9. 音楽 •	• 인터넷
10. 電話 •	• 전화
11. 趣味 •	• 집
12. 靴 •	• 취미

1. **インターネット** – 인터넷 2. **かばん** – 가방 3. **スポーツ** – 스포츠, 운동
4. **家** – 집 5. **家具** – 가구 6. **果物** – 과일 7. **服** – 옷 8. **食べ物** – 음식
9. **音楽** – 음악 10. **電話** – 전화 11. **趣味** – 취미 12. **靴** – 신발

チャプター 5

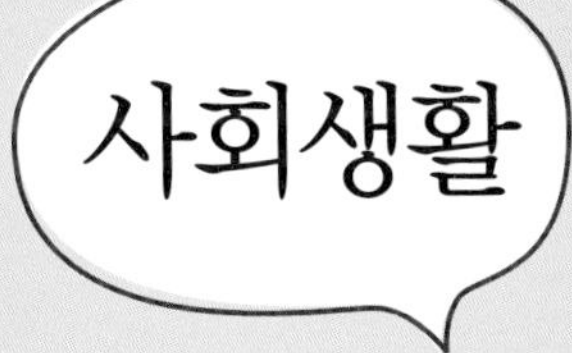

학교 学校 각꼬–

□ 学校がっこう 각꼬–
명 학교

□ 小学校しょうがっこう 쇼–각꼬–
명 초등학교

□ 小学生しょうがくせい 쇼–각세–
초등학생

□ 中学校ちゅうがっこう 츄–각꼬–
명 중학교

□ 中学生ちゅうがくせい 츄–각세–
중학생

□ 高校こうこう 코–꼬–
= 高等学校こうとうがっこう 코–또–각꼬–
명 고등학교

□ 高校生こうこうせい 코–꼬–세–
고등학생

□ 大学だいがく 다이가꾸
명 대학

□ 大学生だいがくせい 다이각세–
대학생

□ 入学にゅうがく 뉴–가꾸
명 입학

□ 入学にゅうがくする 뉴–가꾸스루
동 입학하다

□ 卒業そつぎょう 소쯔교–
명 졸업

□ 卒業そつぎょうする 소쯔교–스루
동 졸업하다

□ 出席しゅっせき 슛세끼
명 출석

□ 出席しゅっせきする 슛세끼스루
동 출석하다

□ 欠席けっせき 켓세끼
명 결석

□ 欠席けっせきする 켓세끼스루
동 결석하다

□ 遅刻ちこく 치꼬꾸
명 지각

□ 遅刻ちこくする 치꼭스루
동 지각하다, 늦다

□ 早はやびき 하야비끼
명 조퇴

□ 早はやびきする 하야비끼스루
동 조퇴하다

□ 勉強べんきょう 벵꾜–
명 공부

□ 勉強べんきょうする
벵꾜–스루
동 공부하다

□ 教おしえる 오시에루
동 가르치다

□ 学まなぶ 마나부
= 習ならう 나라우
동 배우다

□ 教師きょうし 쿄–시
= 先生せんせい 센세–
명 교사, 선생

□ 教授きょうじゅ 쿄–쥬
명 교수

□ 学生がくせい 각세–
명 학생

□ 教室きょうしつ 쿄―시쯔
명 교실

□ 授業じゅぎょう 쥬교―
명 수업, 강의

□ 質問しつもん 시쯔몽
명 질문

□ 答こたえ 코따에
명 대답

□ 電卓でんたく 덴따꾸
명 계산기

□ 黒板こくばん 코꾸방
명 칠판

□ 文筆ぶんぴつ 붐삐쯔
명 분필

□ 教科書きょうかしょ 쿄―까쇼
명 교과서

□ ノート 노―토

= ノートブック 노―토북쿠
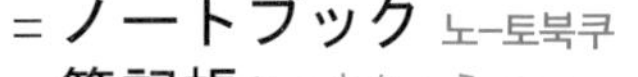
= 筆記帳ひっきちょう 힉끼쬬
명 공책, 필기장

□ 鉛筆えんぴつ 엠삐쯔
명 연필

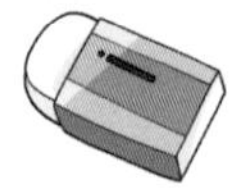

□ 消けしゴム 케시고무
명 지우개

□ ボールペン 보―루펭
명 볼펜

□ 筆記ひっき 힉끼
명 필기

□ かばん 카방
명 가방

□ 宿題しゅくだい 슈꾸다이
명 숙제

□ レポート 레포–토
명 보고서, 리포트

□ 提出ていしゅつ 테–슈쯔
명 제출

□ テスト 테스토
= 試験しけん 시껭
명 테스트, 시험

□ 難むずかしい 무즈까시–
형 어렵다

□ やさしい 야사시–
형 쉽다

□ 合格ごうかく 고–까꾸
= パス 파스
명 합격

□ 不合格ふごうかく
후고–까꾸
명 불합격

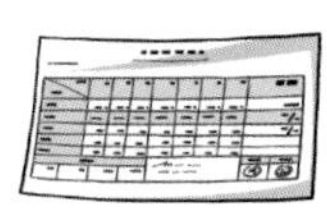

□ 成績表せいせきひょう
세–세끼효–
명 성적표

□ 評価ひょうか 효–까
명 평가

□ 奨学金しょうがくきん
쇼–가꾸낑
명 장학금

□ 学位がくい 가꾸이
명 학위

□ 夏休なつやすみ
나쯔야스미
명 여름 방학

□ 冬休ふゆやすみ
후유야스미
명 겨울 방학

□ 遠足えんそく 엔소꾸
= ピクニック 피쿠닉쿠
명 소풍

□ **学校**がっこう 각꼬– 명 학교
　□ **スクール** 스쿠–루 명 학교; 학파
　□ **学園**がくえん 가꾸엥 명 학교; 학원

tip. **スクール**는 영어의 school에서 왔지만, 학원 시설을 가리킬 때도 있습니다.

tip. **学園**은 초급에서 상급 과정을 이르는 몇 개 학교를 갖춘 사립학교를 가리킵니다.

いつも歩あるいて学校がっこうへ行いきます。
이쯔모 아루이떼 각꼬–에 이끼마스
항상 걸어서 학교에 갑니다.

□ **小学校**しょうがっこう 쇼–각꼬– 명 초등학교
　□ **小学生**しょうがくせい 쇼–각세– 초등학생

□ **中学校**ちゅうがっこう 츄–각꼬– 명 중학교
　□ **中学生**ちゅうがくせい 츄–각세– 중학생

□ **小中学校**しょうちゅうがっこう 쇼–츄–각꼬– 명 초중학교(초등학교와 중학교의 총칭)

□ **高校**こうこう 코–꼬– 명 고등학교
　= **高等学校**こうとうがっこう 코–또–각꼬–
　□ **高校生**こうこうせい 코–꼬–세– 고등학생
　□ **女子高生**じょしこうせい 죠시꼬–세– 여고생

tip. 일상회화에서는 **高等学校**를 줄인 **高校**를 더 많이 씁니다.

□ **大学**だいがく 다이가꾸 명 대학
　□ **大学生**だいがくせい 다이각세– 대학생
　□ **単科大学**たんかだいがく 탄까다이가꾸 명 단과대학
　□ **総合大学**そうごうだいがく 소–고–다이가꾸 명 종합대학

□ **短期大学**たんきだいがく 탄끼다이가꾸 명 단기대학, 전문대학(2년제 또는 3년제의 대학)
　= **短大**たんだい 탄다이
　= **専門大学**せんもんだいがく 센몬다이가꾸
　□ **短大生**たんだいせい 탄다이세– 명 단기대학생

□ **予備校**よびこう 요비꼬– 명 예비교, 상급 학교

tip. **予備校**는 특히 대학의 입학시험을 지도하는 각종 학교를 가리킵니다.

□ 専攻せんこう 센꼬– 명 전공

□ 専攻せんこうする 센꼬–스루 동 전공하다

□ 専門せんもんにする 센몬니 스루 동 전문으로 하다

□ 副専攻ふくせんこう 후꾸센꼬– 부전공

□ 副専攻ふくせんこうする 후꾸센꼬–스루 부전공하다

tip. 학교에서 배우는 과정인 '전공'은 **専攻**라고 하는데, 졸업 후 '(~에 대해) 전공했다'는 **専門**이라고 합니다.

□ 塾じゅく 쥬꾸 명 학원

tip. **塾**는 학생을 모아 가르치는 사설 시설을 가리킵니다.

□ 学会がっかい 각까이 명 학회

□ 協会きょうかい 쿄–까이 명 협회

□ 入学にゅうがく 뉴–가꾸 명 입학

□ 入学式にゅうがくしき 뉴–가꾸시끼 명 입학식

□ 入学にゅうがくする 뉴–가꾸스루 동 입학하다

= 入はいる 하이루

= 上あがる 아가루

□ 卒業そつぎょう 소쯔교– 명 졸업

□ 卒業式そつぎょうしき 소쯔교–시끼 명 졸업식

□ 卒業そつぎょうする 소쯔교–스루 동 졸업하다

□ 出席しゅっせき 슛세끼 명 출석

□ 出席しゅっせきする 슛세끼스루 동 출석하다

□ 欠席けっせき 켓세끼 명 결석

= 休やすみ 야스미

□ 欠席けっせきする 켓세끼스루 동 결석하다

□ 遅刻ちこく 치꼬꾸 명 지각

□ 遅刻ちこくする 치꼬스루 동 지각하다, 늦다

= 遅おくれる 오꾸레루

□ 早はやびき 하야비끼 명 조퇴

= 早引はやびけ 하야비께

= 早退そうたい 소-따이

□ 早はやびきする 하야비끼스루 동 조퇴하다

= 早引はやびけする 하야비께스루

= 早退そうたいする 소-따이스루

□ 勉強べんきょう 벵꾜- 명 공부

□ 勉強べんきょうする 벵꾜-스루 동 공부하다

□ 教おしえる 오시에루 동 가르치다

□ 学まなぶ 마나부 동 배우다

= 習ならう 나라우

tip. 학문을 배우는 것은 **学ぶ**라고 하고, 학문 외의 것을 '배운다'고 할 때는 **習う**라고 합니다.

□ 学まなび 마나비 명 배움, 학습

= 学習がくしゅう 각슈-

□ 習ならい事ごと 나라이고또 명 배우는 일

tip. **習(なら)い事(ごと)**는 취미를 위한 사교육이나 일반 취미, 자격증 등을 위해서 배우는 것을 말합니다.

□ 教師きょうし 쿄-시 명 교사, 선생

= 先生せんせい 센세-

□ 教授きょうじゅ 쿄-쥬 명 교수

□ 講師こうし 코-시 명 강사

tip. **講師**를 **こうじ** 코-지라고 읽으면, 고대 일본의 지방에 두었던 승관, 불경을 강설하는 사람을 가리키는 단어가 됩니다.

□ 学生がくせい 각세- 명 학생

tip. **学生**는 특히 대학생을, **生徒**는 중고생, **児童**는 초등학생을 가리킵니다.

□ 生徒せいと 세-또 명 학생

□ 児童じどう 지도- 명 아동; 학생

= 学童がくどう 가꾸도-

□ 教え子おしえご 오시에고 명 제자, 가르친 학생

□ 新入生しんにゅうせい 신뉴-세- 명 신입생

□ 学友がくゆう 가꾸유– 명 학우, 동기

= 同期どうき 도–끼

□ クラスメート 쿠라스메–토 명 급우, 반 친구

= 級友きゅうゆう 큐–유–

□ 同級生どうきゅうせい 도–뀨–세– 명 동급생, 동창

□ 同窓会どうそうかい 도–소–까이 명 동창회

tip. 同窓 도–소–는 '동창회'일 때만 쓰고, '동급생, 동창'은 **同級生**라고 합니다.

□ クラス 쿠라스 명 학급

□ 教室きょうしつ 쿄–시쯔 명 교실

□ 学年がくねん 가꾸넹 명 학년

□ 低学年ていがくねん 테–가꾸넹 명 저학년

□ 高学年こうがくねん 코–가꾸넹 명 고학년

tip. **低学年**은 초등학교 1,2학년을 가리킵니다.

□ 学期がっき 각끼 명 학기

□ 新学期しんがっき 신각끼 명 신학기, 학기 초

□ 来学期らいがっき 라이각끼 명 다음 학기

□ 教科課程きょうかかてい 쿄–까까떼– 명 교과 과정

□ 履修りしゅう 리슈– 명 이수

□ 受講じゅこう 쥬꼬– 명 수강

□ 受講申請じゅこうしんせい 쥬꼬–신세– 명 수강 신청

もう受講申請じゅこうしんせいをした?

모– 쥬꼬–신세–오 시따?

벌써 수강 신청했어?

□ 科目かもく 카모꾸 명 과목

□ 日本語にほんご 니혼고 명 일본어
□ 英語えいご 에-고 명 영어
□ 韓国語かんこくご 캉꼬꾸고 명 한국어
□ 中国語ちゅうごくご 츄-고꾸고 명 중국어
□ 文学ぶんがく 분가꾸 명 문학
□ 数学すうがく 수-가꾸 명 수학
□ 科学かがく 카가꾸 명 과학
= サイエンス 사이엔스
□ 化学かがく 카가꾸 명 화학
□ 物理学ぶつりがく 부쯔리가꾸 명 물리학
□ 生物学せいぶつがく 세-부쯔가꾸 명 생물학
□ 天文学てんもんがく 템몬가꾸 명 천문학
□ 社会学しゃかいがく 샤까이가꾸 명 사회학
□ 政治学せいじがく 세-지가꾸 명 정치학
□ 経済学けいざいがく 케-자이가꾸 명 경제학
□ 会計学かいけいがく 카이께-가꾸 명 회계학
□ 人文学じんぶんがく 짐분가꾸 명 인문학
□ 心理学しんりがく 신리가꾸 명 심리학
= サイコロジー 사이코로지-
□ 歴史学れきしがく 레끼시가꾸 명 역사학, 사학
= 史学しがく 시가꾸
□ 地理学ちりがく 치리가꾸 명 지리학
□ 地質学ちしつがく 치시쯔가꾸 명 지질학
□ 倫理学りんりがく 린리가꾸 명 윤리학
□ 哲学てつがく 테쯔가꾸 명 철학
□ 音楽おんがく 옹가꾸 명 음악
□ 美術びじゅつ 비쥬쯔 명 미술
□ 体育たいいく 타이이꾸 명 체육

好すきな科目かもくは何なんですか。
스끼나 카모꾸와 난데스까
좋아하는 과목이 뭐예요?

□ 授業じゅぎょう 쥬교– 명 수업, 강의

□ 講義こうぎ 코–기 명 강의

次つぎの授業じゅぎょうは何なんの科目かもくなの?
츠기노 쥬교–와 난노 카모꾸나노?
다음 수업은 무슨 과목이지?

□ 子供教室こどもきょうしつ 코도모 쿄–시쯔 명 방과 후 교실

□ 課外活動かがいかつどう 카가이까쯔도– 명 과외활동

tip. 課外活動는 정규 교육 과정 외 클럽 활동(초등학교의 경우는 정규 과정에 해당), 학생자치회 활동, 학교행사, 과외수업 등을 말합니다.

□ 部活動ぶかつどう 부까쯔도– 클럽 활동, 동아리 활동

= 部活ぶかつ 부까쯔

= クラブ活動かつどう 쿠라브까쯔도–

□ 学園祭がくえんさい 가꾸엔사이 명 학교 축제

= 文化祭ぶんかさい 분까사이

□ 質問しつもん 시쯔몽 명 질문

□ 聞きく 키꾸 동 묻다, 질문하다

= 質問しつもんする 시쯔몬스루

□ 答こたえ 코따에 명 대답

= 返事へんじ 헨지

tip. 空返事(からへんじ/そらへんじ) 카라헨지/소라헨지, 生返事(なまへんじ) 나마헨지는 '건성으로 하는 대꾸, 무책임한 대답'을 말합니다.

= 回答かいとう 카이또–

= 返答へんとう 헨또–

□ 答こたえる 코따에루 동 대답하다

= 返事へんじをする 헨지오 스루

□ 計算けいさんする 케-산스루 동 계산하다

□ 電卓でんたく 덴따꾸 명 계산기

= 計算機けいさんき 케-산끼

tip. 電卓는 電子式卓上計算機(でんししきたくじょうけいさんき) 덴시시끼 타꾸죠- 케-산끼 (전자식 탁상 계산기)의 준말입니다.

□ 休やすみ時間じかん 야스미지깡 명 쉬는 시간

□ 昼休ひるやすみ時間じかん 히루야스미지깡 점심 후의 휴식 시간

□ 昼ひるの時間じかん 히루노 지깡 점심 시간

□ 昼ひるご飯はんの時間じかん 히루고항노 지깡 점심때

= 昼飯時ひるめしどき 히루메시도끼

□ 早弁はやべん 하야벵 (학생 등이) 점심 시간 전에 도시락을 먹음

休み時間やすみじかんは10分ぷんです。

야스미지깡와 쥬-뿐데스

쉬는 시간은 10분입니다.

□ 黒板こくばん 코꾸방 명 칠판(분필을 사용하는 녹색 칠판)

□ ホワイトボード 호와이토보-도 명 화이트보드

□ 文筆ぶんぴつ 붐삐쯔 명 분필

= チョーク 쵸-쿠

□ 黒板こくばんふき 코꾸방후끼 명 칠판지우개

= 黒板消こくばんけし 코꾸방께시

□ 教科書きょうかしょ 쿄-까쇼 명 교과서

教科書きょうかしょを開ひらいて。

쿄-까쇼오 히라이떼

교과서를 펴세요.

□ ノート 노-토 명 공책, 필기장

= ノートブック 노-토북쿠

= 筆記帳ひっきちょう 힉끼쬬

□ 付箋ふせん 후셍 명 접착식 메모지

□ 鉛筆えんぴつ 엠삐쯔 명 연필

□ シャープペンシル 샤-프펜시루 명 샤프펜슬

□ ボールペン 보-루펭 명 볼펜

□ 万年筆まんねんひつ 만넨히쯔 명 만년필

□ 蛍光けいこうペン 케-꼬-펭 명 형광펜

= マーカー 마-카-

□ 消けしゴム 케시고무 명 지우개

□ 修正しゅうせいペン 슈-세-펭 명 수정펜

□ 修正しゅうせいテープ 슈-세-테-프 수정테이프

□ 修正液しゅうせいえき 슈-세-에끼 수정액

□ ホチキス 호치키스 명 스테이플러

□ かばん 카방 명 가방

□ ランドセル 란도세루 명 란도셀(네모난 배낭 형태의 초등학생용 책가방)

□ 筆記ひっき 힉끼 명 필기

□ 筆記ひっきする 힉끼스루 동 필기하다

□ ノートをとる 노-토오 토루 노트에 필기하다

tip. ノートをとる에서, とる 토루는 取(と)る라는 한자가 있지만 대부분 히라가나 とる라고 씁니다.

□ 復習ふくしゅう 후꾸슈- 명 복습

□ 復習ふくしゅうする 후꾸슈-스루 동 복습하다

□ 予習よしゅう 요슈- 명 예습

□ 予習よしゅうする 요슈-스루 동 예습하다

□ 宿題しゅくだい 슈꾸다이 명 숙제

□ 宿題しゅくだいを仕上しあげる 슈꾸다이오 시아게루 숙제를 끝내다

□ 宿題しゅくだいを課かする 슈꾸다이오 카스루 숙제를 내주다

□ 宿題しゅくだいが溜たまる 슈꾸다이가 타마루 숙제가 밀리다

昨日きのうは宿題しゅくだいで忙いそがしかった。
키노-와 슈꾸다이데 이소가시깟따
어제는 숙제로 바빴어.

□ レポート 레포-토 명 보고서, 리포트

□ 提出ていしゅつ 테-슈쯔 명 제출

□ 提出ていしゅつする 테-슈쯔스루 동 제출하다

= 出だす 다스

tip. テスト는 소규모 검사성 시험으로 주로 학교나 일상적인 시험을 말하며, **試験**은 합격 결과가 나오는 국가 시험, 입학 시험, 입사 시험 등을 말합니다. 중간고사나 기말고사는 둘 다 쓰지만 **テスト**를 훨씬 많이 씁니다.

□ テスト 테스토 명 테스트, 시험

= 試験しけん 시껭

□ 中間ちゅうかんテスト 츄-깡 테스토 명 중간고사

□ 期末きまつテスト 키마쯔 테스토 명 기말고사

□ 入学試験にゅうがくしけん 뉴-가꾸시껭 명 입학시험, 입시

= 入試にゅうし 뉴-시

□ センター試験しけん 센타- 시껭 명 대학입학시험

□ 難むずかしい 무즈까시- 형 어렵다

なかなか難むずかしかったですよ。
나까나까 무즈까시깟따데스요
상당히 어려웠어요.

□ やさしい 야사시- 형 쉽다

□ 簡単かんたんだ 칸딴다 형동 간단하다

その試験しけんはとても易やさしかった。
소노 시껭와 토떼모 야사시깟따
그 시험은 아주 쉬웠다.

□ 合格ごうかく 고–까꾸 명 합격

= パス 파스

□ 合格ごうかくする 고–까꾸스루 동 (시험에) 합격하다

= 受うかる 우까루

= パスする 파스스루

□ 不合格ふごうかく 후고–까꾸 명 불합격

□ 不合格ふごうかくになる 후고–까꾸니 나루 동 (시험에) 불합격하다

= 落おちる 오찌루

□ カンニング 칸닝구 명 커닝(시험 때의 부정 행위)

□ カンニングする 칸닝구스루 동 커닝하다

□ 成績せいせき 세–세끼 명 성적

= できばえ 데끼바에

□ 成績表せいせきひょう 세–세끼효– 명 성적표

□ 点数てんすう 텐수– 명 점수

□ 単位たんい 탕이 명 학점

□ 平均へいきん 헤–낑 명 평균

私わたしの成績せいせきは平均へいきん以上いじょうだ。
와따시노 세–세끼와 헤–낑 이죠–다
내 성적은 평균 이상이다.

□ 結果けっか 켁까 명 결과

□ 落第らくだい 라꾸다이 명 낙제, 유급

= 留年りゅうねん 류–넹

あー、落第らくだいしたっ。
아–, 라꾸다이시땃
아, 낙제했다.

□ 評価ひょうか 효–까 명 평가

□ 評価ひょうかする 효–까스루 동 평가하다

□ 奨学金しょうがくきん 쇼–가꾸낑 명 장학금

□ 学位がくい 가꾸이 명 학위

□ 学士がくし 각시 명 학사

□ 修士しゅうし 슈–시 명 석사

= マスター 마스타–

□ 博士はくし 학시 명 박사

tip. 博士를 はかせ 하까세라고 읽으면 속어적 표현이 됩니다.

= ドクター 독타–

□ 学校がっこうの休やすみ 각꼬–노 야스미 방학

□ 夏休なつやすみ 나쯔야스미 명 여름 방학

□ 冬休ふゆやすみ 후유야스미 명 겨울 방학

冬休ふゆやすみ、楽たのしかった?

후유야스미, 타노시깟따?

겨울 방학, 잘 지냈니?

□ 放課後ほうかご 호–까고 명 방과 후

放課後ほうかごにちょっと遊あそんで行いこう。

호–까고니 춋또 아손데 이꼬–

방과 후에 좀 놀다 가자.

□ 遠足えんそく 엔소꾸 명 소풍

= ピクニック 피쿠닉쿠

□ 運動会うんどうかい 운도–까이 명 운동회

□ 図書館としょかん 토쇼깡 명 도서관

□ 学校がっこうの制服せいふく 각꼬–노 세–후꾸 교복

= 校服こうふく 코–후꾸

□ スクールバス 스쿠–루바스 명 스쿨버스

もうすぐスクールバスが来くるよ。
모– 스구 스쿠–루바스가 쿠루요
이제 곧 스쿨버스가 올 거야.

꼭! 써먹는 **실전 회화**

15. 시험 결과

佐藤さとう　テストの点数てんすう、最悪さいあくなの。
테스토노 텡수–, 사이아꾸나노
시험 점수, 최악이야.

井上いのうえ　僕ぼくもだよ。
テストの結果けっかが満足まんぞくできないんだ。
보꾸모다요. 테스토노 켁까가 만조꾸데끼나인다
나도. 시험 결과가 만족할 수 없어.

佐藤さとう　期末きまつテストは勉強べんきょうをもっと頑張がんばるよ。
키마쯔 테스토와 벵꾜–오 못또 감바루요
기말고사에는 공부를 더 분발할 거야.

井上いのうえ　私わたしたち、頑張がんばろう！
와따시따찌, 감바로–!
우리, 분발하자!

ユニット 16.

직업 職業 쇼꾸교–

□ 職業しょくぎょう 쇼꾸교–
= 職しょく 쇼꾸
명 직업

□ 仕事しごと 시고또
= ワーク 와–쿠
명 일

□ 会社かいしゃ 카이샤
명 회사

□ 事務所じむしょ 지무쇼
명 사무실

□ 夜勤やきん 야낑
명 야근

□ 仕事中毒しごとちゅうどく 시고또 츄도꾸
명 일 중독자, 일벌레

□ 出張しゅっちょう 슛쬬–
명 출장

□ 文書ぶんしょ 분쇼
= 書類しょるい 쇼루이
명 문서, 서류

□ 会議かいぎ 카이기
명 회의

□ 発表はっぴょう 합뽀–
명 발표

□ 社長しゃちょう 샤쬬–
명 사장

□ 指導者しどうしゃ 시도–샤
= リーダー 리–다–
명 지도자, 리더

□ 社員しゃいん 샤잉
명 사원

□ サラリーマン 사라리–망
명 샐러리맨, 봉급 생활자

□ 給料きゅうりょう 큐-료-
= サラリー 사라리-
명 봉급, 급여

□ ボーナス 보-나스
명 상여금, 보너스

□ 出勤しゅっきん 슉낑
명 출근

□ 退勤たいきん 타이낑
= 帰宅きたく 키따꾸
명 퇴근, 귀가

□ 辞任じにん 지닝
= 辞職じしょく 지쇼꾸
명 사임, 사퇴

□ 解雇かいこ 카이꼬
= お払箱はらいばこ 오하라이바꼬
명 해고

□ 休暇きゅうか 큐-까
= 休やすみ 야스미
명 휴가

□ 出産休暇しゅっさんきゅうか 슛상 큐-까
= 産休さんきゅう 상뀨-
명 출산 휴가

□ 求職きゅうしょく 큐-쇼꾸
명 구직

□ 面接めんせつ 멘세쯔
명 면접

□ 履歴書りれきしょ 리레끼쇼
명 이력서

□ フリーター 후리–타–
명 프리터

□ 商人しょうにん 쇼–닝
= あきんど 아낑도
명 상인, 장사꾼

□ プログラマー
프로구라마–
명 프로그래머

□ 弁護士べんごし 벵고시
명 변호사

□ 警察けいさつ 케–사쯔
명 경찰

□ 消防士しょうぼうし
쇼–보–시
명 소방관

□ 教師きょうし 쿄–시
= 先生せんせい 센세–
명 교사, 선생

□ アナウンサー
아나운사–
명 아나운서

□ 記者きしゃ 키샤
명 기자

□ 政治家せいじか 세–지까
= 政客せいかく 세–까꾸
명 정치인

□ エンジニア 엔지니아
명 엔지니어

□ 建築家けんちくか
켄찌꾸까
명 건축가

□ 調理人ちょうりにん
쵸-리닝
명 요리사

□ パン職人しょくにん
팡 쇼꾸닝
명 제빵업자

□ 店員てんいん 텡잉
명 점원

□ 従業員じゅうぎょういん
쥬-교-잉
명 종업원

□ ウエーター 우에-타-
명 웨이터

□ ウエートレス
우에-토레스
명 웨이트리스

□ 医者いしゃ 이샤
= 医師いし 이시
= ドクター 독타-
명 의사

□ 看護師かんごし 캉고시
명 간호사

□ 薬剤師やくざいし
야꾸자이시
명 약사

□ 美容師びようし 비요-시
= ヘアドレッサー
헤아도렛사-
명 미용사, 헤어 디자이너

□ 花屋はなやさん 하나야상
= フローリスト
후로-리스토
명 꽃집 주인, 플로리스트

□ 農夫のうふ 노-후
명 농부

□ 漁師りょうし 료-시
명 어부

□ 秘書ひしょ 히쇼
명 비서

□ 職業しょくぎょう 쇼꾸교– 명 직업

= 職しょく 쇼꾸

= 生業せいぎょう/なりわい 세–교–/나리와이

□ 仕事しごと 시고또 명 일

tip. 직업적인 일 말고 '볼일'이나 '용무'에 해당하는 말은 用事(ようじ) 요–지라고 합니다.

= ワーク 와–쿠

□ 働はたらく 하따라꾸 동 일하다

私わたしは真理子まりこさんと仕事しごとをしています。

와따시와 마리꼬산또 시고또오 시떼 이마스

저는 마리코 씨와 일합니다.

□ 会社かいしゃ 카이샤 명 회사

□ 事務所じむしょ 지무쇼 명 사무실

□ 専門職せんもんしょく 셈몬쇼꾸 명 전문직

□ 業務ぎょうむ 교–무 명 업무

□ 残業ざんぎょう 장교– 명 잔업

□ 夜勤やきん 야낑 명 야근

□ 仕事中毒しごとちゅうどく 시고또 츄도꾸 명 일 중독자, 일벌레

= ワーカホリック 와–카호릭쿠

彼女かのじょは仕事中毒しごとちゅうどくだ。

카노죠와 시고또 츄–도꾸다

그녀는 일 중독자야.

□ 出張しゅっちょう 슛쬬– 명 출장

ヨーロッパの出張しゅっちょうはどうでしたか。

요–롭파노 슛쬬–와 도–데시따까

유럽 출장은 어땠어요?

□ 部署ぶしょ 부쇼 명 부서

= 持もち場ば 모찌바

□ 総務部そうむぶ 소-무부 명 총무부

□ 経理部けいりぶ 케-리부 명 경리부

□ 人事部じんじぶ 진지부 명 인사부

□ 営業部えいぎょうぶ 에-교-부 명 영업부

□ マーケティング部ぶ 마-케팅구부 명 마케팅부

□ 広報部こうほうぶ 코-호-부 홍보부

□ 企画部きかくぶ 키까꾸부 기획부

□ 研究開発部けんきゅうかいはつぶ 켕뀨까이하쯔부 연구개발부

□ 生産部せいさんぶ 세-삼부 생산부

□ 購買部こうばいぶ 코-바이부 구매부

□ 配送部はいそうぶ 하이소-부 물류부

□ お客様きゃくさまセンター 오꺅사마센타- 고객 서비스부

□ 編集部へんしゅうぶ 헨슈-부 편집부

□ デザイン部ぶ 데자임부 디자인부

□ 文書ぶんしょ 분쇼 명 문서, 서류

= 書類しょるい 쇼루이

□ 会議かいぎ 카이기 명 회의

□ 週間会議しゅうかんかいぎ 슈-깡 카이기 주간 회의

□ 月間会議げっかんかいぎ 겍깡 카이기 월간 회의

□ 会議室かいぎしつ 카이기시쯔 회의실

今いまから会議かいぎを始はじめましょう。
이마까라 카이기오 하지메마쇼-
이제 회의를 시작합시다.

□ 発表はっぴょう 합뾰- 명 발표

□ プレゼンテーション 푸레젠테-숑 명 프레젠테이션

□ 議題ぎだい 기다이 명 안건, 의제

□ 主おもな議題ぎだい 오모나기다이 주요 의제

本日ほんじつの議題ぎだいから話はなしましょう。
혼지쯔노 기다이까라 하나시마쇼–
오늘 의제부터 이야기합시다.

□ 同僚どうりょう 도–료– 명 동료

□ 位置いち 이찌 명 지위

= 身分みぶん 미붕

□ 職位しょくい 쇼꾸이 명 직위

□ 上司じょうし 죠–시 명 상사(직장의 윗사람)

= 上役うわやく 우와야꾸

□ 部下ぶか 부까 명 부하(지위가 낮은 사람)

= 下役したやく 시따야꾸

= 下したの者もの 시따노 모노

□ 正社員せいしゃいん 세–샤잉 명 정직원, 정규직

= 正規雇用せいきこよう 세–끼꼬요–

□ 非正社員ひせいしゃいん 히세–샤잉 임시직원, 비정규직

= 非正規雇用ひせいきこよう 히세–끼꼬요–

= パート 파–토

□ 指導者しどうしゃ 시도–샤 명 지도자, 리더

= リーダー 리–다–

□ 会長かいちょう 카이쬬– 명 회장

□ 社長しゃちょう 샤쬬– 명 사장

□ 副社長ふくしゃちょう 후꾸샤쬬– 명 부사장

□ 理事りじ 리지 명 이사

- □ 取締役とりしまりやく 토리시마리야꾸 명 중역
- □ 部長ぶちょう 부쬬– 명 부장
- □ 局長きょくちょう 쿄꾸쬬– 명 국장
- □ 管理係かんりかかり 칸리까까리 명 관리자
- □ 課長かちょう 카쬬– 명 과장
- □ 社員しゃいん 샤잉 명 사원

□ 昇進しょうしん 쇼–싱 명 승진
- □ 昇進しょうしんする 쇼–신스루 동 승진하다

□ 給料きゅうりょう 큐–료– 명 봉급, 급여
- = サラリー 사라리–
- □ 月給げっきゅう 겍뀨– 명 월급
- □ 賃金ちんぎん 친깅 명 임금
- = 労銀ろうぎん 로–깅
- □ 年俸ねんぽう 넴뽀– 명 연봉

□ サラリーマン 사라리–망 명 샐러리맨, 봉급 생활자
- □ OLオーエル 오–에루 명 직장 여성

tip. OL는 オフィス-レディー 오휘스– 레디의 약칭입니다.

□ 基本給きほんきゅう 키혼뀨– 명 기본급
- □ 最低賃金さいていちんぎん 사이떼– 칭깅 명 최저 임금
- □ 賃上ちんあげ 칭아게 명 임금 인상
- = ベア 베아
- □ 賃下ちんさげ 칭사게 명 임금 인하
- □ 賃金削減ちんぎんさくげん 칭깅 사꾸겡 임금 삭감
- = 賃金ちんぎんカット 칭깅 캇토
- □ 賃金凍結ちんぎんとうけつ 칭깅 토–께쯔 임금 동결

□ ボーナス 보–나스 명 상여금, 보너스

□ 手当てあて 테아떼 명 수당

□ 出張手当しゅっちょうてあて 슛쬬–떼아떼 출장 수당

□ 夜勤手当やきんてあて 야낀떼아떼 야근 수당

□ 残業手当ざんぎょうてあて 장교–떼아떼 잔업 수당

□ 家族手当かぞくてあて 카조꾸떼아떼 가족 수당

tip. 出張手当는 출장을 다녀와서 받는 수당이고, 出張費(しゅっちょうひ) 슈–쬬–히는 출장에 필요한 경비를 뜻합니다.

超過ちょうか勤務きんむの手当てあてをもらいました。

쵸–까낌무노 테아떼오 모라이마시따

초과 근무에 대해 수당을 받았어요.

残業手当ざんぎょうてあてが出でませんでした。

장교–떼아떼가 데마셍데시따

잔업 수당이 나오지 않았어요.

□ 税金ぜいきん 제–낑 명 세금

□ 県税けんぜい 켄제– 명 현세(현에서 부과 징수하는 세금)

□ 天引てんびき 템비끼 명 공제

= 控除こうじょ 코–죠

□ 天引てんびきする 템비끼스루 동 공제하다

= 控除こうじょする 코–죠스루

□ 雇用保険こようほけん 코요–호껭 고용보험

□ 健康保険けんこうほけん 켄꼬–호껭 건강보험

□ 年金ねんきん 넹낑 명 연금

□ 年金基金ねんきんききん 넹낑끼낑 연금기금

□ 出勤しゅっきん 슉낑 명 출근

□ 出勤しゅっきんする 슉낀스루 동 출근하다

8時じまで出勤しゅっきんします。

하찌지마데 슉낀시마스

8시까지 출근합니다.

□ 相乗あいのり 아이노리 명 (차에) 같이 탐; 합승함
　□ カープール 카–프–루 명 카풀(승용차 함께 타기)
　□ 車くるまの相乗あいのりする 쿠루마노 아이노리스루 카풀을 하다

□ 交通渋滞こうつうじゅうたい 코–쯔–쥬–따이 명 교통체증
　□ 混雑時間こんざつじかん 콘자쯔지깡 명 혼잡 시간, 러시아워
　= ラッシュアワー 랏슈아와–

□ 退勤たいきん 타이낑 명 퇴근, 귀가
　= 帰宅きたく 키따꾸
　□ 退勤たいきんする 타이낀스루 동 퇴근하다, 돌아가다
　= 帰かえる 카에루

tip. 일본에서는 '퇴근하다'라는 말보다, '집에 돌아가다, 일을 마치다' 등으로 완곡하게 표현합니다.

□ スト 스토 명 파업

tip. ストは ストライキ 스토라이키의 준말입니다.

　□ ストライキする 스토라이키스루 동 파업하다

□ 退職たいしょく 타이쇼꾸 명 퇴직
　□ 退職たいしょくする 타이쇼꾸스루 동 퇴직하다
　□ 希望退職きぼうたいしょく 키보–따이쇼꾸 명 명예퇴직, 희망퇴직
　□ 退職者たいしょくしゃ 타이쇼꾸샤 퇴직자
　□ 退職金たいしょくきん 타이쇼꾸낑 명 퇴직금

□ 引退いんたい 인따이 명 은퇴
　□ 引退いんたいする 인따이스루 동 은퇴하다
　□ 引退者いんたいしゃ 인따이샤 은퇴자

□ 辞任じにん 지닝 명 사임, 사퇴
　= 辞職じしょく 지쇼꾸
　□ 辞職じしょくする 지쇼꾸스루 동 사직하다, 사퇴하다
　= 辞やめる 야메루

□ 解雇かいこ 카이꼬 명 해고

= お払箱はらいばこ 오하라이바꼬

□ 首くびにする 쿠비니 스루 해고하다

= 解雇かいこする 카이꼬스루

□ 首くびになる 쿠비니 나루 해고되다

= 解雇かいこになる 카이꼬니 나루

□ 失職しっしょく 싯쇼꾸 명 실직

= 失業しつぎょう 시쯔교-

□ リストラ 리스토라 명 (기업의) 구조조정

= リストラクチャリング 리스토라쿠챠링구

□ 休暇きゅうか 큐-까 명 휴가

= 休やすみ 야스미

□ 休職きゅうしょく 큐-쇼꾸 명 휴직

花子はなこさんは休暇中きゅうかちゅうだ。
하나꼬상와 큐-까쮸-다
하나코 씨는 휴가 중이다.

□ 有給休暇ゆうきゅうきゅうか 유-뀨- 큐-까 명 유급 휴가

= 有休ゆうきゅう 유-뀨-

□ 出産休暇しゅっさんきゅうか 슛상 큐-까 명 출산 휴가

= 産休さんきゅう 상뀨-

□ 病気休暇びょうききゅうか 뵤-끼 큐-까 명 병가

□ 病欠びょうけつ 뵤-께쯔 명 병결

□ 販売員はんばいいん 함바이잉 명 판매원

= セールスマン 세-루스망

□ 商人しょうにん 쇼–닝 명 상인, 장사꾼

= あきんど 아낑도

□ 貿易商ぼうえきしょう 보–에끼쇼– 무역상

□ 商社しょうしゃマン 쇼–샤망 상사맨(상사에 다니는 직원)

□ プログラマー 프로구라마– 명 프로그래머

□ 裁判官さいばんかん 사이방깡 명 재판관, 법관

□ 判事はんじ 한지 명 판사

□ 弁護士べんごし 벵고시 명 변호사

□ 会計士かいけいし 카이께–시 명 회계사

□ 警察けいさつ 케–사쯔 명 경찰

□ 消防士しょうぼうし 쇼–보–시 명 소방관

□ 郵便配達人ゆうびんはいたつにん 유–빙하이따쯔닝 명 우편배달부

□ 教師きょうし 쿄–시 명 교사, 선생

= 先生せんせい 센세–

□ アナウンサー 아나운사– 명 아나운서

□ 記者きしゃ 키샤 명 기자

□ 政治家せいじか 세–지까 명 정치인

= 政客せいかく 세–까꾸

□ エンジニア 엔지니아 명 엔지니어

□ 建築家けんちくか 켄찌꾸까 명 건축가

□ 配管工はいかんこう 하이깡꼬– 명 배관공

□ 整備工せいびこう 세–비꼬– 명 정비공

□ 調理人ちょうりにん 쵸–리닝 명 요리사

= 料理人りょうりにん 료–리닝

= コック 콕쿠

□ 板前いたまえ 이따마에 명 (일본 요리의) 요리사

□ 料理長りょうりちょう 료–리쬬– 명 주방장, 셰프

= コック長ちょう 콕쿠쬬–

= シェフ 셰후

□ 寿司職人すししょくにん 스시 쇼꾸닝 초밥 전문가

□ パン職人しょくにん 팡 쇼꾸닝 명 제빵업자

□ 店員てんいん 텡잉 명 점원

□ 従業員じゅうぎょういん 쥬–교–잉 명 종업원

□ ウエーター 우에–타– 명 웨이터

□ ウエートレス 우에–토레스 명 웨이트리스

□ 科学者かがくしゃ 카가꾸샤 명 과학자

□ 医者いしゃ 이샤 명 의사

= 医師いし 이시

= ドクター 독타–

□ 歯医者はいしゃ 하이샤 명 치과의사

□ 獣医師じゅういし 쥬–이시 명 수의사

□ 看護師かんごし 캉고시 명 간호사

□ 薬剤師やくざいし 야꾸자이시 명 약사

□ 美容師びようし 비요-시 명 미용사, 헤어 디자이너
= ヘアドレッサー 헤아도렛사-
□ エステティシャン 에스테티샹 전신 미용사(피부 미용 관리사)

□ 花屋はなやさん 하나야상 명 꽃집 주인, 플로리스트
= フローリスト 후로-리스토

□ 農夫のうふ 노-후 명 농부

□ 漁師りょうし 료-시 명 어부

□ 秘書ひしょ 히쇼 명 비서

□ キュレーター 큐레-타- 명 큐레이터

□ 司書ししょ 시쇼 명 (도서관) 사서

□ フリーター 후리-타- 명 프리터

tip. フリーター는 신조어 フリーアルバイター 후리-아르바이타-의 준말로, 아르바이트를 직업으로 하는 자유 직업인을 말합니다.

□ ヘルパー 헤루파- 명 가사 도우미

□ 清掃作業員せいそうさぎょういん 세-소-사교-잉 청소미화원

□ 雇用こよう 코요- 명 고용
□ 雇やとう 야또우 동 고용하다

□ 雇い主やといぬし 야또이누시 명 고용주

□ 雇い人やといにん 야또이닝 명 고용인; 사원, 직원
= 社員しゃいん 샤잉
= 職員しょくいん 쇼꾸잉

□ **求人**きゅうじん 큐–징 명 구인

□ **社員募集**しゃいんぼしゅう 샤잉 보슈– 사원모집

□ **新入社員**しんにゅうしゃいん 신뉴–샤잉 명 신입사원

□ **求職**きゅうしょく 큐–쇼꾸 명 구직

□ **応募**おうぼ 오–보 명 응모

□ **志願**しがん 시강 명 지원

□ **志願**しがん**する** 시강스루 동 지원하다, 지망하다

= **志望**しぼう**する** 시보–스루

このポジションに**志願**しがん**したいのですが。**

코노 포지숀니 시강시따이노데스가

이 자리에 지원하고 싶은데요.

□ **入社試験**にゅうしゃしけん 뉴–샤시껭 입사시험

□ **面接**めんせつ 멘세쯔 명 면접

□ **面接**めんせつ**する** 멘세쯔스루 동 면접하다

いつ面接めんせつ**をしますか。**

이쯔 멘세쯔시마스까

언제 면접합니까?

□ **履歴書**りれきしょ 리레끼쇼 명 이력서

□ **自己紹介**じこしょうかい 지꼬쇼–까이 명 자기소개, 프로필

= **プロフィール** 프로휘–루

□ **就職活動**しゅうしょくかつどう 슈–쇼꾸 카쯔도– 취직 활동, 취업 활동

tip. **就職活動**를 줄여서 **就活(しゅうかつ)**슈–까쯔라고 합니다. 참고로 비슷한 형태의 줄임 표현으로 **婚活(こんかつ)**콩까쯔라는 말이 있는데, **結婚活動(けっこんかつどう)**켁꽁 카쯔도–의 준말입니다. '맞선을 보다'라는 뜻의 **お見合(みあ)い** 오미아이보다 **婚活**라는 표현이 요즘 추세입니다.

□ **内定**ないてい 나이떼– 내정

tip. **内定**는 졸업을 앞둔 재학생이 졸업 후의 채용을 보장받는 노동 계약을 말합니다.

□ 新卒しんそつ 신소쯔 (그 해의) 새 졸업자

□ 新卒採用しんそつさいよう 신소쯔사이요– 신규 졸업자 채용

tip. 新卒는 新卒業者(しんそつぎょうしゃ)신소쯔교–샤의 준말입니다.

□ 経歴けいれき 케–레끼 명 경력

□ 職歴しょくれき 쇼꾸레끼 명 직업 경력

その仕事しごとには経歴けいれきが必要ひつようですか。
소노 시고또니와 케–레끼가 히쯔요–데스까
그 일에는 경력이 필요합니까?

□ 学歴がくれき 가꾸레끼 명 학력

16. 보너스

꼭! 써먹는 **실전 회화**

鈴木 すずき　お正月しょうがつボーナスをもらったの。
오쇼–가쯔 보–나스오 모랏따노
정월 보너스를 받았어.

中村 なかむら　よかったね！羨うらやましいよ。
요깟따네! 우라야마시–요
잘됐다! 부럽네.

鈴木 すずき　どうしたの?
도–시따노?
무슨 일 있어?

中村 なかむら　僕ぼくの会社かいしゃはボーナスがなくなったからさ。
보쿠노 가이샤와 보–나스가 나꾸낫따까라사
우리 회사는 보너스가 없어졌거든.

ユニット 17.

음식점＆카페 レストラン・カフェ 레스토랑·카훼

□ レストラン 레스토랑
= 食堂しょくどう 쇼꾸도-
= 飲食店いんしょくてん 인쇽뗑
명 음식점, 레스토랑

□ カフェ 카훼
= 喫茶店きっさてん 킷사뗑
= コーヒーショップ 코-히-숍프
명 카페, 찻집

□ 食たべ物もの 타베모노
명 음식

□ 料理りょうり 료-리
명 요리

□ 食たべる 타베루
동 먹다

□ 飲のむ 노무
동 마시다

□ メニュー 메뉴-
= お品書しながき 오시나가끼
명 차림표, 식단, 메뉴

□ 前菜料理ぜんさいりょうり 젠사이 료-리
명 전채요리, 애피타이저

□ メイン料理りょうり 메잉 료-리
명 메인 요리

□ ステーキ 스테-키
명 스테이크

□ 付つけ合あわせ料理りょうり 츠께아와세 료-리
명 곁들이는 요리

□ 和食料理わしょくりょうり 와쇼꾸 료-리
일본식 요리

□ お弁当べんとう 오벤또-
도시락

□ 予約よやく 요야꾸
명 예약

□ 注文ちゅうもん 츄-몽
= オーダー 오-다-
명 주문

□ お持もち帰かえり
오모찌까에리
명 가지고 돌아감
(포장판매, 테이크아웃)

□ ロース 로-스
명 등심

□ ばら肉にく 바라니꾸
명 갈비

□ 汁物しるもの 시루모노
명 국, 수프

□ 寿司すし 스시
명 초밥

□ 刺身さしみ 사시미
명 회

□ 鍋料理なべりょうり
나베 료-리
명 전골 요리

□ ラーメン 라-멩
명 라면

□ フライドポテト
후라이도 포테토
감자튀김

□ サラダ 사라다
명 샐러드

□ ドレッシング
도렛싱구
명 드레싱

□ 魚さかな 사까나
명 생선

□ オマール海老えび 오마–루 에비
= ロブスター 로브스타–
명 바닷가재, 랍스터

□ 貝かい 카이
명 조개

□ 蛤はまぐり 하마구리
명 대합

□ 貽貝いがい 이가이
명 홍합

□ 茸きのこ 키노꼬
명 버섯

□ 枝豆えだまめ 에다마메
명 풋콩

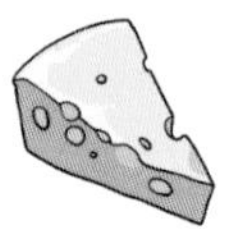

□ チーズ 치–즈
명 치즈

□ チョコレート
쵸코레–토
명 초콜릿

□ 飴あめ 아메
명 사탕

□ おにぎり 오니기리
명 주먹밥(삼각김밥)

□ 餅もち 모찌
명 떡; 찰떡

□ 餃子ぎょうざ 교–자
명 만두

□ 饅頭まんじゅう 만쥬–
명 찐빵

□ パン 팡
명 빵

□ ケーキ 케–키
명 케이크

□ お菓子かし 오까시
명 과자

□ 煎餅せんべい 셈베–
명 센베이, 구운 납작 과자
(일본식 쌀과자)

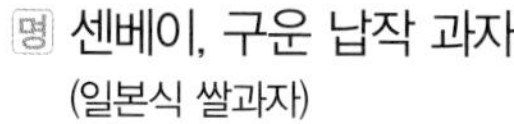

□ コーヒー 코–히–
명 커피

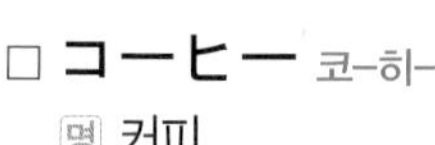

□ エスプレッソ
에스프렛소
명 에스프레소

□ お茶ちゃ 오쨔
명 차

□ 抹茶まっちゃ 맛쨔
명 말차, 가루차

□ 日本酒にほんしゅ 니혼슈
명 일본 전통 술

□ ビール 비–루
명 맥주

□ 味あじ 아지
명 맛

□ 塩辛しおからい
시오까라이
= しょっぱい 숍빠이
형 (맛이) 짜다

□ 甘あまい 아마이
형 (맛이) 달다

□ 辛からい 카라이
형 (맛이) 맵다

□ 酸すっぱい 습빠이
형 (맛이) 시다

□ 苦にがい 니가이
형 (맛이) 쓰다

□ レストラン 레스토랑 명 음식점, 레스토랑
= 食堂しょくどう 쇼꾸도-
= 飲食店いんしょくてん 인쇽뗑

□ カフェ 카훼 명 카페, 찻집
= 喫茶店きっさてん 킷사뗑
= コーヒーショップ 코-히-숍프

□ 食たべ物もの 타베모노 명 음식

□ 料理りょうり 료-리 명 요리

□ 食たべる 타베루 동 먹다

tip. 씹지 않는 것을 먹을 때는 동사 飲(の)む 노무를 씁니다. 참고로 약도 씹지 않고 먹으므로, 薬(くすり)を飲む 쿠스리오 노무라고 합니다.

□ 飲のむ 노무 동 마시다

□ メニュー 메뉴- 명 차림표, 식단, 메뉴
= お品書しながき 오시나가끼
□ 日替ひがわりメニュー 히가와리 메뉴- 오늘의 메뉴
= 今日きょうのメニュー 쿄-노 메뉴-
□ お勧すすめメニュー 오스스메 메뉴- 명 추천 메뉴
□ 特選とくせんメニュー 톡셈 메뉴- 명 특선 메뉴
= スペシャルメニュー 스페샤루 메뉴-

今日きょうのお勧すすめメニューは何なんですか。
쿄-노 오스스메 메뉴-와 난데스까
오늘의 추천 메뉴는 무엇인가요?

□ 予約よやく 요야꾸 명 예약
□ 予約よやくする 요야꾸스루 동 예약하다

□ お勧すすめ 오스스메 명 추천
□ お勧すすめする 오스스메스루 동 추천하다

□ 注文ちゅうもん 츄–몽 명 주문
= オーダー 오–다–
□ 注文ちゅうもんする 츄–몬스루 동 주문하다
= オーダーする 오–다–스루

□ お持もち帰かえり 오모찌까에리 명 가지고 돌아감(포장판매, 테이크아웃)

こちらでお召めし上あがりますか、お持もち帰かえりですか。
코찌라데 오메시아가리마스까, 오모찌까에리데스까
여기서 드실 건가요, 가져가실 건가요?

□ 前菜料理ぜんさいりょうり 젠사이 료–리 명 전채요리, 애피타이저
= 先付さきづけ料理りょうり 사끼즈께 료–리
= オードブル 오–도브루

□ メイン料理りょうり 메잉 료–리 명 메인 요리

□ 付つけ合あわせ料理りょうり 츠께아와세 료–리 명 곁들이는 요리
□ 箸休はしやすめ 하시야스메 입가심 요리

tip. 箸休め는 식사 중에 입 속을 깔끔하게 하려고 먹는 음식을 말합니다.

□ 和食料理わしょくりょうり 와쇼꾸 료–리 일본식 요리
□ 懐石料理かいせきりょうり 카이세끼 료–리 카이세키 요리

tip. 일본식 요리는 和風料理(わふうりょうり) 와후– 료–리라고도 합니다. 일본의 전통 요리는 크게 세 가지 형식이 있는데, 오늘날 거의 사라졌으며 한국의 제사상과 같은 本膳料理(ほんぜんりょうり) 혼젱 료–리, 결혼피로연이나 연회에 나오는 会席料理(かいせきりょうり) 카이세끼 료–리, 일본 전통의 코스 요리인 懐石料理(かいせきりょうり) 카이세끼 료–리입니다.

□ 洋食料理ようしょくりょうり 요–쇼꾸 료–리 양식 요리

tip. 양식 요리는 洋風料理(ようふうりょうり) 요–후– 료–리라고도 합니다.

□ 点心てんしん 텐싱 (점심 전) 가벼운 식사, 간식

tip. 点心은 '점심'이 아니며, 우리가 말하는 점심은 昼(ひる)ご飯(はん) 히루고항입니다.

□ お弁当べんとう 오벤또– 도시락

□ おつまみ 오쯔마미 술 안주; 간단한 찬

tip. おつまみ는 おつまみもの 오쯔마미 모노의 준말입니다.

□ デザート 데자–토 명 디저트

□ 食材しょくざい 쇼꾸자이 명 음식 재료

□ 惣菜そうざい 소–자이 부식, 반찬류

= おかず 오까즈

tip. 惣菜나 おかず는 'デパ地下(ちか) 데파 치까 (백화점 지하)'나 'スーパー 스–파– (슈퍼마켓)'에서 판매되는 조리가 다 된 반찬을 말합니다.

□ ロース 로–스 명 등심

□ ヒレ肉にく 히레니꾸 명 안심

□ ばら肉にく 바라니꾸 명 갈비

□ 焼やき肉にく 야끼니꾸 명 불고기

□ カルビ 카루비 명 갈비(한식)

□ ステーキ 스테–키 명 스테이크

□ ウェルダン 웨루당 명 (스테이크 등이) 충분히 익히는 것

□ ミディアム 미디아무 명 (스테이크 등이) 중간쯤 익은 정도

□ レア 레아 명 (스테이크 등이) 살짝 익은 정도

ステーキの焼やき方かたはいかがいたしましょうか。
스테–키노 야끼까따와 이까가이따시마쇼–까
스테이크의 익힘을 어떻게 해 드릴까요?

ウェルダンでお願ねがいします。
웨루당데 오네가이시마스
완전히 익혀 주세요.

□ 汁物しるもの 시루모노 명 국, 수프

= スープ 스–프

□ 味噌汁みそしる 미소시루 명 된장국

tip. 味噌汁는 동사 '飲(のむ)노무 (마시다)'와 씁니다.

□ ご飯はん 고항 명 밥

□ 寿司すし 스시 명 초밥

□ 回転寿司かいてんずし 카이뗀즈시 명 회전초밥

□ 刺身さしみ 사시미 명 회

□ 牛丼ぎゅうどん 규–동 명 소고기 덮밥

□ 鍋料理なべりょうり 나베 료–리 명 전골 요리

□ ラーメン 라–멩 명 라면

tip. 일본 라면의 종류는 '**豚骨(とんこつ)ラーメン** 톤꼬쯔 라멩 (돼지사골 라면)', '**味噌(みそ)ラーメン** 미소 라멩 (된장 라면)', '**塩(しお)ラーメン** 시오 라멩 (소금 라면)' 등이 있습니다.

□ ざるそば 자루소바 명 냉모밀

□ 唐揚からあげ 카라아게 일본식 닭튀김

□ フライドポテト 후라이도 포테토 감자튀김

□ 漬物つけもの 츠께모노 절임(소금이나 된장에 절인 반찬)

= お新香しんこ 오싱꼬

□ 焼やき魚ざかな 야끼자까나 명 생선구이

□ 卵焼たまごやき 타마고야끼 명 달걀말이

□ サラダ 사라다 명 샐러드

□ ドレッシング 도렛싱구 명 드레싱

tip. 일본의 대표적인 드레싱은 '**和風(わふう)ドレッシング** 와후– 도렛싱구 (일본풍 드레싱)', '**イタリアンドレッシング** 이타리앙 도렛싱구 (이탈리아식 드레싱)', '**ごまドレッシング** 고마 도렛싱구 (참깨 드레싱)' 등입니다.

□ わさび 와사비 명 고추냉이

□ **魚**さかな 사까나 명 생선

□ **白身魚**しろみざかな 시로미자까나 흰살 생선

□ **赤身魚**あかみざかな 아까미자까나 붉은살 생선

□ **青魚**あおざかな 아오자까나 등푸른 생선

tip. 흰살 생선에는 '**鯛(たい)** 타이(도미), **ひらめ** 히라메(광어), **あなご** 아나고(붕장어), **鮭(さけ/しゃけ)** 사께/샤께(연어)' 등, 붉은살 생선으로는 '**鮪(まぐろ)** 마구로(다랑어, 참치), **かつお** 카쯔오(가다랑어), **さんま** 삼마(꽁치)' 등, 등푸른 생선에는 '**いわし** 이와시(정어리), **あじ** 아지(전갱이), **さば** 사바(고등어)' 등이 있습니다.

□ **カニ** 카니 명 게

□ **オマール海老**えび 오마-루 에비 명 바닷가재, 랍스터

= **ロブスター** 로브스타-

□ **貝**かい 카이 명 조개

□ **蛤**はまぐり 하마구리 명 대합

□ **貽貝**いがい 이가이 명 홍합

□ **アワビ** 아와비 명 전복

□ **カキ** 카키 명 굴

□ **茸**きのこ 키노꼬 명 버섯

□ **マッシュルーム** 맛슈루-무 명 양송이 버섯

□ **枝豆**えだまめ 에다마메 명 풋콩

tip. **枝豆**는 가지째 꺾은 콩으로, 일본 사람들이 즐겨먹는 술안주 중 하나입니다.

□ **小豆**あずき 아즈끼 명 팥

□ **カキ氷**ごおり 카키고-리 명 빙수

□ **ヨーグルト** 요-구루토 명 요구르트

□ **アイスクリーム** 아이스쿠리-무 명 아이스크림

デザートはアイスクリームにします。
데자-토와 아이스쿠리-무니 시마스
디저트는 아이스크림으로 할게요.

□ プリン 푸링 명 푸딩

□ チーズ 치-즈 명 치즈

□ チョコレート 쵸코레-토 명 초콜릿

□ 飴あめ 아메 명 사탕

□ おにぎり 오니기리 명 주먹밥(삼각김밥)

□ 餅もち 모찌 명 떡; 찰떡

□ 餃子ぎょうざ 교-자 명 만두

□ 饅頭まんじゅう 만쥬- 명 찐빵

tip. 우리가 말하는 '만두'는 **餃子**라고 합니다. **饅頭**를 읽으면 '만두'가 되지만, 의미는 '찐빵'입니다.

□ パン 팡 명 빵
  □ ガーリックパン 가-릭쿠팡 명 마늘빵
  □ フランスパン 후랑스팡 명 바게트
  = バゲット 바겟토
  □ クロワッサン 쿠로왓상 명 크루아상
  □ 食しょくパン 쇼꾸팡 명 식빵
  □ アンパン 암팡 명 팥빵
  □ メロンパン 메롬팡 명 멜론빵
  □ 菓子かしパン 카시팡 명 (식빵이 아닌) 단 빵(편의점 등에서 파는 단순한 빵)

□ ハンバーガー 함바-가- 명 햄버거

□ ケーキ 케–키 명 케이크

□ ホットケーキ 홋토케–키 명 팬케이크

= パンケーキ 팡케–키

□ お菓子かし 오까시 명 과자

□ クッキー 쿡키– 명 쿠키

□ 煎餅せんべい 셈베– 명 센베이, 구운 납작 과자(일본식 쌀과자)

□ クレープ 쿠레–프 크레페

□ グミ 구미 명 젤리

□ 生なまクリーム 나마쿠리–무 명 생크림

□ 飲のみ物もの 노미모노 명 음료, 마실 것

□ コーヒー 코–히– 명 커피

□ ノンカフェインコーヒー 농카훼잉 코–히– 카페인 없는 커피

□ エスプレッソ 에스프렛소 명 에스프레소

□ カフェラテ 카훼라테 명 카페라테

□ カフェオレ 카훼오레 명 카페오레

□ カプチーノ 카프치–노 명 카푸치노

□ カフェモカ 카훼모카 명 카페모카

□ ホットコーヒー 홋토 코–히– 따뜻한 커피

□ アイスコーヒー 아이스 코–히– 명 아이스커피

コーヒー飲のみながら話はなしましょう。

코–히– 노미나가라 하나시마쇼–

커피 한잔 하면서 얘기합시다.

□ 砂糖さとう 사또– 명 설탕

□ (ガム)シロップ (가무)시롭프 명 시럽

□ お茶ちゃ 오쨔 명 차

□ 緑茶りょくちゃ 료쨔 명 녹차

□ 抹茶まっちゃ 맛쨔 명 말차, 가루차

□ 抹茶まっちゃラテ 맛쨔 라테 명 말차 라테

tip. 抹茶ラテ는 '녹차라테'와 비슷한 차로, 우유에 녹차가루를 탄 음료입니다.

□ 紅茶こうちゃ 코-쨔 명 홍차

□ ミルクティー 미르쿠티- 명 밀크티

□ ハーブ茶ちゃ 하-브쨔 명 허브차

□ ウーロン茶ちゃ 우-론쨔 명 우롱차

□ 麦茶むぎちゃ 무기쨔 명 보리차

□ 牛乳ぎゅうにゅう 규-뉴- 명 우유

= ミルク 미르쿠

□ ジュース 쥬-스 명 주스

□ オレンジジュース 오렌지 쥬-스 명 오렌지 주스

□ 炭酸飲料たんさんいんりょう 탄상 잉료- 명 탄산음료

□ コーラ 코-라 명 콜라

□ ジンジャーエール 진쟈-에-루 명 진저에일(생강을 넣은 탄산음료)

□ 炭酸水たんさんすい 탄산스이 명 탄산수

ハンバーガー一ひとつとコーラお願ねがいします。
함바-가- 히토쯔토 코-라 오네가이시마스
햄버거 하나랑 콜라 주세요.

□ 氷こおり 코-리 명 얼음

コーラに氷こおりを入いれないでください。
코-라니 코-리오 이레나이데 구다사이
콜라에 얼음을 넣지 말아 주세요.

□ 酒さけ 사께 명 술

□ 日本酒にほんしゅ 니혼슈 명 일본 전통 술

□ 熱燗あつかん 아쯔깡 따뜻하게 데운 술

□ シャンパン 샴팡 명 샴페인

□ ビール 비-루 명 맥주

□ ウィスキー 위스키- 명 위스키

□ ワイン 와잉 명 포도주, 와인

□ 酎ちゅうハイ 츄-하이 명 츄하이(소주에 탄산수를 탄 저알콜 음료)

□ グラス 구라스 명 (유리)컵

= コップ 콥프

□ 湯ゆのみ 유노미 명 찻잔

= ティーカップ 티-캅프

コップが汚きたないので、新あたらしいコップをください。

콥푸가 키따나이노데, 아따라시- 콥프오 쿠다사이

컵이 더러운데, 다른 컵을 갖다 주세요.

□ ストロー 스토로- 명 빨대

□ 勘定かんじょう 칸죠- 명 계산

□ 勘定書かんじょうがき 칸죠-가끼 명 계산서

□ ナプキン 나프킹 명 냅킨

□ おしぼり 오시보리 명 물수건

□ 箸はし 하시 명 젓가락

□ スプーン 스푸-ㅇ 명 숟가락

□ ティースプーン 티-스푸-ㅇ 명 찻숟가락

□ フォーク 호-쿠 명 포크

□ 味あじ 아지 명 맛 → tip. '맛을 보다'라고 할 때는 味(あじ)をみる 아지오 미루라고 합니다.

□ 塩辛しおからい 시오까라이 형 (맛이) 짜다

= しょっぱい 숍빠이

□ 甘あまい 아마이 형 (맛이) 달다

□ 辛からい 카라이 형 (맛이) 맵다

□ 酸すっぱい 습빠이 형 (맛이) 시다

□ 苦にがい 니가이 형 (맛이) 쓰다

□ あっさり 앗사리 형 (맛이) 담백하다 → tip. さっぱり는 후련하거나 산뜻하다는 의미로도 쓰입니다.

□ さっぱり 삽빠리 부 (맛이) 담박한 느낌

□ 脂あぶらっこい 아부락꼬이 형 느끼하다

= こってり 콧떼리

□ 生臭なまぐさい 나마구사이 형 비린내가 나다

17. 요리 주문

꼭! 써먹는 실전 회화

鈴木すずき 今日きょうの日替ひがわりメニューは何なんですか。
교-노 히가와리 메뉴-와 난데스까
오늘의 메뉴는 무엇인가요?

ウエーター 本日ほんじつはお味噌汁付みそしるつきのカツどん定食ていしょくでございます。そちらにされますか。
혼지쯔와 오미소시루쯔끼노 카쯔동 테-쇼꾸데 고자이마스. 소찌라니사레마스까
오늘은 된장국과 세트인 돈카츠덮밥 정식입니다. 그걸로 하시겠습니까?

鈴木すずき はい、それからビールも一本いっぽんいただけますか。
하이, 소레까라 비-루모 입뽕 이따다께마스까
네, 그리고 맥주도 한 병 주실래요?

ウエーター はい、わかりました。只今ただいまお持もちいたします。
하이, 와까리마시따. 타다이마 오모찌이따시마스
네, 알겠습니다. 곧 가져오겠습니다.

ユニット 18.

상점 店 미세

□ 店みせ 미세

명 가게, 상점

□ 市場いちば 이찌바

명 시장

□ 蚤のみの市いち

노미노 이찌

= フリーマーケット

후리-마-켓토

벼룩시장

□ デパート 데파-토

= 百貨店ひゃっかてん

햑까뗑

명 백화점

□ スーパー 스-파-

= スーパーマーケット

스-파-마-켓토

명 슈퍼마켓

□ 買かい物もの 카이모노

= ショッピング 숍핑구

명 쇼핑(물건을 삼)

□ 購入こうにゅう 코-뉴-

= 仕入しいれ 시이레

명 구매, 구입

□ 販売はんばい 함바이

명 판매

□ 商品しょうひん 쇼-힝

= 品物しなもの 시나모노

= グッズ 굿즈

명 상품, 물건

□ 乳製品にゅうせいひん

뉴-세-힝

명 유제품

□ インスタント食品

しょくひん

인스탄토 쇼꾸힝

명 인스턴트 식품

□ レトルト食品しょくひん

레토루토 쇼꾸힝

명 레토르트 식품

□ 支払しはらう 시하라우
동 지불하다

□ クレジットカード 쿠레짓토카-도
명 신용카드

□ 現金げんきん 겡낑
= キャッシュ 캿슈
명 현금

□ 変かえる 카에루
= チェンジする 첸지스루
동 바꾸다

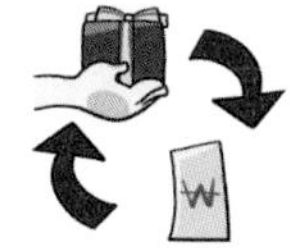

□ 払はらい戻もどし 하라이모도시
명 환불

□ レシート 레시-토
명 영수증

□ 客きゃく 캬꾸
명 손님, 고객

□ 店員てんいん 텡잉
= 販売員はんばいいん 함바이잉
명 점원, 판매원

□ レジ 레지
= カウンター 카운타-
명 계산대

□ 高たかい 타까이
형 비싸다

□ 高価こうか 코-까
명 고가(값이 비쌈)

□ 安やすい 야스이
형 (값이) 싸다

□ 安価あんか 앙까
= 廉価れんか 렝까
명 염가(값이 쌈)

□ 割引わりびき 와리비끼
= 値引ねびき 네비끼
명 할인

□ セール 세-루
= バーゲン 바-겡
명 할인 판매

□ 果物屋くだものや
쿠다모노야
명 과일 가게

□ 八百屋やおや 야오야
명 채소 가게

□ アイスクリーム屋や
아이스쿠리-무야
아이스크림 가게

□ 肉屋にくや 니꾸야
명 정육점

□ 魚屋さかなや 사까나야
생선 가게

□ パン屋や 팡야
명 빵집

□ カフェ 카훼
명 카페, 찻집

□ 花屋はなや 하나야
명 꽃집

□ 眼鏡屋めがねや 메가네야
명 안경점

□ 靴屋くつや 쿠쯔야
명 신발 가게

□ 美容院びよういん 비요-잉
= ヘアサロン 헤아사롱
명 미용실

□ 本屋ほんや 홍야
= 書店しょてん 쇼뗑
명 서점

□ 文具店ぶんぐてん
붕구뗑
명 문구점

□ 旅行会社りょこうかいしゃ
료꼬-까이샤
여행사

□ 不動産ふどうさん
후도-상
명 부동산(중개업소)

□ 服屋ふくや 후꾸야
명 옷가게

□ サイズ 사이즈
명 사이즈

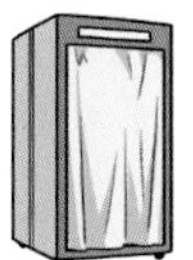

□ 試着室しちゃくしつ 시쨔시쯔
= フィッティングルーム 휫팅구루-무
명 피팅룸, 탈의실

□ 化粧品店けしょうひんてん 케쇼-힌뗑
화장품 가게

□ 化粧水けしょうすい 케쇼-스이 명 스킨

□ 乳液にゅうえき 뉴-에끼
명 로션

□ 口紅くちべに 쿠찌베니
= リップ 립프
명 립스틱

□ 香水こうすい 코-스이
명 향수

□ クリーニング屋や 쿠리-닝구야
명 세탁소

□ ドライクリーニング 도라이쿠리-닝구
명 드라이클리닝

□ アイロン掛がけ 아이롱가께
명 다림질

□ 染しみ 시미
명 얼룩

□ 染しみ抜ぬき 시미누끼
얼룩 빼기

□ 直なおす 나오스
= 繕つくろう 츠꾸로우
동 수선하다; 고치다

□ 店みせ 미세 명 가게, 상점

□ 市場いちば 이찌바 명 시장

□ 蚤のみの市いち 노미노 이찌 벼룩시장

= フリーマーケット 후리–마–켓토

□ 商店街しょうてんがい 쇼–뗀가이 상점가

□ ショッピングセンター 숍핑구센타– 쇼핑센터

ショッピングセンターはどこにありますか。
숍핑구센타–와 도꼬니 아리마스까
쇼핑센터는 어디에 있습니까?

□ スーパー 스–파– 명 슈퍼마켓

= スーパーマーケット 스–파–마–켓토

□ デパート 데파–토 명 백화점

= 百貨店ひゃっかてん 학까뗑

□ デパ地下ちか 데파 치까 백화점 지하(식료품 가게)

□ 食料品店しょくりょうひんてん 쇼꾸료–힌뗑 명 식료품 가게

tip. デパ地下는 デパートの地下의 준말로, '食料品(しょくりょうひん) 쇼꾸료–힝 (식료품)'이나 '惣菜(そうざい) 소–자이 (반찬)'를 많이 팔아서 '식료품 가게'라는 이미지가 됐습니다.

□ 薬局やっきょく 약꾜꾸 명 약국 → **tip.** 일본의 약국은 약뿐만 아니라 건강식품과 화장품 등 일상용품들을 판매합니다.

= 薬屋くすりや 쿠스리야

□ ドラッグストア 도락구스토아 명 드러그스토어

□ 買かい物もの 카이모노 명 쇼핑(물건을 삼)

= ショッピング 숍핑구

今晩こんばん買かい物ものに行いかない?
콤방 카이모노니 이까나이?
오늘 저녁 쇼핑하러 가지 않을래?

□ 購入こうにゅう 코–뉴– 명 구매, 구입
= 仕入しいれ 시이레
□ 買かう 카우 동 사다, 구입하다
= 購入こうにゅうする 코–뉴–스루

□ 販売はんばい 함바이 명 판매
□ 売うる 우루 동 팔다, 판매하다
= 販売はんばいする 함바이스루
□ 売うり場ば 우리바 명 파는 곳, 판매장

□ 商品しょうひん 쇼–힝 명 상품, 물건
= 品物しなもの 시나모노
= グッズ 굿즈

□ 冷凍食品れいとうしょくひん 레–또–쇼꾸힝 명 냉동식품

□ 冷蔵食品れいぞうしょくひん 레–조–쇼꾸힝 명 냉장식품

□ 農産物のうさんぶつ 노–삼부쯔 명 농산물

□ 水産物すいさんぶつ 스이삼부쯔 명 수산물

□ 乳製品にゅうせいひん 뉴–세–힝 명 유제품

□ インスタント食品しょくひん 인스탄토 쇼꾸힝 명 인스턴트 식품
□ レトルト食品しょくひん 레토루토 쇼꾸힝 명 레토르트 식품

□ 工業製品こうぎょうせいひん 코–교–세–힝 명 공산품

□ 電化製品でんかせいひん 뎅까세–힝 전자 제품
= 電気製品でんきせいひん 뎅끼세–힝
□ 家電製品かでんせいひん 카뎅세–힝 가전 제품

□ 在庫ざいこ 자이꼬 명 재고

= ストック 스톡쿠

□ 品切しなぎれ 시나기레 명 품절

申もうし訳わけございませんが、今いまは在庫ざいこがありません。

모-시와께고자이마셍가, 이마와 자이꼬가 아리마셍

죄송합니다만, 지금은 재고가 없군요.

□ 支払しはらう 시하라우 동 지불하다

□ 代金引換だいきんひきかえ 다이낑 히끼까에 대금 지불

= 代引だいびき 다이비끼

tip. 代金引換는 주로 택배로 물품을 수령하며 물품과 대금을 맞바꾸는 지불 방법으로, 줄여서 代引き라고 합니다.

お支払しはらいはどういたしますか。

오시하라이와 도-이따시마스까

어떻게 지불하실 건가요?

□ クレジットカード 쿠레짓토카-도 명 신용카드

□ カード払ばらい 카-도바라이 신용카드 지불

クレジットカードでも使つかえますか。

쿠레짓토카-도데모 츠까에마스까

신용카드도 되나요?

□ 現金げんきん 겡낑 명 현금

= キャッシュ 캿슈

□ 現金払げんきんばらい 겡낌바라이 현금 지불

現金げんきんでします。

겡낀데 시마스

현금으로 하겠어요.

□ おつり 오쯔리 명 거스름돈

tip. おつり는 つり 쯔리의 공손한 말씨입니다.

□ 変かえる 카에루 동 바꾸다

= チェンジする 첸지스루

□ 払はらい戻もどす 하라이모도스 동 환불하다

□ 払はらい戻もどし 하라이모도시 명 환불

これ払はらい戻もどしてくださいますか。
코레 하라이모도시떼 쿠다사이마스까
이것을 환불해 주시겠어요?

□ 返品へんぴん 헴삥 명 반품

□ 返品へんぴんする 헴삥스루 동 반품하다

払はらい戻もどし及および返品へんぴん不可ふか。
하라이모도시 오요비 헴삥 후까
환불 및 반품 불가.

□ レシート 레시–토 명 영수증

□ 領収証りょうしゅうしょう 료–슈–쇼– 명 영수증; 증거 서류

= 受取証うけとりしょう 우께또리쇼–

tip. 물품 구매시 기계에서 나오는 간이영수증을 **レシート**라 하며, 여기에는 품명 등이 상세히 기재됩니다. **領収証**은 총액, 수령인, 일자, 서명 등이 쓰여 문서적 효력이 있는 수령증입니다.

□ 請求書せいきゅうしょ 세–뀨–쇼 명 청구서, 계산서

= 書かき付つけ 카끼쯔께

□ 客きゃく 캬꾸 명 손님, 고객

tip. 보통 점원이 손님을 부를 때는 **お客さん** 오꺄상이라고 높여 말합니다.

□ 店員てんいん 텡잉 명 점원, 판매원

= 販売員はんばいいん 함바이잉

□ 物売ものうり屋や 모노우리야 명 행상인

□ 会計かいけい 카이께– 명 계산

□ レジ 레지 명 계산대

= カウンター 카운타–

□ レジ係かかり 레지까까리 명 계산원

お会計かいけい、お願ねがいします。
오까이께–, 오네가이시마스
계산, 부탁합니다.

□ 高たかい 타까이 형 비싸다

□ 高価こうか 코-까 명 고가(값이 비쌈)

高たかすぎます。
타까스기마스
너무 비쌉니다.

□ 安やすい 야스이 형 (값이) 싸다

□ 安価あんか 앙까 명 염가(값이 쌈)

= 廉価れんか 렝까

もっと安やすくしてくれませんか。
못또 야스꾸시떼 쿠레마셍까
더 싸게 해 주실래요?

□ 経済的けいざいてきだ 케-자이떼끼다 형동 경제적이다, 절약적이다

□ リーズナブル 리-즈나브루 명 (가격 등이) 적당함, 비싸지 않음

□ 節約せつやく 세쯔야꾸 명 절약

□ 節約せつやくする 세쯔야꾸스루 동 절약하다

□ 割引わりびき 와리비끼 명 할인

tip. 割引의 표기는 割引(わりび)き 와리비끼나 割(わ)り引(び)き 와리비끼도 가능합니다.

= 値引ねびき 네비끼

□ 割引わりびきする 와리비끼스루 동 할인하다

それは割引わりびきの製品せいひんじゃありません。
소레와 와리비끼노 세-힌쟈아리마셍
그것은 할인 제품이 아닙니다.

□ 特売とくばい 토꾸바이 명 특매

□ 安価販売あんかはんばい 앙까 함바이 염가 판매

□ セール 세-루 명 할인 판매

= バーゲン 바-겐

tip. バーゲン은 バーゲンセール 바-겐세-루의 준말입니다.

□ 年末ねんまつセール 넴마쯔 세-루 연말 할인 판매

今いまセール中ちゅうですか。
이마 세-루쮸-데스까
지금 세일 중입니까?

□ 割増わりまし 와리마시 명 할증

□ 値下ねさげ 네사게 명 가격인하

□ 値上ねあげ 네아게 명 가격인상

□ 閉店へいてんセール 헤-뗑 세-루 (폐점을 위한) 점포 정리 판매
= 店仕舞みせじまい売うり出だし 미세지마이 우리다시
□ 一掃いっそうセール 잇소- 세-루 재고 정리 세일

□ チャリティーバザー 챠리티-바자- 명 자선 바자

□ 販売促進はんばいそくしん 함바이속싱 판매 촉진
□ 販促物はんそくぶつ 한소꾸부쯔 판촉물, 판촉품

□ 品質ひんしつ 힌시쯔 명 품질
= しながら 시나가라

□ 賞味期限しょうみきげん 쇼-미끼겡 유통기한

tip. **賞味期限**은 주로 음식물에 대한 유통기한을 말하며, '**消費期限(しょうひきげん)**쇼-히끼겡(소비기간)'이라고도 합니다.

□ 小売店こうりてん 코-리뗑 명 소매점
□ 軒店のきみせ 노끼미세 구멍가게

□ 果物屋くだものや 쿠다모노야 명 과일 가게

□ 八百屋やおや 야오야 명 채소 가게

□ アイスクリーム屋や 아이스쿠리-무야 아이스크림 가게

□ 肉屋にくや 니꾸야 명 정육점

□ 魚屋さかなや 사까나야 생선 가게

□ パン屋や 팡야 명 빵집

□ スイーツ店てん 스이-쯔뗑 (서양) 디저트 가게

□ スイーツ 스이-쯔 서양 디저트 음식

□ デザート 데자-토 디저트

□ 和菓子わがし 와가시 일본식 디저트 음식(과자)

□ 洋菓子ようがし 요-가시 서양 디저트 음식(과자)

□ カフェ 카훼 명 카페, 찻집

= 喫茶店きっさてん 킷사뗑

= コーヒーショップ 코-히-숍프

□ 酒屋さかや 사까야 주류 판매점

tip. 언뜻 보면 **酒屋**를 '술집'이라고 여기기 쉬운데, 술집은 주로 **飲(の)み屋(や)** 노미야라고 하며, **酒場(さかば)** 사까바라고도 합니다.

□ 花屋はなや 하나야 명 꽃집

□ 宝石店ほうせきてん 호-세끼뗑 명 보석 가게

= ジュエリーショップ 쥬에리-숍프

□ 眼鏡屋めがねや 메가네야 명 안경점

□ 服屋ふくや 후꾸야 명 옷가게

□ 服ふく 후꾸 명 옷

= 洋服ようふく 요-후꾸

tip. **洋服**를 직역하면 '양복'이지만, 일본어에서는 '(일반)옷'을 뜻합니다.

□ ハンガー 항가- 명 옷걸이

= 洋服掛ようふくかけ 요-후꾸까께

□ マネキン 마네킹 명 마네킹

☐ 鏡かがみ 카가미 명 거울

☐ サイズ 사이즈 명 사이즈

どのサイズでしょうか。
도노 사이즈데쇼-까
어떤 사이즈입니까?

☐ 試着室しちゃくしつ 시쨔시쯔 명 피팅룸, 탈의실
= フィッティングルーム 휫팅구루-무

試着室しちゃくしつはどこですか。
시쨔시쯔와 도꼬데스까
탈의실이 어디인가요?

☐ 靴屋くつや 쿠쯔야 명 신발 가게

☐ スポーツ用品店ようひんてん 스포-츠요-힌뗑 명 스포츠용품점

☐ 美容院びょういん 비요-잉 명 미용실
= ヘアサロン 헤아사롱

☐ 床屋とこや 토꼬야 명 이발소
= 散髪屋さんぱつや 삼빠쯔야

☐ 本屋ほんや 홍야 명 서점
= 書店しょてん 쇼뗑
☐ 古本屋ふるほんや 후루홍야 명 헌책방

tip. 일본에는 중고 서적을 파는 '헌책방'을 흔히 볼 수 있습니다.

☐ 文具店ぶんぐてん 붕구뗑 명 문구점

☐ 玩具屋おもちゃや 오모쨔야 명 장난감 가게

☐ 旅行会社りょこうかいしゃ 료꼬-까이샤 여행사

□ 不動産ふどうさん 후도–상 명 부동산(중개업소)

□ 化粧品店けしょうひんてん 케쇼–힌뗑 화장품 가게

□ 化粧品けしょうひん 케쇼–힝 화장품

□ 化粧水けしょうすい 케쇼–스이 명 스킨(세면 직후 바르는 액체 타입의 화장품)

□ 乳液にゅうえき 뉴–에끼 명 로션

□ UVユーブイクリーム 유–브이쿠리–무 명 자외선 차단제, 썬크림

□ ファンデーション 환데–숑 명 파운데이션(화장품)

□ パウダー 파우다– 명 (화장용) 분, 파우더

□ 粉こなおしろい 코나오시로이 가루분

□ コンパクト 콤파쿠토 명 콤팩트(거울이 달린 휴대용 화장 도구)

□ 口紅くちべに 쿠찌베니 명 립스틱

= リップ 립프

□ マスカラ 마스카라 명 마스카라

□ アイライナー 아이라이나– 명 아이라이너

□ チーク 치–쿠 명 블러셔, 볼연지

□ マニキュア 마니큐아 명 매니큐어, 네일

= ネール 네–루

= ネイル 네이루

□ 香水店こうすいてん 코–스이뗑 명 향수 가게

□ 香水こうすい 코–스이 명 향수

□ クリーニング屋や 쿠리–닝구야 명 세탁소

□ ドライクリーニング 도라이쿠리–닝구 명 드라이클리닝

このコートをドライクリーニングしてください。
코노 코–토오 도라이쿠리–닝구시떼 쿠다사이
이 코트를 드라이클리닝 해 주세요.

□ アイロン掛がけ 아이롱가께 명 다림질

□ 染しみ 시미 명 얼룩

□ 染しみ抜ぬき 시미누끼 얼룩 빼기

□ 取とる 토루 동 제거하다, 없애다

□ 裁さいする 사이스루 동 재단하다

□ 縫ぬう 누- 동 바느질하다, 꿰매다

□ 直なおす 나오스 동 수선하다; 고치다

= 繕つくろう 츠꾸로우

18. 원피스

꼭! 써먹는 실전 회화

店員 てんいん
いらっしゃいませ。お伺うかがいいたします。
이랏샤이마세. 오우까가이 이따시마스
어서 오세요. 무엇을 도와드릴까요?

鈴木 すずき
このワンピース、試着しちゃくして見みてもいいですか。
코노 완피-스, 시챠꾸시떼 미떼모 이-데스까
이 원피스, 입어 봐도 될까요?

店員 てんいん
はい、サイズはいかがですか。
하이, 사이즈와 이까가데스까
그럼요, 사이즈는 어떻게 되시나요?

鈴木 すずき
Mエムが合あいますね。
에무가 아이마스네
M 사이즈가 맞아요.

店員 てんいん
どうぞ。ごゆっくり。
도-조. 고육꾸리
편하게 입어 보세요.

ユニット **19.**

병원＆은행 病院・銀行 뵤-잉·깅꼬-

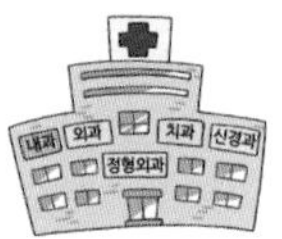

□ **病院**びょういん 뵤-잉
명 병원

□ **クリニック** 쿠리닉쿠
명 진료소, 클리닉

□ **医者**いしゃ 이샤
명 의사

□ **看護師**かんごし 캉고시
명 간호사

□ **患者**かんじゃ 칸쟈

= **病人**びょうにん 뵤-닝
명 환자

□ **診察**しんさつ 신사쯔
명 진찰

□ **病**やまい 야마이
명 병

□ **患**わずら**う** 와즈라우
동 병을 앓다

□ **症状**しょうじょう 쇼-죠-
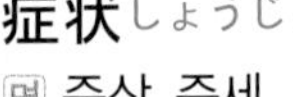
명 증상, 증세

□ **様子**ようす 요-스
명 상태, 상황

□ **痛**いた**い** 이따이
형 아프다

□ **病**や**む** 야무
동 아프다, 괴로워하다

□ **痛**いた**み** 이따미
= **痛**いた**さ** 이따사
명 통증, 아픔

□ **怪我**けが 케가
= **傷**きず 키즈
명 상처

□ **負傷**ふしょう 후쇼-
명 부상

□ 打ち身うちみ 우찌미
= 打撲傷だぼくしょう 다복쇼–
명 타박상

□ 火傷やけど 야께도
명 화상

□ あざ 아자
명 멍

□ 息苦いきぐるしい 이끼구루시–
형 숨이 막히다, 답답하다

□ 風邪かぜ 카제
명 감기

□ インフルエンザ 잉후루엔자
명 유행성 감기, 독감

□ 咳せき 세끼
= しわぶき 시와부끼
명 기침, 기침 소리

□ 熱ねつ 네쯔
명 열

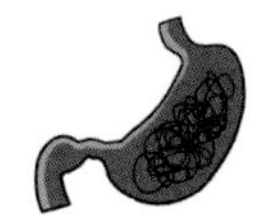

□ 胃炎いえん 이엥
명 위염

□ 嘔吐おうと 오–또
명 구토

□ 頭痛ずつう 즈쯔–
명 두통; 근심

□ 目めまい 메마이
명 현기증

□ 吹ふき出物でもの 후끼데모노
명 뾰루지, 부스럼

□ 虫歯むしば 무시바
명 충치

□ 歯痛はいた 하이따
명 치통

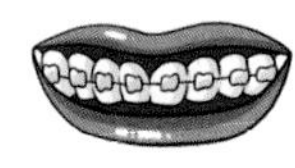

□ 歯列矯正器しれつきょうせいき 시레쯔꾜–세–끼
명 치열 교정기

□ 入院にゅういん 뉴-잉
명 입원

□ 退院たいいん 타이잉
명 퇴원

□ 手術しゅじゅつ 슈쥬쯔
명 수술

□ 薬局やっきょく 약꾜꾸
= 薬屋くすりや 쿠스리야
명 약국

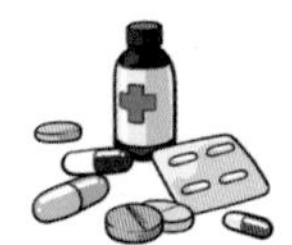

□ 薬くすり 쿠스리
명 약

□ 消化剤しょうかざい
쇼-까자이
명 소화제

□ 鎮痛剤ちんつうざい
친쯔-자이
= 痛いたみ止どめ
이따미도메
명 진통제

□ 睡眠剤すいみんざい
스이밍자이
명 수면제

□ 解熱剤げねつざい
게네쯔자이
= 熱冷ねつさまし
네쯔사마시
명 해열제

□ 軟膏なんこう 낭꼬-
명 연고

□ 包帯ほうたい 호-따이
명 붕대

□ 絆創膏ばんそうこう
반소-꼬-
명 반창고

□ 傷きずテープ 키즈테-프
= バンド 반도
명 밴드

□ 銀行ぎんこう 긴꼬-
명 은행

□ お金かね 오까네
명 돈

□ 札さつ 사쯔
명 지폐

□ 小銭こぜに 코제니
= 玉たま 타마
= コイン 코잉
명 동전

□ 口座こうざ 코-자
명 계좌

□ 通帳つうちょう 츠-쬬-
명 통장

□ 入金にゅうきん 뉴-낑
명 입금

□ 貯金ちょきんする
쵸낑스루
동 저금하다

□ 出金しゅっきん 슉낑
명 출금

□ 下おろす 오로스
동 (돈을) 찾다

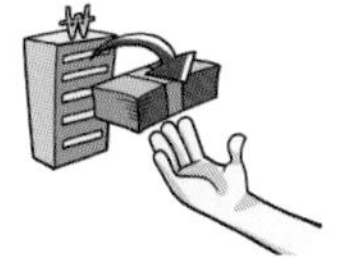

□ 貸かし出だし 카시다시
= ローン 로-ㅇ
명 대출

□ 利子りし 리시
= 利息りそく 리소꾸
명 이자

□ 両替りょうがえ
료-가에
명 환전

□ エーティーエム
에-티-에무
명 현금 자동 인출기

□ インターネットバンキング
인타-넷토 방킹구
명 인터넷 뱅킹

□ 暗証番号あんしょうばんごう 안쇼-방고-
명 비밀번호

□ 病院びょういん 뵤–잉 명 병원

□ クリニック 쿠리닉쿠 명 진료소, 클리닉

この病院びょういんは初はじめてでしょうか。

코노 뵤–잉와 하지메떼데쇼–까

이 병원은 처음이신가요?

□ 医者いしゃ 이샤 명 의사

□ 看護師かんごし 캉고시 명 간호사

□ 患者かんじゃ 칸쟈 명 환자

tip. 患者는 의사 쪽에서 환자를 말할 때 쓰는 단어입니다.

= 病人びょうにん 뵤–닝

□ 診察しんさつ 신사쯔 명 진찰

□ 病やまい 야마이 명 병

□ 患わずらう 와즈라우 동 병을 앓다

□ 症状しょうじょう 쇼–죠– 명 증상, 증세

□ 様子ようす 요–스 명 상태, 상황

□ 具合ぐあいが悪わるい 구아이가 와루이 상태가 안 좋다

症状しょうじょうはどうですか。

쇼–죠–와 도–데스까

증상이 어떻습니까?

□ 痛いたい 이따이 형 아프다

□ 痛いためる 이따메루 동 아프게 하다, 고통을 주다

□ 病やむ 야무 동 아프다, 괴로워하다

□ 痛いたみ 이따미 명 통증, 아픔

= 痛いたさ 이따사

□ 苦痛くつう 쿠쯔– 명 고통, 통증

□ 疼うずく 우즈꾸 동 아프다, 쑤시다
  □ 疼うずき 우즈끼 명 따끔따끔한 느낌, 아픔

□ 怪我けが 케가 명 상처
  = 傷きず 키즈
  □ 傷跡きずあと 키즈아또 명 흉터

□ 負傷ふしょう 후쇼– 명 부상
  □ 負傷ふしょうする 후쇼–스루 동 다치다, 부상하다
  = 怪我けがする 케가스루

□ かすり傷きず 카스리끼즈 명 찰과상

□ 打ち身うちみ 우찌미 명 타박상
  = 打撲傷だぼくしょう 다복쇼–

□ 火傷やけど 야께도 명 화상

□ 感染かんせん 칸셍 명 감염
  □ 炎症えんしょう 엥쇼– 명 염증

□ あざ 아자 명 멍

□ 挫くじく 쿠지꾸 명 염좌, 삠
  = 捻挫ねんざ 넨자
  □ 挫くじける 쿠지께루 동 삐다, 접질리다
  = 捻挫ねんざする 넨자스루

足首あしくびを挫くじきました。
아시꾸비오 쿠지끼마시따
발목이 삐었어요.

□ 腫はれる 하레루 동 붓다

□ 腫はれ上あがる 하레아가루 동 부어오르다

□ 息苦いきぐるしい 이끼구루시– 형 숨이 막히다, 답답하다

□ 感覚かんかくがない 캉까꾸가 나이 감각이 없다

□ 風邪かぜ 카제 명 감기

tip. '감기에 걸리다'는 風邪(かぜ)を引(ひ)く 카제오 히꾸라고 합니다.

□ インフルエンザ 잉후루엔자 명 유행성 감기, 독감

風邪かぜを引ひいたようです。
카제오 히이따요–데스
감기에 걸린 것 같아요.

□ 咳せき 세끼 명 기침, 기침 소리

= しわぶき 시와부끼

□ ごほんごほん 고홍고홍 부 콜록콜록

□ 熱ねつ 네쯔 명 열

□ 高熱こうねつ 코–네쯔 고열

□ 微熱びねつ 비네쯔 미열

熱ねつがあります。
네쯔가 아리마스
열이 있어요.

□ 血圧けつあつ 케쯔아쯔 명 혈압

□ 高血圧こうけつあつ 코–께쯔아쯔 명 고혈압

□ 低血圧ていけつあつ 테–께쯔아쯔 명 저혈압

□ 胃炎いえん 이엥 명 위염

□ 盲腸炎もうちょうえん 모–쬬–엥 명 맹장염

□ 遺伝病いでんびょう 이뎀뵤– 유전병

□ 嘔吐おうと 오-또 명 구토

□ 嘔吐おうとする 오-또스루 동 구토하다

□ 吐はき気け 하끼께 명 구역질

□ むかむか 무까무까 부 메슥메슥

□ つわり 츠와리 명 (임산부의) 입덧

= おそ 오소

□ 胃いもたれ 이모따레 명 (소화불량으로) 속이 더부룩한 상태, 속쓰림

□ 下痢げり 게리 명 설사

□ 便秘べんぴ 벰삐 명 변비

下痢げりをします。
게리오 시마스
설사를 합니다.

□ 頭痛ずつう 즈쯔- 명 두통; 근심

頭痛ずつうと発熱はつねつがあって、喉のども痛いたいんです。
즈쯔-또 하쯔네쯔가 앗떼, 노도모 이따인데스
두통과 발열이 있고, 목도 아파요.

□ 目めまい 메마이 명 현기증

□ 貧血ひんけつ 힝께쯔 명 빈혈

□ 蕁麻疹じんましん 진마싱 명 두드러기

□ 吹ふき出物でもの 후끼데모노 명 뾰루지, 부스럼

= できもの 데끼모노

= おでき 오데끼 → tip. おできは できもの의 공손한 말씨입니다.

□ ニキビ 니키비 명 여드름

□ 噛かまれる 카마레루 (곤충이나 동물에게) 물리다 → tip. 噛まれる는 噛(か)む 카무의 피동형입니다.

□ 奥歯おくば 오꾸바 명 어금니

= 臼歯きゅうし 큐–시

□ 前歯まえば 마에바 앞니

= 門歯もんし 몬시

□ 犬歯けんし 켄시 송곳니

= 糸切いときり歯ば 이또끼리바

□ 親知おやしらず 오야시라즈 사랑니

= おやしらずば 오야시라즈바

= 知歯ちし 치시

□ 歯茎はぐき 하구끼 명 잇몸

□ 虫歯むしば 무시바 명 충치

□ 歯痛はいた 하이따 명 치통

□ はいたポーズ 하이따 포–즈 명 치통 포즈

= 虫歯むしばポーズ 무시바 포–즈

tip. '치통 포즈'란, 사진을 찍을 때 얼굴이 작게 나오게 하려고 충치나 치통이 있을 때 한쪽이나 양쪽 볼에 손바닥을 대는 자세를 가리킵니다.

□ 歯石取しせきとり 시세끼또리 명 스케일링, 치석 제거

= スケーリング 스케–링구

□ 入いれ歯ば 이레바 틀니, 의치

□ 歯列矯正器しれつきょうせいき 시레쯔꾜–세–끼 명 치열 교정기

□ 入院にゅういん 뉴–잉 명 입원

□ 入院にゅういんする 뉴–잉스루 동 입원하다

□ 退院たいいん 타이잉 명 퇴원

□ 退院たいいんする 타이잉스루 동 퇴원하다

□ 手術しゅじゅつ 슈쥬쯔 명 수술

手術しゅじゅつを受うけなければなりませんか。
슈쥬쯔오 우께나께레바 나리마셍까
수술을 받아야 합니까?

□ 麻酔ますい 마스이 명 마취

□ 医療保険いりょうほけん 이료–호껭 명 의료 보험

□ 診断書しんだんしょ 신당쇼 명 진단서

□ 処方箋しょほうせん 쇼호–셍 명 처방전

□ 薬局やっきょく 약꾜꾸 명 약국
= 薬屋くすりや 쿠스리야
□ ドラッグストア 도락구스토아 명 드러그스토어

□ 薬くすり 쿠스리 명 약

□ 消化剤しょうかざい 쇼–까자이 명 소화제
□ 鎮痛剤ちんつうざい 친쯔–자이 명 진통제
= 痛いたみ止どめ 이따미도메
□ 睡眠剤すいみんざい 스이밍자이 명 수면제
□ 解熱剤げねつざい 게네쯔자이 명 해열제
= 熱冷ねつさまし 네쯔사마시

鎮痛剤ちんつうざい、ありますか。
친쯔–자이, 아리마스까
진통제, 있나요?

□ 副作用ふくさよう 훅사요– 부작용

□ 軟膏なんこう 낭꼬– 명 연고

□ 包帯ほうたい 호-따이 명 붕대

□ ギプス 기프스 명 깁스, 석고 붕대

= ギブス 기브스

□ 松葉杖まつばづえ 마쯔바즈에 명 목발

□ 脱脂綿だっしめん 닷시멩 명 탈지면

□ ガーゼ 가-제 명 거즈

□ 絆創膏ばんそうこう 반소-꼬- 명 반창고

□ 傷きずテープ 키즈테-프 명 밴드

= バンド 반도

tip. 원래 명칭은 **傷テープ**이지만, 밴드의 상표명인 **バンド**(밴드에이드)를 흔히 쓰곤 합니다.

絆創膏ばんそうこう一箱ひとはこお願ねがいします。

반소-꼬- 히또하꼬 오네가이시마스

반창고 한 통 주세요.

□ 銀行ぎんこう 깅꼬- 명 은행

□ お金かね 오까네 명 돈

□ 現金げんきん 겡낑 명 현금

= キャッシュ 캿슈

□ 札さつ 사쯔 명 지폐

全部ぜんぶ1000円えん札さつでください。

젬부 셍엔사쯔데 쿠다사이

전부 1,000엔짜리 지폐로 주세요.

□ 小切手こぎって 코깃떼 명 수표

□ 小銭こぜに 코제니 명 동전

= 玉たま 타마

= コイン 코잉

tip. 동전을 통틀어서 **小銭**라고 하는데, 100엔, 500엔 등 동전을 구체적으로 말할 때는 **玉**를 붙여서 사용합니다. **小銭**는 '잔돈'이라는 뜻으로도 쓰입니다.

100円玉ひゃくえんだまで両替りょうがえできますか。
하꾸엔다마데 료-가에 데끼마스까
100엔짜리 동전으로 바꿔 주시겠어요?

□ 口座こうざ 코-자 명 계좌

tip. '계좌를 개설하다'는 口座(こうざ)を開(ひら)く 코-자오 히라꾸 라고 합니다.

□ 通帳つうちょう 츠-쬬- 명 통장
□ 普通預金ふつうよきん 후쯔-요낑 명 보통 예금
□ 定期積金ていきつみきん 테-끼쯔미낑 명 정기 적금

□ 入金にゅうきん 뉴-낑 명 입금
□ 入金にゅうきんする 뉴-낑스루 동 입금하다

□ 預金よきんする 요낑스루 동 예금하다
□ 貯金ちょきんする 쵸낑스루 동 저금하다
□ 蓄たくわえる 타꾸와에루 동 모으다, 저축하다
= 貯蓄ちょちくする 쵸찌꾸스루

□ 引ひき落おとし 히끼오또시 명 인출
□ 出金しゅっきん 슉낑 명 출금
□ 下おろす 오로스 동 (돈을) 찾다
□ 引ひき落おとす 히끼오또스 동 인출하다, 출금하다

tip. 引き落とす는 특히 금융 기관에서 약정에 의거, 지급 계좌에서 인출하여 공공 요금 등을 수취 기관에 자동 납부하는 우리말의 '자동이체'를 의미합니다.

□ 残高ざんだか 잔다까 명 잔고

□ 送金そうきん 소-낑 명 송금
□ 仕送しおくり 시오꾸리 명 생활비나 학비를 보내줌
□ 口座振込こうざふりこみ 코-자후리꼬미 명 계좌이체

□ 貸かし出だし 카시다시 명 대출
= ローン 로-ㅇ

□ **利子**りし 리시 명 이자

= **利息**りそく 리소꾸

□ **金利**きんり 킨리 명 금리

□ **両替**りょうがえ 료-가에 명 환전

tip. **両替**는 외화를 환전하는 것 외에 동일 화폐에서 다른 단위로 바꾸는 것도 의미합니다.

□ **両替**りょうがえ**する** 료-가에스루 동 환전하다

両替りょうがえ**できますか。**
료-가에데끼마스까
환전할 수 있습니까?

□ **為替**かわせ**レート** 카와세 레-또 명 환율

= **レート** 레-또

□ **通貨**つうか 츠-까 명 통화

□ **外貨**がいか 가이까 명 외화

tip. 외국의 화폐인 '외화' 의미 외에, 외국 물품을 가리키기도 합니다.

□ **円**えん 엥 명 엔(일본의 화폐 단위)

□ **ウォン** 웡 명 원(한국의 화폐 단위)

□ **ドル** 도루 명 달러(미국의 화폐 단위)

□ **ユアン** 유앙 명 위안(중국의 화폐 단위)

□ **ユーロ** 유-로 명 유로(유럽연합의 통합 화폐 단위)

韓国かんこく**のウォンを円**えん**で両替**りょうがえ**したいです。**
캉꼬꾸노 웡오 엔데 료-가에시따이데스
원화를 엔화로 환전하고 싶습니다.

□ **クレジットカード** 쿠레짓토카-도 명 신용카드

□ **デビットカード** 데빗토카-도 명 직불카드

□ **手数料**てすうりょう 테스-료- 명 수수료

□ **エーティーエム** 에-티-에무 명 현금 자동 인출기

= **現金自動支払機**げんきんじどうしはらいき 겐낑지도-시하라이끼

□ インターネットバンキング 인타-넷토 방킹구 명 인터넷 뱅킹

□ 暗証番号あんしょうばんごう 안쇼-방고- 명 비밀번호

暗証番号あんしょうばんごうを入力にゅうりょくしてください。
안쇼-방고-오 뉴-료꾸시떼 쿠다사이
비밀번호를 입력하세요.

꼭! 써먹는 실전 회화

\# 19. 두통

鈴木 すずき
誰だれか痛いたみ止とめ薬くすり持もってる人ひといる?
다레가 이따미또메 쿠스리 못떼루 히또 이루?
누구 진통제 가지고 있는 사람 있니?

中村 なかむら
何なんで? どうしたの?
난데? 도-시따노?
왜? 무슨 일인데?

鈴木 すずき
うん、頭痛ずつうがひどいの。
웅, 즈쯔-가 히도이노
응, 두통이 심해서.

中村 なかむら
病院びょういん行いったほうがいいと思おもうよ。
뵤-잉 잇따호-가 이-또 오모우요
병원 가는 편이 좋을 거 같은데.

練習問題

다음 단어를 읽고 맞는 뜻과 연결하세요.

1. カフェ •	• 가게, 상점
2. レストラン •	• 교사, 선생
3. 教師 •	• 병원
4. 買い物 •	• 쇼핑
5. 病院 •	• 시장
6. 市場 •	• 약국
7. 薬局 •	• 은행
8. 銀行 •	• 음식점, 레스토랑
9. 店 •	• 직업
10. 職業 •	• 카페, 찻집
11. 学校 •	• 학교
12. 学生 •	• 학생

1. カフェ – 카페, 찻집 2. レストラン – 음식점, 레스토랑 3. 教師 – 교사, 선생
4. 買い物 – 쇼핑 5. 病院 – 병원 6. 市場 – 시장 7. 薬局 – 약국
8. 銀行 – 은행 9. 店 – 가게, 상점 10. 職業 – 직업 11. 学校 – 학교 12. 学生 – 학생

チャプター 6

ユニット **20.**

교통 交通 코–쯔–

□ **交通**こうつう 코–쯔–
명 교통

□ **乗**の**り物**もの 노리모노
명 탈것, 교통편

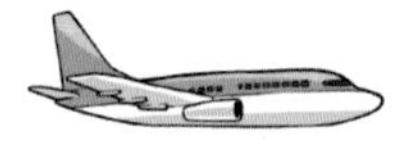

□ **飛行機**ひこうき 히꼬–끼
명 비행기

□ **空港**くうこう 쿠–꼬–
= **エアポート** 에아포–토
명 공항

□ **切符**きっぷ 킵뿌
= **チケット** 치켓토
명 표, 티켓

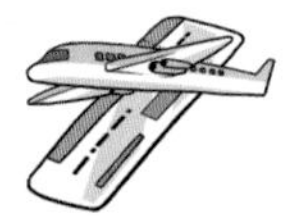

□ **航空券**こうくうけん 코–꾸–껭
= **航空**こうくう**チケット** 코–꾸– 치켓토
명 항공권

□ **パスポート** 파스포–토
= **旅券**りょけん 료껭
명 여권

□ **ターミナル** 타–미나루
명 터미널

□ **搭乗口**とうじょうくち 토–죠–꾸찌
= **ゲート** 게–토
명 탑승구, 게이트

□ **出発**しゅっぱつ 슙빠쯔
명 출발

□ **発**た**つ** 타쯔
동 떠나다

□ **離陸**りりく 리리꾸
명 이륙

□ **着陸**ちゃくりく 챠꾸리꾸
명 착륙

□ **到着**とうちゃく 토–짜꾸
명 도착

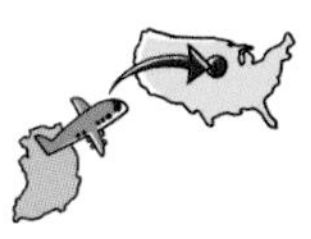

□ 目的地もくてきち 목떼끼찌
= 行ゆき先さき 유끼사끼
명 목적지, 행선지

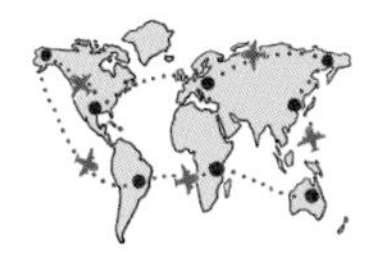

□ 経由地けいゆち 케–유찌
= 寄港地きこうち 키꼬–찌
명 경유지, 기항지

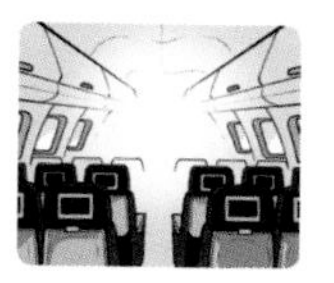

□ 座席ざせき 자세끼
= 席せき 세끼
명 좌석

□ エコノミークラス
에코노미– 쿠라스
명 일반석

□ ビジネスクラス
비지네스 쿠라스
명 비즈니스석

□ ファーストクラス
화–스토 쿠라스
명 일등석

□ 搭乗とうじょうする
토–죠–스루
동 탑승하다

□ 降おりる 오리루
동 (비행기나 차에서) 내리다

□ スーツケース
스–츠케–스
명 여행 가방

□ トランク 토랑쿠
명 트렁크

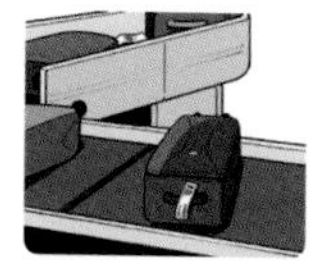

□ 荷物にもつ 니모쯔
명 짐

□ 手荷物てにもつ 테니모쯔
명 수하물

□ 空港くうこう セキュリティー 検査台けんさだい
쿠–꼬– 세큐리티– 켄사다이
공항 보안 검색대

□ 操縦士そうじゅうし 소–쥬–시
= パイロット 파이롯토
명 조종사, 파일럿

□ スチュワーデス 스츄와–데스
명 스튜어디스

□ スチュワード 스츄와–도
명 스튜어드

□ 機内食きないしょく
키나이쇼꾸
명 기내식

□ ライフジャケット
라이후 쟈켓토
명 구명조끼

□ 非常口ひじょうぐち
히죠-구찌
명 비상구

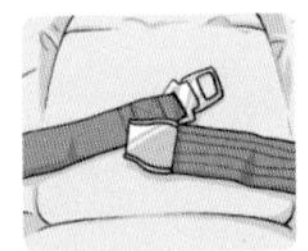

□ シートベルト
시-토베루토
명 안전벨트

□ 免税店めんぜいてん
멘제-뗑
명 면세점

□ 駅えき 에끼
명 역

□ 汽車きしゃ 키샤
= 列車れっしゃ 렛샤
명 기차, 열차

□ 客室きゃくしつ
캬꾸시쯔
명 객실

□ 切符きっぷ売うり場ば
킵뿌 우리바
명 매표소

□ 乗のり場ば
= プラットフォーム
프랏토호-무
명 승강장, 플랫폼

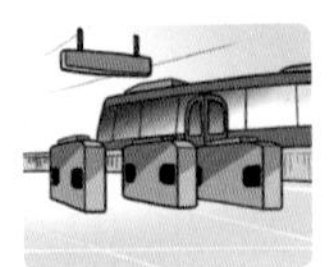

□ 改札口かいさつぐち
카이사쯔구찌
명 개찰구

□ 線路せんろ 센로
명 선로

□ 乗のり換かえ 노리까에
명 환승

□ 地下鉄ちかてつ 치까떼쯔
명 지하철

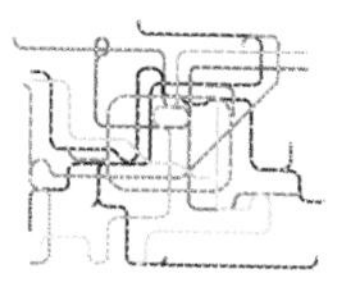

□ 路線図ろせんず 로센주
명 노선도

□ バス 바스
명 버스

□ バス停てい 바스 떼–
버스 정류장

□ タクシー 탁시–
명 택시

□ 自転車じてんしゃ 지뗀샤
명 자전거

□ バイク 바이쿠
명 오토바이

□ ヘルメット 헤루멧토
명 헬멧

□ 船ふね 후네
= 船舶せんぱく 셈빠꾸
명 배, 선박

□ ボート 보–토
명 보트

□ 港みなと 미나또
명 항구

□ **交通**こうつう 코-쯔- 명 교통

□ **乗り物**のりもの 노리모노 명 탈것, 교통편

□ **公共交通機関**こうきょうこうつうきかん 코-꾜- 코-쯔- 끼깡 명 대중 교통

□ **飛行機**ひこうき 히꼬-끼 명 비행기

□ **航空便**こうくうびん 코-꾸-빙 명 항공편

□ **空港**くうこう 쿠-꼬- 명 공항

= **エアポート** 에아포-토

□ **国際線**こくさいせん 콕사이셍 국제선

□ **国内線**こくないせん 코꾸나이셍 국내선

空港くうこうに誰だれが迎むかえに来きていますか。
쿠-꼬-니 다레가 무까에니키떼 이마스까
공항에 누가 마중 나와 있습니까?

□ **航空会社**こうくうがいしゃ 코-꾸- 가이샤 명 항공사

□ **航空券**こうくうけん 코-꾸-껭 명 항공권

= **航空**こうくう**チケット** 코-꾸- 치켓토

□ **電子航空券**でんしこうくうけん 덴시 코-꾸-껭 이티켓, 전자 티켓

= **E**イー**チケット** 이-치껫토

□ **搭乗券**とうじょうけん 토-죠-껭 명 (비행기의) 탑승권

搭乗券とうじょうけんを見みせていただけますか。
토-죠-껭오 미세떼 이따다께마스까
탑승권을 보여 주시겠습니까?

□ **パスポート** 파스포-토 명 여권

= **旅券**りょけん 료껭

□ **ビザ** 비자 명 비자

□ ターミナル 타–미나루 명 터미널

国際線こくさいせんターミナルはどこですか。
콕사이셍 타–미나루와 도꼬데스까
국제선 터미널은 어디인가요?

□ 搭乗口とうじょうくち 토–죠–꾸찌 명 탑승구, 게이트

= ゲート 게–토

□ 出発しゅっぱつ 슙빠쯔 명 출발

□ 発たつ 타쯔 동 떠나다

□ 離陸りりく 리리꾸 명 이륙

□ 離陸りりくする 리리꾸스루 동 이륙하다

しばらくして離陸りりくします。
시바라꾸 시떼 리리꾸시마스
잠시 후에 이륙합니다.

□ 着陸ちゃくりく 챠꾸리꾸 명 착륙

□ 着陸ちゃくりくする 챠꾸리꾸스루 동 착륙하다

□ 到着とうちゃく 토–쨔꾸 명 도착

□ 到着とうちゃくする 토–쨔꾸스루 동 도착하다

□ 目的地もくてきち 목떼끼찌 명 목적지, 행선지

= 行ゆき先さき 유끼사끼

日本にほんでの目的地もくてきちはどこですか。
니혼데노 목떼끼찌와 도꼬데스까
일본에서 목적지는 어디입니까?

□ 直行便ちょっこうびん 촉꼬–빙 명 (비행기의) 직항편

□ 経由けいゆ 케–유 명 경유

□ 行ゆき 유끼 명 목적지를 향해 감, ~행

□ 経由地けいゆち 케–유찌 명 경유지, 기항지

= 寄港地きこうち 키꼬–찌

□ 片道かたみち 카따미찌 명 편도

□ 往復おうふく 오–후꾸 명 왕복

= 行ゆき帰かえり 유끼까에리

京都きょうと行ゆき片道かたみち一枚いちまいお願ねがいします。

교–토유끼 카따미찌 이찌마이 오네가이시마스

교토행 편도 한 장 부탁 드립니다.

□ 座席ざせき 자세끼 명 좌석

= 席せき 세끼

□ 空席くうせき 쿠–세끼 빈 좌석

□ キャンセル待まち 캰세루 마찌 취소 대기

□ 通路側つうろがわ 츠–로가와 명 통로

□ 窓側まどがわ 마도가와 명 창가

tip. '창가'라는 의미의 **窓際(ばどぎわ)** 바도기와가 있는데요, **窓側**라고 하면 반드시 통로쪽이 있음을 의미하기 때문에 둘 중 하나를 고를 때는 **窓側**를 쓰는 것이 정확한 표현입니다.

窓側まどがわの席せきをお願ねがいします。

마도가와노 세끼오 오네가이시마스

창가쪽 좌석을 부탁합니다.

□ エコノミークラス 에코노미– 쿠라스 명 일반석

□ ビジネスクラス 비지네스 쿠라스 명 비즈니스석

□ ファーストクラス 화–스토 쿠라스 명 일등석

□ 搭乗とうじょうする 토–죠–스루 동 탑승하다

□ 降おりる 오리루 동 (비행기나 차에서) 내리다

□ スーツケース 스–츠케–스 명 여행 가방

□ トランク 토랑쿠 명 트렁크

□ 荷物にもつ 니모쯔 명 짐

□ 手荷物てにもつ 테니모쯔 명 수하물

□ 手回り品ひん 테마와리힝 휴대용 짐

tip. 手回り品는 소지품이라는 의미도 있습니다.

お預あずけの荷物にもつはありますか。

오아즈께노 니모쯔와 아리마스까

부치실 짐이 있습니까?

□ タグ 타구 명 (수하물의) 짐표, 꼬리표

= 合符あいふ 아이후

= 荷札にふだ 니후다

□ 半券はんけん 항껭 명 (수하물의) 짐표

tip. 半券은 물품을 맡기거나 요금을 지불한 후 수령할 때까지 가지고 있는 짐표로, 반으로 잘라 주는 표를 가리키는 말입니다. 주로 공항버스 등 장거리 버스를 탈 때 짐칸에 짐을 넣으면서 받습니다.

□ 空港くうこうセキュリティー検査台けんさだい 쿠–꼬– 세큐리티– 켄사다이

공항 보안 검색대

□ 出入国審査しゅつにゅうこくしんさ 슈쯔뉴–꼬꾸 신사 명 출입국 심사

□ 出国申告書しゅっこくしんこくしょ 슉꼬꾸 싱꼭쇼 출국 신고서

□ 入国申告書にゅうこくしんこくしょ 뉴–꼬꾸 싱꼭쇼 입국 신고서

出国申告書しゅっこくしんこくしょの書かき方かたを教おしえてくれませんか。

슉꼬꾸 싱꼭쇼노 카끼까따오 오시에떼 쿠레마셍까

출국 신고서 작성법을 알려 주시겠습니까?

□ 税関検査ぜいかんけんさ 제–깐껜사 명 세관 검사

□ 税関申告書ぜいかんしんこくしょ 제–깐싱꼭쇼 명 세관 신고서

税関申告書ぜいかんしんこくしょを書かいてください。

제–깐싱꼭쇼– 카이떼 쿠다사이

세관 신고서를 작성해 주세요.

□ 操縦士そうじゅうし 소–쥬–시 명 조종사, 파일럿

= パイロット 파이롯토

□ **乗務員** じょうむいん 죠–무잉 명 승무원

= **キャビンアテンダント** 캬빙 아텐당토

□ **スチュワード** 스츄와–도 명 스튜어드

□ **スチュワーデス** 스츄와–데스 명 스튜어디스

□ **機内** きない 키나이 명 (항공기의) 기내

□ **機内食** きないしょく 키나이쇼꾸 명 기내식

□ **ライフジャケット** 라이후 쟈켓토 명 구명조끼

□ **非常口** ひじょうぐち 히죠–구찌 명 비상구

□ **シートベルト** 시–토베루토 명 안전벨트

シートベルトをお締しめてください。
시–토베루토오 오시메떼 쿠다사이
안전벨트를 매 주십시오.

□ **免税店** めんぜいてん 멘제–뗑 명 면세점

□ **免税品** めんぜいひん 멘제–힝 명 면세품

□ **駅** えき 에끼 명 역

□ **電車** でんしゃ 덴샤 명 전차, 전철

tip. 일본 도시에는 지하철 외에 JR 같은 사철 등이 있는데, 전력 엔진을 사용하므로 **電車**라고 합니다. 디젤 등 다른 엔진을 사용하는 기차나 열차는 포함하지 않습니다.

□ **汽車** きしゃ 키샤 명 기차, 열차

= **列車** れっしゃ 렛샤

□ **客室** きゃくしつ 캬꾸시쯔 명 객실

□ **ベッド車両** しゃりょう 벳도샤료– 침대칸

□ **貨物車両** かもつしゃりょう 카모쯔샤료– (열차의) 화물칸

□ **食堂車両** しょくどうしゃりょう 쇼꾸도–샤료– 식당칸

□ 新幹線しんかんせん 신깐셍 신간선

tip. 新幹線은 일본의 주요 도시를 연결하는 고속 기차입니다.

□ 各駅停車かくえきていしゃ 카꾸에끼 테–샤 완행

□ 新快速電車しんかいそくでんしゃ 신까이소꾸 덴샤 신쾌속 전차

□ 快速電車かいそくでんしゃ 카이소꾸 덴샤 쾌속 전차

□ 普通電車ふつうでんしゃ 후쯔– 덴샤 보통 전차

tip. 전차는 정차하는 역이 많고 적음에 따라 명칭이 다양하게 정해지는데, 철도 회사에 따라서 조금씩 다르기도 합니다. 예를 들면, 정차역이 적고 빠른 속도로 가는 전차는 **快速(かいそく)**카이소꾸와 비슷한 **準急(じゅんきゅう)**쥰큐– (준급), **快速特急(かいそくとっきゅう)**카이소꾸 톡뀨– (쾌속 특급), **快速急行(かいそくきゅうこう)**카이소꾸 큐–꼬– (쾌속 급행) 등이 있습니다.

□ 急行列車きゅうこうれっしゃ 큐–꼬– 렛샤 명 급행 열차

□ 特別急行列車とくべつきゅうこうれっしゃ 토꾸베쯔 큐–꼬– 렛샤 명 특별 급행 열차

□ 始発しはつ 시하쯔 명 첫차; 처음으로 출발함

□ 終電しゅうでん 슈–뎅 명 막차

□ 料金りょうきん 료–낑 명 요금

□ 切符きっぷ 킵뿌 명 표, 티켓

= チケット 치켓토

□ 切符売り場きっぷうりば 킵뿌 우리바 명 매표소

□ 切符係きっぷかかり 킵뿌 카까리 명 매표인

□ 乗り場のりば 노리바 명 승강장, 플랫폼

= プラットフォーム 프랏토호–무

□ 改札口かいさつぐち 카이사쯔구찌 명 개찰구

□ 線路せんろ 센로 명 선로

□ 車掌しゃしょう 샤쇼– 명 (열차의) 차장

□ 乗のり換かえ 노리까에 명 환승

□ 乗のり換かえる 노리까에루 동 환승하다, 갈아타다

□ 乗のり換かえ駅えき 노리까에 에끼 명 환승역

どこで乗のり換かえないといけないんですか。

도꼬데 노리까에나이또 이께나인데스까

어디에서 갈아타야 하나요?

□ 時刻表じこくひょう 지꼬꾸효– 명 (열차, 항공기 따위의) 시간표

□ 地下鉄ちかてつ 치까떼쯔 명 지하철

□ 地下鉄駅ちかてつえき 치까떼쯔 에끼 지하철역

tip. 地下鉄는 地下鉄道(ちかてつどう) 치까떼쯔도–의 준말입니다.

□ 路線図ろせんず 로센주 명 노선도

□ バス 바스 명 버스

□ 夜行やこうバス 야꼬– 바스 야간 버스

□ バス停てい 바스 떼– 버스 정류장

□ バス終点しゅうてん 바스 슈–뗑 버스 종점

tip. バス停는 バス停留所(ていりゅうじょ) 바스 테–류–죠의 준말입니다.

最寄もよりのバス停ていはどこですか。

모요리노 바스 떼–와 도꼬데스까

가까운 버스 정류장은 어디인가요?

□ タクシー 탁시– 명 택시

□ 自転車じてんしゃ 지뗀샤 명 자전거

□ 自転車道路じてんしゃどうろ 지뗀샤 도–로 자전거 도로

□ バイク 바이쿠 명 오토바이

□ ヘルメット 헤루멧토 명 헬멧

□ 船ふね 후네 명 배, 선박

= 船舶せんぱく 셈빠꾸

□ ボート 보–토 명 보트

□ 港みなと 미나또 명 항구

□ 船酔ふなよい 후나요이 명 뱃멀미

□ 船酔ふなよいする 후나요이스루

동 뱃멀미하다

20. 비행기 예약

꼭! 써먹는 **실전 회화**

中村 なかむら
神戸こうべ行ゆきのチケットの予約よやくをしたいです。
코–베 유끼노 치켓토노 요야꾸오 시따이데스
코베행 비행기 티켓을 예약하고 싶습니다.

職員 しょくいん
いつ、ご出発しゅっぱつの予定よていでございますか。
이쯔, 고슛빠쯔노 요떼–데 고자이마스까
언제 떠날 예정인가요?

中村 なかむら
12月じゅうにがつ20日はつかから23日にじゅうさんにちの間あいだに出発しゅっぱつしたいのですが。
쥬–니가쯔 하쯔까까라 니쥬–산니찌노 아이다니 슈빠쯔시따이노데스가
12월 20일에서 23일 사이에 떠나고 싶은데요.

職員 しょくいん
片道かたみちチケットですか、往復おうふくチケットですか。
카따미찌 치켓토데스까, 오–후꾸 치켓토데스까
편도 티켓인가요, 왕복 티켓인가요?

中村 なかむら
往復おうふくチケットでお願ねがいします。
오–후꾸 치켓토데 오네가이시마스
왕복 티켓으로 부탁합니다.

ユニット 21.

운전 運転 운뗑

□ 運転 うんてん 운뗑

명 운전

□ 車 くるま 쿠루마

명 자동차

□ 小型車 こがたしゃ 코가따샤

명 소형자동차

□ トラック 토락쿠

명 트럭

□ バン 방

명 밴

□ オープンカー 오–픙카–

명 오픈카

□ 速度 そくど 소꾸도

= スピード 스피–도

명 속도

□ 止まる と 토마루

동 멈추다, 정지하다

□ ヘッドライト 혯도라이토

명 헤드라이트

□ クラクション 쿠라쿠숑

명 클랙슨, 경적

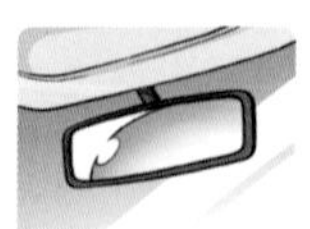

□ バックミラー 바쿠미라–

명 백미러, 룸미러

□ ホイール 호이–루

명 (타이어 부분을 포함한 차량의) 바퀴

□ **違反**いはん 이항

명 위반

□ **交通違反**こうつういはん 코-쯔- 이항

명 교통 위반

□ **罰金**ばっきん 박낑

= **反則金**はんそくきん 항속낑

명 벌금

□ **スピード違反**いはん 스피-도 이항

명 속도 위반

□ **飲酒運転**いんしゅうんてん 인슈- 운뗑

명 음주 운전

□ **道路標示板**どうろひょうじばん

도-로 효-지방

명 도로 표지판

□ **交通信号機**こうつうしんごうき

코-쯔- 싱고-끼

신호등

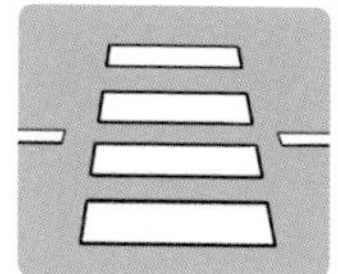

□ **横断歩道**おうだんほどう 오-당호도-

명 횡단보도

□ **踏**ふ**み切**き**り** 후미끼리

(철도의) 건널목

□ 速(はや)い 하야이

형 빠르다

□ 急(いそ)ぐ 이소구

동 서두르다

□ 運転手(うんてんしゅ) 운뗀슈

= ドライバー 도라이바–

명 운전기사

□ ガソリンスタンド 가소린스탄도

명 주유소

□ 洗車(せんしゃ) 센샤

명 세차

□ ゆるい 유루이

형 완만하다, 느슨하다

□ ゆっくり 육꾸리

= ゆるく 유루꾸

부 천천히, 느리게

□ 歩行者(ほこうしゃ) 호꼬–샤

명 보행자

□ ガソリン 가소링

명 휘발유, 가솔린

□ ディーゼル油(ゆ) 디–제루유

= 軽油(けいゆ) 케–유

명 디젤, 경유

□ 天然(てんねん)ガス 텐넹 가스

명 천연가스

□ 洗車場(せんしゃじょう) 센샤죠

명 세차장

□ 交通渋滞 こうつうじゅうたい
코-쯔-쥬-따이
교통 체증

□ 駐車 ちゅうしゃ する 츄-샤스루
= パーキングする 파-킹구스루
동 주차하다

□ 駐車場 ちゅうしゃじょう 츄-샤죠-
명 주차장

□ 駐車禁止 ちゅうしゃきんし 츄-샤낀시
명 주차 금지

□ 車線 しゃせん 샤셍
= 車道 しゃどう 샤도-
명 차선, 차로

□ 道路 どうろ 도-로
명 도로

□ 歩道 ほどう 호도-
명 인도, 보도

□ 中央線 ちゅうおうせん 츄-오-셍
중앙선

□ トンネル 톤네루
명 터널

□ 運転うんてん 운뗑 명 운전

□ 運転うんてんする 운뗑스루 동 운전하다

私わたしはまだ運転うんてんに慣なれていません。
와따시와 마다 운뗀니 나레떼이마셍
난 아직 운전에 익숙하지 않거든요.

□ 車くるま 쿠루마 명 자동차

□ 小型車こがたしゃ 코가따샤 명 소형자동차

□ 軽車けいしゃ 케–샤 명 경차

= 軽自動車けいじどうしゃ 케–지도–샤

□ トラック 토락쿠 명 트럭

□ 小型こがたトラック 코가따 토락쿠 명 소형 트럭

= 軽けいトラック 케– 토락쿠

□ バン 방 명 밴

□ オープンカー 오–픙카– 명 오픈카

□ レンタカー 렝타카– 명 렌터카

□ ハンドル 한도루 명 핸들

□ パワーステアリング 파와– 스테아링구 명 파워 핸들

= パワーステ 파와 스테

□ 変速へんそくギヤ 헹소꾸 기아 명 변속 기어

□ オートマ 오–토마 명 자동 변속 장치(오토매틱)

= オートマチック 오–토마칙쿠

□ マニュアル 마뉴아루 명 수동 변속 장치; 매뉴얼

□ ペダル 페다루 명 페달

□ アクセル 아쿠세루 명 액셀러레이터

□ クラッチ 쿠랏치 명 클러치

□ 踏ふむ 후무 동 밟다

□ 速度そくど 소꾸도 명 속도

= スピード 스피–도

tip. '속도를 올리다'라는 速度(そくど)を出(だ)す 소꾸도오 다스라고 합니다.

□ 止とまる 토마루 동 멈추다, 정지하다

□ ブレーキ 브레–키 명 브레이크

□ ハンドブレーキ 한도 브레–키 명 핸드 브레이크

□ 急きゅうブレーキを踏ふむ 큐– 브레–끼오 후무 급브레이크를 밟다

□ ボンネット 본넷토 명 보닛(자동차의 엔진 덮개)

□ トランク 토랑쿠 명 (자동차 후부의) 트렁크

□ ヘッドライト 헷도라이토 명 헤드라이트

□ ウィンカー 윙카– 명 방향지시등

= フラッシャー 후랏샤–

□ ハザードランプ 하자–도람프 명 비상등

= 非常点滅灯ひじょうてんめつとう 히죠–뗌메쯔또–

□ クラクション 쿠라쿠숑 명 클랙슨, 경적

□ バックミラー 바쿠미라– 명 백미러, 룸미러

□ サイドミラー 사이도미라– 명 사이드 미러

□ ワイパー 와이파– 명 와이퍼

□ バンパー 밤파– 명 범퍼

□ ナンバープレート 남바– 프레–토 명 (자동차의) 번호판

□ ホイール 호이–루 명 (타이어 부분을 포함한 차량의) 바퀴

□ タイヤ 타이야 명 타이어(고무 부분)

□ タイヤホイール 타이야호이–루 명 타이어 휠

□ スノータイヤ 스노–타이야 스노우 타이어

□ スペアタイヤ 스페아타이야 스페어 타이어

□ パンクしたタイヤ 팡쿠시따 타이야 펑크난 타이어

□ パンクする 팡쿠스루 동 (타이어가) 펑크가 나다

タイヤをチェックしてください。
타이야오 첵쿠시떼 쿠다사이
타이어를 점검해 주세요.

□ シートベルト 시–토베루토 명 안전벨트

□ 道路交通法どうろこうつうほう 도–로꼬–쯔–호– 명 도로교통법

□ 違反いはん 이항 명 위반

□ 交通違反こうつういはん 코–쯔– 이항 명 교통 위반

□ 駐車違反ちゅうしゃいはん 츄–샤 이항 명 주차위반

□ スピード違反いはん 스피–도 이항 명 속도 위반

□ 罰金ばっきん 박낑 명 벌금

= 反則金はんそくきん 항속낑

罰金ばっきんはいくらですか。
박낑와 이꾸라데스까
벌금은 얼마인가요?

□ 飲酒運転いんしゅうんてん 인슈– 운뗑 명 음주 운전

□ アルコール測定器そくていき 아르코–르 속떼–끼 명 음주측정기

= アルコールチェッカー 아르코–르 첵카–

アルコール測定器そくていきを吹ふいてください。
아르코–르 속떼–끼오 후이떼 쿠다사이
음주측정기를 부세요.

□ 道路標示板どうろひょうじばん 도–로 효–지방 명 도로 표지판

tip. '표지, 표시'라는 일본어 한자는 음과 뜻이 같은 **標示(ひょうじ)** 효–지와 **表示(ひょうじ)** 효–지가 있는데, 도로 표지는 주로 **標示**를 사용합니다.

□ 一方通行いっぽうつうこう 입뽀– 쯔–꼬– 명 일방 통행

□ 信号しんごう 싱고– 명 신호

□ 交通信号機こうつうしんごうき 코–쯔– 싱고–끼 신호등

□ 赤信号あかしんごう 아까 싱고– 명 빨간 신호

□ 青信号あおしんごう 아오 싱고– 명 파란 신호

□ 横断歩道おうだんほどう 오–당호도– 명 횡단보도

□ 信号無視しんごうむしをする 싱고– 무시오 스루 무단횡단하다

□ 踏ふみ切きり 후미끼리 (철도의) 건널목

tip. 踏み切り는 踏切(ふみきり)라고 쓰기도 합니다.

□ 踏切番ふみきりばん 후미끼리방 철도 건널목지기

□ 法定速度ほうていそくど 호–떼–소꾸도 규정 속도

□ 速はやい 하야이 형 빠르다

速はやすぎだ。スピード落おとせよ。
하야스기다. 스피–도 오또세요
너무 빠르잖아. 속도 좀 줄여.

□ 急いそぐ 이소구 동 서두르다

□ ゆるい 유루이 형 완만하다, 느슨하다

□ ゆっくり 육꾸리 부 천천히, 느리게

= ゆるく 유루꾸

□ 運転手うんてんしゅ 운뗀슈 명 운전기사

= ドライバー 도라이바–

□ 歩行者ほこうしゃ 호꼬–샤 명 보행자

□ ガソリンスタンド 가소린스탄도 명 주유소

この辺へんにガソリンスタンドはありますか。
코노 헨니 가소린스탄도와 아리마스까
이 근처에 주유소가 있나요?

□ ガソリン 가소링 명 휘발유, 가솔린

□ ディーゼル油ゆ 디–제루유 명 디젤, 경유

= 軽油けいゆ 케–유

□ 天然てんねんガス 텐넹 가스 명 천연가스

tip. ディーゼル油는 ディーゼル 디–제루라고만 해도 됩니다.

□ 満まんタン 만탕 명 가득 채움, 가득 채운 상태

ガソリンを満まんタンにしてください。
가소링오 만탄니 시떼 쿠다사이
가득 주유해 주세요.

tip. 満タン은 탱크 가득 가솔린 따위를 채움 또는 그 상태를 의미하는 말로, 일반적인 액체를 그릇에 가득 담은 경우에도 쓸 수 있습니다.

□ 量りょう 료– 명 양

□ リットル 릿토루 명 (용량의 단위) 리터

□ 洗車せんしゃ 센샤 명 세차

□ 洗車場せんしゃじょう 센샤죠 명 세차장

□ 洗車機せんしゃき 센샤끼 명 카 워셔

□ 交通渋滞こうつうじゅうたい 코–쯔–쥬–따이 교통 체증

今日きょうは交通渋滞こうつうじゅうたいがとてもひどいです。
쿄–와 코–쯔–쥬–따이가 토떼모 히도이데스
오늘은 교통 체증이 아주 심한데요.

□ 駐車ちゅうしゃする 츄–샤스루 동 주차하다
= パーキングする 파–킹구스루

□ 駐車場ちゅうしゃじょう 츄–샤죠– 명 주차장
□ 無料駐車場むりょうちゅうしゃじょう 무료– 츄–샤죠– 무료 주차장
□ 有料駐車場ゆうりょうちゅうしゃじょう 유–료– 츄–샤죠– 유료 주차장

駐車場ちゅうしゃじょうはどこへありますか。
츄–샤죠–와 도꼬에 아리마스까
주차장은 어디에 있나요?

□ 駐車禁止ちゅうしゃきんし 츄–샤낀시 명 주차 금지
□ 駐車禁止ちゅうしゃきんしエリア 츄–샤낀시 에리아 주차 금지 구역
□ 駐車禁止ちゅうしゃきんしマーク 츄–샤낀시 마–쿠 주차 금지 표시

□ 運転免許うんてんめんきょ 운뗌멩꾜 명 운전 면허
= ドライバーライセンス 도라이바– 라이센스
□ 運転免許証うんてんめんきょしょう 운뗌멩꾜쇼– 명 운전 면허증
□ 運転免許試験うんてんめんきょしけん 운뗌멩꾜 시껭 운전 면허 시험

□ ユーターン 유–타–ㅇ 명 유턴
□ 左折させつ 사세쯔 명 좌회전
□ 左ひだりに曲まがる 히다리니 마가루 좌회전하다
= 左折させつする 사세쯔스루
□ 右折うせつ 우세쯔 명 우회전
□ 右みぎに曲まがる 미기니 마가루 우회전하다
= 右折うせつする 우세쯔스루

□ **車線**しゃせん 샤셍 명 차선, 차로

= **車道**しゃどう 샤도–

□ **追**お**い越**こ**し車線**しゃせん 오이꼬시샤셍 추월차선

左側ひだりがわ**の車線**しゃせん**に入**はい**りなさい。**
히다리가와노 샤센니 하이리나사이
좌측 차선으로 들어가.

□ **歩道**ほどう 호도– 명 인도, 보도

□ **歩道橋**ほどうきょう 호도–꾜– 명 인도교, 육교

tip. 歩道橋는 보행자나 자전거 전용을 위하여 도로나 선로를 건너는 다리 형태의 계단 길을 가리킵니다. 歩道橋는 **横断歩道橋(おうだんほどうきょう)**오–당호도–꾜라고도 합니다.

□ **陸橋**りっきょう 릭꾜– 명 육교

tip. 陸橋는 산의 계곡이나 도로, 선로를 건너기 위한 다리 그 자체를 말하는데, 자동차도 건널 수 있습니다.

□ **道**みち 미찌 명 길

□ **通**とお**り** 토–리 명 길

□ **大通**おおどお**り** 오오도–리 명 큰 길

□ **通路**つうろ 츠–로 명 통로

□ **路地**ろじ 로지 골목길

tip. **道**는 산길, 시골길, 시내길 등 어떤 형태의 길이든 쓸 수 있으며, **通り**는 그보다 좀 더 정비된 간선적인 도로를 가리킵니다.

□ **道路**どうろ 도–로 명 도로

□ **高架道路**こうかどうろ 코–까도–로 고가도로

□ **高速**こうそく 코–소꾸 명 고속도로

= **ハイウエー** 하이우에–

tip. **高速**는 **高速道路** 코–소꾸도–로의 준말입니다.

□ **中央線**ちゅうおうせん 츄–오–셍 중앙선

□ **交差点**こうさてん 코–사뗑 명 (주요 도로와의) 교차점, 교차로

= **交叉路**こうさろ 코–사로

□ **路肩** ろかた 로까따 갓길

□ **トンネル** 톤네루 명 터널

\# 21. 교통 위반

꼭! 써먹는 **실전 회화**

警察 けいさつ
失礼しつれい**します。運転免許証**うんてんめんきょしょう**を見**み**せていただきますか。**
시쯔레–시마스. 운뗌멩꾜쇼–오 미세떼이따다끼마스까
안녕하세요. 운전 면허증을 보여 주세요.

中村 なかむら
どうしてですか。僕ぼく**がスピードを出**だ**し過**す**ぎましたか。**
도–시떼데스까. 보꾸가 스피–도오 다시스기마시따까
왜요? 제가 너무 빠르게 갔나요?

警察 けいさつ
いいえ、停止信号ていししんごう**で止**と**まりませんでした。**
이–에, 테–시싱고–데 토마리마셍데시따
아니요, 정지 신호에서 멈추지 않으셨습니다.

中村 なかむら
申もう**し訳**わけ**ありません。**
모–시와께아리마셍
죄송합니다.

숙박 宿泊 슈꾸하꾸

□ 宿泊しゅくはく 슈꾸하꾸
= 泊とまり 토마리
명 숙박

□ ホテル 호테루
명 호텔

□ 旅館りょかん 료깡
명 료칸, 여관

□ 予約よやく 요야꾸
명 예약

□ キャンセル 캰세루
= 取とり消けし 토리께시
명 취소

□ ロビー 로비–
명 (호텔) 로비

□ フロント 후롱토
= 受付うけつけ 우께쯔께
명 (호텔) 프런트

□ チェックイン 첵쿠잉
명 체크인

□ チェックアウト 첵쿠아우토
명 체크아웃

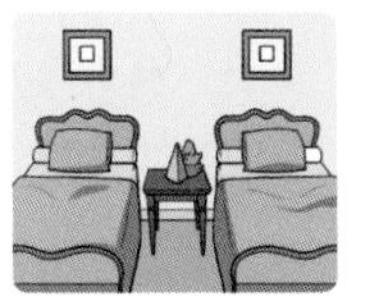

□ 部屋へや 헤야
명 방

□ ダブルルーム 다브루루–무
명 더블룸

□ シングルルーム 싱구루루–무
명 싱글룸

□ ツインルーム 츠잉루–무
명 트윈룸

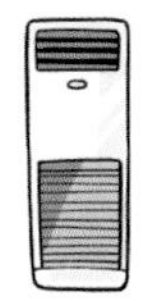

□ ルームサービス 루–무사–비스
명 룸서비스

□ エアコン 에아콩
명 에어컨

□ メイド 메–도
명 메이드

□ 清掃人せいそうにん 세–소–닝
명 청소부

□ ドアマン 도아망
명 도어맨

□ ベルボーイ 베루보–이
명 벨보이

□ お手洗てあらい 오떼아라이
= トイレ 토이레
명 화장실

□ 洗濯室せんたくしつ 센딱시쯔
명 세탁실

□ 食堂しょくどう 쇼꾸도-
= 飲食店いんしょくてん 인쇽뗑
명 음식점, 레스토랑

□ 朝食ちょうしょくクーポン 쵸-쇼꾸 쿠-퐁
조식 쿠폰

□ 無線むせんインターネット 무셍 인타-넷토
무선 인터넷

□ きれいだ 키레-다
형동 깨끗하다

□ 清潔せいけつだ 세-께쯔다
형동 청결하다

□ 汚きたない 키따나이
형 더럽다

□ 散ちらかる 치라까루
동 흩어지다, 어지러지다

□ 温泉おんせん 온셍
명 온천

□ プール 프-루
명 수영장

□ 料金りょうきん 료-낑
명 요금

□ 費用ひよう 히요-
= かかり 카까리
명 비용

□ 支払しはらう 시하라우
동 지불하다

□ 寝具しんぐ 싱구

명 침구

□ シーツ 시-쯔

명 (침대) 시트

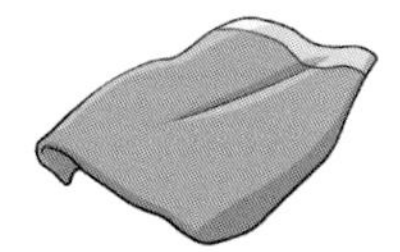

□ 毛布もうふ 모-후

= ブランケット 브랑켓토

명 담요

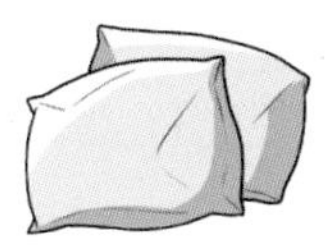

□ 枕まくら 마꾸라

명 베개

□ タオル 타오루

명 수건

□ シャンプー 샴푸-

명 샴푸

□ リンス 린스

명 린스

□ 石鹸せっけん 섹껭

명 비누

□ 歯はブラシ 하부라시

명 칫솔

□ 歯磨はみがき粉こ

하미가끼꼬

명 치약

□ 櫛くし 쿠시

명 빗

□ ヘアドライヤー

헤아도라이야-

명 헤어 드라이기

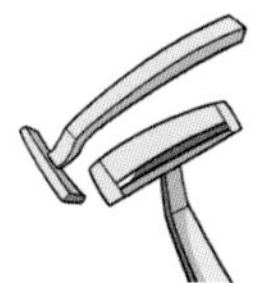

□ かみそり 카미소리

명 면도기

□ トイレットペーパー

토이렛토 페-파-

명 화장지

□ ティッシュ 팃슈

명 티슈

□ 宿泊しゅくはく 슈꾸하꾸 명 숙박

= 泊とまり 토마리

□ 日帰ひがえり 히가에리 명 당일치기

□ 泊とまりがけ 토마리가께 명 묵을 예정으로 떠남

□ 泊とまる 토마루 동 머무르다, 체류하다

= 滞在たいざいする 타이자이스루

今晩こんばん泊とまれる部屋へやはありますか。
콤방 토마레루 헤야와 아리마스까
오늘 밤 묵을 수 있는 방은 있습니까?

□ 宿泊施設しゅくはくしせつ 슈꾸하꾸 시세쯔 명 숙소, 숙박 시설

□ 居所いどころ 이도꼬로 명 거처, 거주

= 居住きょじゅう 쿄쥬–

□ 家いえ 이에 명 집

□ 家庭かてい 카떼– 명 가정

□ 部屋へや 헤야 명 방

□ ホテル 호테루 명 호텔

□ モーテル 모–테루 명 모텔(자동차 여행용 호텔)

tip. モーテル는 モテル로도 표기합니다.

□ 旅館りょかん 료깡 명 료칸, 여관

tip. 일본의 '료칸'은 우리말로 '여관'이지만 우리나라처럼 저렴한 숙박 시설이 아닙니다. 보통 온천이 많은 관광지에 있으며, 일본의 전통 가옥 시설인 다다미와 온천욕 시설을 갖춘 고급스러운 곳이 대부분으로, 고급 료칸은 1박에 우리돈 몇 십만원 이상입니다.

□ ユースホステル 유–스호스테루 명 유스 호스텔

□ ドーミトリー 도–미토리– 명 공동 침실, 도미토리

□ ゲストハウス 게스토하우스 명 게스트하우스

□ 予約よやく 요야꾸 명 예약

□ 予約よやくする 요약스루 동 예약하다

□ 予約よやくでいっぱい 요야꾸데 입빠이 예약이 꽉 참

予約よやくをしたいのですが。
요야꾸오 시따이노데스가
예약을 하고 싶습니다만.

□ キャンセル 캰세루 명 취소

= 取とり消けし 토리께시

□ ロビー 로비– 명 (호텔) 로비

□ フロント 후롱토 명 (호텔) 프런트

= 受付うけつけ 우께쯔께

□ 泊はく 하꾸 ~박(숙박 일수를 세는 말)

tip. 앞에 오는 숫자에 따라 발음이 달라지는 것에 주의합니다. (**ユニット** 36. 조수사 참고)

□ チェックイン 첵쿠잉 명 체크인

□ チェックインする 첵쿠잉스루 동 체크인하다

チェックインをお願ねがいします。
첵쿠잉오 오네가이시마스
체크인을 부탁합니다.

□ チェックアウト 첵쿠아우토 명 체크아웃

□ チェックアウトする 첵쿠아우토스루 동 체크아웃하다

何時なんじにチェックアウトされますか。
난지니 첵쿠아우토사레마스까
몇 시에 체크아웃하시겠습니까?

□ 満室まんしつ 만시쯔 만실

申もうし訳わけございません。部屋へやが満室まんしつです。
모–시와께고자이마셍. 헤야가 만시쯔데스
죄송합니다. 방이 만실입니다.

□ 空室くうしつ 쿠-시쯔 빈방

= 空あき屋しつ 아끼시쯔

= 空あき部屋べや 아끼베야

□ シングルルーム 싱구루루-무 명 싱글룸

シングルルームはありますか。
싱구루루-무와 아리마스까
싱글룸이 있습니까?

□ ダブルルーム 다브루루-무 명 더블룸

□ ツインルーム 츠잉루-무 명 트윈룸

□ スイートルーム 스이-토루-무 명 스위트룸

□ ルームサービス 루-무사-비스 명 룸서비스

ルームサービスをお願ねがいできますか。
루-무사-비스오 오네가이 데끼마스까
룸서비스를 부탁할 수 있을까요?

□ クレーム 쿠레-무 명 불평, 컴플레인

= 苦情くじょう 쿠죠-

= 文句もんく 몽꾸

□ エアコン 에아콩 명 에어컨

□ 暖房だんぼう 담보- 명 난방

□ 冷房れいぼう 레-보- 명 냉방

= クーラー 쿠-라-

tip. **エアコン**은 냉난방을 통틀어 의미하기 때문에, **暖房**인지 **冷房**인지 구체적으로 말할 필요가 있습니다.

□ 設備せつび 세쯔비 명 설비, 기구

= 器具きぐ 키구

□ 施設しせつ 시세쯔 명 시설

□ 風通かぜとおし 카제또-시 명 통풍

tip. 風通し는 '의사 소통, 개방성'이라는 비유적 표현으로도 쓰입니다.

□ 換気かんき 캉끼 명 환기

= 空気入くうきいれ替かえ 쿠-끼이레까에

□ 換気口かんきこう 캉끼꼬- 명 환기구

□ メイド 메-도 명 메이드

□ 清掃人せいそうにん 세-소-닝 명 청소부

□ ドアマン 도아망 명 도어맨

□ ベルボーイ 베루보-이 명 벨보이

□ お手洗てあらい 오떼아라이 명 화장실

= トイレ 토이레

トイレが詰つまりました。

토이레가 츠마리마시따

화장실이 막혔어요.

□ 洗濯室せんたくしつ 센딱시쯔 명 세탁실

□ 金庫きんこ 킹꼬 명 금고

tip. 金庫는 銀行(ぎんこう) 깅꼬-(은행)와 발음이 비슷하기 때문에 발음에 주의합니다.

□ ミニバー 미니바- 명 미니바

□ 食堂しょくどう 쇼꾸도- 명 음식점, 레스토랑

= 飲食店いんしょくてん 인쇽뗑

= レストラン 레스토랑

tip. 食堂(しょくどう)를 じきどう 지끼도-라고 하면, 사원에 있는 식당을 가리킵니다.

□ 朝食ちょうしょくクーポン 쵸-쇼꾸 쿠-퐁 조식 쿠폰

□ 無料むりょうインターネット 무료– 인타–넷토 무료 인터넷

□ 無線むせんインターネット 무셍 인타–넷토 무선 인터넷

無線むせんインターネットを使つかうことできますか。
무셍 인타–넷토오 츠까우 코또 데끼마스까
무선 인터넷을 사용할 수 있나요?

□ シャトルバス 샤토루 바스 셔틀버스

□ きれいだ 키레–다 형동 깨끗하다

□ 清潔せいけつだ 세–께쯔다 형동 청결하다

□ 汚きたない 키따나이 형 더럽다

□ 散ちらかる 치라까루 동 흩어지다, 어지러지다

□ 散ちらかっている 치라깟데이루 어질러져 있다

□ 居心地いごこち 이고꼬찌 명 (집 등 어떤 장소에서 느끼는) 편한 느낌

□ 居心地いごこちいい 이고꼬찌 이– (있기에) 편하다

□ 居心地悪いごこちわるい 이고꼬찌 와루이 (있기에) 거북하다, 불편하다

□ 展望てんぼう 템보– 명 전망

= 眺ながめ 나가메

□ 海うみの眺ながめ 우미노 나가메 바다 전망

□ 市内しないの眺ながめ 시나이노 나가메 시내 전망

□ ビーチパラソル 비–치 파라소루 명 비치파라솔

□ 温泉おんせん 온셍 명 온천

□ プール 프–루 명 수영장

□ 支払しはらう 시하라우 동 지불하다

□ 料金りょうきん 료–낑 명 요금

□ 全額料金ぜんがくりょうきん 젠가꾸 료–낑 전액 요금

□ 割引料金わりびきりょうきん 와리비끼 료–낑 할인 요금

□ 追加料金ついかりょうきん 츠이까 료–낑 추가 요금

宿泊しゅくはく料金りょうきんはいくらですか。
슈꾸하꾸 료–낑와 이꾸라데스까
숙박 요금은 얼마입니까?

□ 費用ひよう 히요– 명 비용

= かかり 카까리

□ 前払まえばらい 마에바라이 명 선불

= 先払さきばらい 사끼바라이

宿泊料しゅくはくりょうは前払まえばらいしてあります。
슉하꾸료–와 마에바라이시떼 아리마스
숙박료는 미리 지불했습니다.

□ 税金ぜいきん 제–낑 명 세금

□ 免税めんぜい 멘제– 명 면세

= タックスフリー 탁쿠스후리–

□ 寝具しんぐ 싱구 명 침구

□ シーツ 시–쯔 명 (침대) 시트

□ 毛布もうふ 모–후 명 담요

= ブランケット 브랑켓토

□ 枕まくら 마꾸라 명 베개

毛布もうふと枕まくらをお願ねがいします。
모–후또 마꾸라오 오네가이시마스
담요와 베개를 부탁합니다.

□ 布団ふとん 후똥 명 이부자리, 이불, 요

□ 掛かけ布団ぶとん 카께부똥 명 (덮는) 이불

□ 敷布団しきぶとん 시끼부똥 명 요

tip. 이불은 주로 **布団**이라고 하지만, '덮는 이불'을 **掛け布団**, '까는 이불'라는 의미로 **敷布団**이라고 구분하여 표현합니다.

□ アメニティーーグッズ 아메니티– 굿즈 편의용품

tip. アメニティーーグッズ는 amenity goods의 일본식 조어로 호텔 등 숙박 시설에서 제공하는 비누, 샴푸, 칫솔, 빗 등 목욕·세안 용품을 뜻합니다.

□ タオル 타오루 명 수건

タオルを取とりかえて貰もらえますか。
타오루오 토리까에떼 모라에마스까
수건을 바꿔 줄 수 있어요?

□ シャンプー 샴푸– 명 샴푸

□ リンス 린스 명 린스

□ 石鹸せっけん 섹껭 명 비누

□ ボディソープ 보디소–프 명 바디비누

石鹸せっけんが目めに入はいっちゃった。
섹껭가 메니 하잇짜따
비누가 눈에 들어가버렸어.

□ 入浴剤にゅうよくざい 뉴–요꾸자이 명 입욕제

□ シャワーキャップ 샤와–캽푸 명 샤워캡

□ 歯はブラシ 하부라시 명 칫솔

□ 歯磨はみがき粉こ 하미가끼꼬 명 치약

新あたらしい歯はブラシを使つかおう。
아따라시– 하부라시오 츠까오–
새 칫솔을 쓸게.

□ 櫛くし 쿠시 명 빗

□ ヘアドライヤー 헤아도라이야- 명 헤어 드라이기

□ かみそり 카미소리 명 면도기

□ アイロン 아이롱 명 다리미

□ トイレットペーパー 토이렛토 페-파- 명 화장지

□ ティッシュ 팃슈 명 티슈

□ ナプキン 나푸킹 명 냅킨

22. 숙소 예약

꼭! 써먹는 **실전 회화**

鈴木 すずき **ホテルの予約よやくした?**
호테루노 요야꾸시따?
호텔 예약했니?

中村 なかむら **まだいいホテルが見みつかってないの。**
마다 이-호테루가 미쯔깟떼나이노
아직 좋은 호텔을 찾지 못했어.

鈴木 すずき **ホテルのウエブサイトで口くちコミを読よんで見みたら?**
호테루노 웨브사이토데 쿠찌코미오 욘데미따라?
호텔 웹사이트에서 평가들을 읽어 봤니?

中村 なかむら **それ、いい考かんがえだね。ありがとう!**
소레, 이-캉가에다네. 아리가또-!
그거, 좋은 생각이네. 고마워!

ユニット **23.**

관광 観光 캉꼬–

□ **観光**かんこう 캉꼬–
= **ツアー** 츠아–
명 관광

□ **観光案内所**かんこうあんないじょ 캉꼬– 안나이죠
= **インフォメーションセンター** 인호메–숀센타–
명 관광 안내소

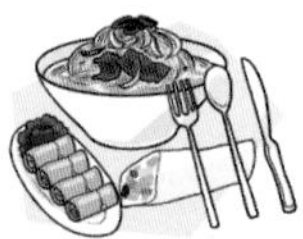

□ **グルメ** 구루메
명 식도락, 미식주의

□ **観光客**かんこうきゃく 캉꼬–꺄꾸
명 관광객

□ **旅行**りょこう 료꼬–
= **旅**たび 타비
명 여행

□ **ガイド** 가이도
명 안내인, 가이드

□ **案内**あんない**する** 안나이스루
동 안내하다

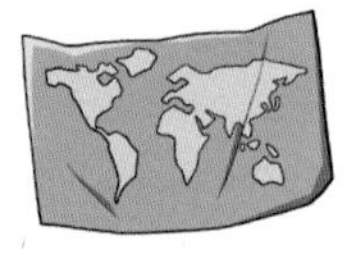

□ **地図**ちず 치즈
명 지도

□ **略図**りゃくず 랴꾸즈
명 약도

□ **景色**けしき 케시끼
= **風景**ふうけい 후–께–
명 풍경, 경치

□ お城しろ 오시로

명 성

□ 神社じんじゃ 진샤

명 신사

□ お寺てら 오떼라

명 절

□ 広場ひろば 히로바

명 광장

□ 動物園どうぶつえん 도–부쯔엥

명 동물원

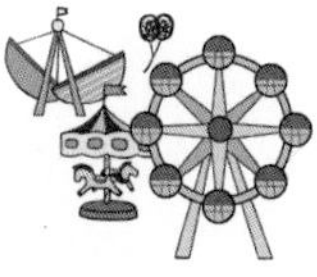

□ 遊園地ゆうえんち 유–엔찌

명 놀이공원

□ 宮殿きゅうでん 큐–뎅

명 궁전

□ 教会きょうかい 쿄–까이

= チャペル 챠페루

명 교회, 예배당

□ 大聖堂だいせいどう 다이세–도–

대성당

□ 公園こうえん 코–엥

명 공원

□ 植物園しょくぶつえん 쇼꾸부쯔엥

명 식물원

□ 博物館はくぶつかん 하꾸부쯔깡

명 박물관

□ お勧すすめ 오스스메

명 추천

□ クルーズ 쿠루-즈

명 크루즈

□ 個人こじん 코징

명 개인

□ 団体だんたい 단따이

= グループ 구루-푸

명 단체

□ 都会とかい 토까이

= 都市とし 토시

명 도시

□ 田舎いなか 이나까

명 시골

□ 山やま 야마

명 산

□ 谷たに 타니

명 계곡, 골짜기

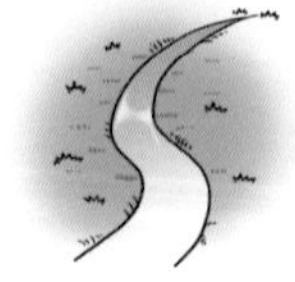

□ 川かわ 카와

명 강

□ 湖みずうみ 미즈우미

명 호수

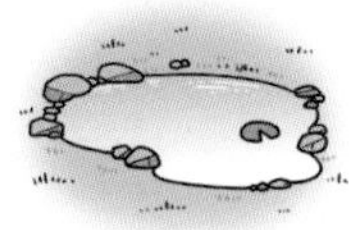

□ 池いけ 이께
명 연못

□ 砂浜すなはま 스나하마
명 해변

□ 入はいる 하이루
동 들어가다

□ 入いり口ぐち 이리구찌
명 입구

□ 写しゃメ 샤메
휴대전화로 찍는 사진

□ 自撮じどり 지도리
명 셀프 카메라

□ お土産みやげ 오미야게
명 기념품, 토산품

□ 海うみ 우미
명 바다

□ 島しま 시마
명 섬

□ 出でる 데루
동 나가다

□ 出口でぐち 데구찌
명 출구

□ プレゼント 프레젠토
= 贈おくり物もの 오꾸리모노
명 선물

□ キーホルダー 키–호루다–
명 열쇠고리, 키홀더

□ **観光**かんこう 캉꼬– 명 관광

= **ツアー** 츠아–

観光かんこう**で来**き**ました。**
캉꼬–데 키마시따
관광차 왔습니다.

□ **旅行**りょこう 료꼬– 명 여행

= **旅**たび 타비

□ **観光地**かんこうち 캉꼬–찌 명 관광지

□ **名所**めいしょ 메–쇼 명 명소

= **観光名所**かんこうめいしょ 캉꼬–메–쇼 관광명소

□ **観光案内所**かんこうあんないじょ 캉꼬– 안나이죠 명 관광 안내소

= **インフォメーションセンター** 인호메–숀센타–

観光案内所かんこうあんないじょ**はどこですか。**
캉꼬– 안나이죠와 도꼬데스까
관광 안내소는 어디에 있나요?

□ **情報**じょうほう 죠–호– 명 정보

= **インフォメーション** 인호메–숑

この地域ちいき**のホテルの情報**じょうほう**が欲**ほ**しいんですが。**
코노 치이끼노 호테루노 죠–호–가 호시잉데스가
이 지역의 호텔 정보를 알고 싶은데요.

□ **ガイド** 가이도 명 안내인, 가이드

ガイドはいますか。
가이도와 이마스까
가이드는 있습니까?

□ **案内**あんない**する** 안나이스루 동 안내하다

□ グルメ 구루메 명 식도락, 미식주의

□ 地図ちず 치즈 명 지도

□ 略図りゃくず 랴꾸즈 명 약도

□ 略図りゃくずで示しめす 랴꾸즈데 시메스 약도로 나타내다

略図りゃくずを描かいていただけますか。
랴꾸즈오 가이떼 이따다께마스까
약도를 좀 그려 주시겠습니까?

□ 観光客かんこうきゃく 캉꼬-까꾸 명 관광객

□ 訪問客ほうもんきゃく 호-몽꺄꾸 명 방문객, 손님

□ 客きゃく 캬꾸 명 손님

□ 遺跡いせき 이세끼 명 유적

= 旧跡きゅうせき 큐-세끼

□ 名所旧跡めいしょきゅうせき 메-쇼뀨-세끼 명 명승고적

□ 景色けしき 케시끼 명 풍경, 경치

= 風景ふうけい 후-께-

□ 記念館きねんかん 키넹깡 명 기념관

□ 記念物きねんぶつ 키넴부쯔 명 기념물

□ 記念碑きねんひ 키넹히 명 기념비

□ 建物たてもの 타떼모노 명 건물, 빌딩

= ビル 비루

□ タワー 타와- 명 타워, 탑, (탑 모양의) 고층 건물

□ 高層こうそうビル 코-소-비루 명 초고층 빌딩, 마천루

= 摩天楼まてんろう 마뗀로-

□ タワーマンション 타와–만숑 명 주상복합 아파트

tip. 한국의 '아파트'는 일본어로 マンション 만숑이라고 합니다. 일본의 アパート 아파–토는 빌라 같은 소규모의 주거 공간을 말합니다.

□ 豪邸ごうてい 고–떼– 명 대저택

□ お城しろ 오시로 명 성

□ 宮殿きゅうでん 큐–뎅 명 궁전

□ 王おう 오– 명 왕

□ 国王こくおう 코꾸오– 명 국왕

□ 女王じょおう 죠오– 명 여왕

□ 王妃おうひ 오–히 명 왕비

□ 王子おうじ 오–지 명 왕자

□ 王女おうじょ 오–죠 명 공주

= 公主こうしゅ 코–슈

tip. 특별한 신분이 아닌 통상 쓰이는 '공주님'이라는 말은 お姫様(ひめさま)오히메사마입니다.

□ お嬢様じょうさま 오죠–사마 명 영애, 따님; 아가씨

tip. お嬢様는 귀족의 딸이나 주인집 따님을 부르는 호칭이었으나, 지금은 어린 여자아이나 여학생에게 쓰는 보편적인 존칭으로 쓰입니다. 철없이 자란 여자아이를 가리키기도 합니다.

□ 神社じんじゃ 진자 명 신사

□ お寺てら 오떼라 명 절

韓国かんこくで一番いちばん代表的だいひょうてきなお寺てらはどれだと思おもいますか。

캉꼬꾸데 이찌방 다이효–떼끼나 오떼라와 도레따또 오모이마스까

한국에서 가장 대표적인 절은 무엇이라고 생각해요?

tip. 神社와 お寺는 종교가 다르기 때문에, 참배 방법·행사·건물 외관 등도 차이가 있습니다. 우선 神社는 고대부터 내려오는 일본 고유의 종교인 神道(しんとう)신또–로써, 특정한 신을 숭배하지 않으며, 계조·교의·경전·계율 등도 없습니다. お寺는 백제에서 전해져 온 불교를 믿는 성전으로 부처가 숭배 대상이며, 승려들이 수행하는 곳입니다. 새해에는 많은 일본인들이 평안을 기원하는 풍습인 初詣(はつもうで)하쯔모–데를 하기 위해 神社나 お寺에 가서 참배를 합니다.

□ 教会きょうかい 쿄–까이 명 교회, 예배당

= チャペル 차페루

tip. 일본인들은 종교와 상관없이 교회에서 결혼식을 하기도 하는데, 웨딩 장소로 이용되는 경우 教会보다는 チャペル라고 하는 경우가 많습니다.

☐ 大聖堂だいせいどう 다이세-도- 대성당

☐ 劇場げきじょう 게끼죠- 명 극장

tip. 일본의 극장은 연극이나 공연을 하는 장소를 말하며, 영화를 관람하는 영화관과 구별하여 말합니다.

その演劇えんげきは今いま国立劇場こくりつげきじょうで公演中こうえんちゅうです。
소노 엥게끼와 이마 코꾸리쯔게끼죠-데 코-엔쮸-데스
그 연극은 지금 국립극장에서 공연 중이에요.

☐ 映画館えいがかん 에-가깡 명 영화관

☐ 博物館はくぶつかん 하꾸부쯔깡 명 박물관

ここから博物館はくぶつかんまではどれほど遠とおいんですか。
코꼬까라 하꾸부쯔깜마데와 도레호도 토-인데스까
여기에서 박물관까지는 얼마나 멉니까?

☐ 美術館びじゅつかん 비쥬쯔깡 명 미술관

☐ ギャラリー 갸라리- 명 화랑, 갤러리

国立美術館こくりつびじゅつかんに行いきたいんですが、どの方ほうに行いけばいいんですか。
코꾸리쯔비쥬-쯔깐니 이끼따인데스가, 도노 호-니 이께바 이-ㅇ데스까
국립미술관으로 가려는 데, 어느 쪽으로 가야 하나요?

☐ 科学館かがくかん 카가꾸깡 명 과학관

☐ 広場ひろば 히로바 명 광장

☐ 公園こうえん 코-엥 명 공원

☐ 動物園どうぶつえん 도-부쯔엥 명 동물원

☐ 植物園しょくぶつえん 쇼꾸부쯔엥 명 식물원

☐ 遊園地ゆうえんち 유-엔찌 명 놀이공원

□ 展示てんじ 텐지 명 전시
- □ 展示会てんじかい 텐지까이 명 전시회
- □ 展示てんじする 텐지스루 동 전시하다
- □ 作品さくひん 사꾸힝 명 작품

□ 開館時間かいかんじかん 카이깡 지깡 명 개관시간
- □ 閉館時間へいかんじかん 헤–깡 지깡 명 폐관시간

□ 有名ゆうめい 유–메– 명 유명
- □ 有名ゆうめいだ 유–메–다 형동 유명하다

□ 著名ちょめい 쵸메– 명 저명
- □ 著名ちょめいだ 쵸메–다 형동 저명하다

□ 有名人ゆうめいじん 유–메–징 명 유명인
- □ 有名ゆうめいな人ひと 유–메–나 히또 유명한 사람
- □ 著名人ちょめいじん 쵸메–징 명 저명인
- □ 芸能人げいのうじん 게–노징 명 연예인

□ 優すぐれる 스구레루 동 뛰어나다, 우수하다

□ 感動かんどう 칸도– 명 감동
- □ 印象的いんしょうてき 인쇼–떼끼 명 인상적, 감동적

□ 気品きひん 키힝 명 기품
- □ 上品じょうひん 죠–힝 명 고상함, 품위가 있음
- □ 下品げひん 게힝 명 상스러움, 품위가 없음

□ 威厳いげん 이겡 명 위엄
- □ 雄大ゆうだい 유–다이 명 웅대

□ 歴史的れきしてき 레끼시떼끼 명 역사적

□ 商業的しょうぎょうてき 쇼-교-떼끼 명 상업적
= 営利的えいりてき 에-리떼끼

□ お勧すすめ 오스스메 명 추천
□ 推薦すいせんする 스이센스루 동 추천하다, 권하다
= 勧すすめる 스스메루

この近辺きんぺんでお勧すすめの名所めいしょはありますか。
코노 킴뻰데 오스스메노 메-쇼와 아리마스까
부근에 가 볼 만한 명소를 추천해 주시겠습니까?

□ ツアープログラム 츠아-프로구라무 투어 프로그램
□ 半日はんにちツアー 한니찌 츠아 명 반나절 투어
□ 一日いちにちツアー 이찌니찌 츠아 명 종일 투어

□ クルーズ 쿠루-즈 명 크루즈

□ 個人こじん 코징 명 개인

□ 団体だんたい 단따이 명 단체
= グループ 구루-푸
□ グループツアー 구루-푸츠아 단체 여행
= 団体旅行だんたいりょこう 단따이료-꼬-

□ 経路けいろ 케-로 명 경로, 노정
= ルート 루-토

□ 旅程りょてい 료떼- 명 여정

□ 地域ちいき 치이끼 명 지역

□ **都会**とかい 토까이 명 도시

= **都市**とし 토시

□ **田舎**いなか 이나까 명 시골

□ **町**まち 마찌 명 읍내, 읍(행정 구역에서 '도(都)'의 하부 단위)

□ **村**むら 무라 명 마을

□ **街**まち 마찌 명 거리, 동네

tip. **町**와 **街**는 발음이 같고 뜻이 비슷하지만, **町**는 **街**보다 좀 더 큰 규모의 마을이나 도시를 가리키고, **街**는 그 도시 안의 번화가나 작은 규모의 동네를 뜻합니다. 즉, **街**는 **町**에 포함되는 개념입니다.

この町まちの地図ちずを一枚いちまいお願ねがいします。

코노 마찌노 치즈오 이찌마이 오네가이시마스

이 읍내의 지도를 한 장 부탁합니다.

□ **山**やま 야마 명 산

□ **丘**おか 오까 명 언덕, 작은 산

= **小山**こやま 코야마

□ **谷**たに 타니 명 계곡, 골짜기

□ **谷川**たにがわ 타니가와 명 개울

□ **川**かわ 카와 명 강

□ **小川**おがわ 오가와 명 작은 시내

□ **湖**みずうみ 미즈우미 명 호수

□ **池**いけ 이께 명 연못

□ **海**うみ 우미 명 바다

□ **砂浜**すなはま 스나하마 명 해변

□ **海岸**かいがん 카이강 명 바닷가, 해안

□ **島**しま 시마 명 섬

□ 入はいる 하이루 동 들어가다

□ 入いり口ぐち 이리구찌 명 입구

□ 入場にゅうじょう 뉴-죠- 명 입장

□ 入場料にゅうじょうりょう 뉴-죠-료- 명 입장료

□ 入場券にゅうじょうけん 뉴-죠-껭 명 입장권

入場料にゅうじょうりょうはいくらですか。
뉴-죠-료-와 이꾸라데스까
입장료는 얼마인가요?

□ 出でる 데루 동 나가다

□ 出口でぐち 데구찌 명 출구

□ 退場たいじょう 타이죠- 명 퇴장

出口でぐちはどこですか。
데구찌와 도꼬데스까
출구는 어디인가요?

□ 目的地もくてきち 목떼끼찌 명 목적지, 행선지

= 行ゆき先さき 유끼사끼

行ゆき先さきはどちらですか。
유끼사끼와 도찌라데스까
목적지가 어디신가요?

□ 道みち 미찌 명 길

□ 坂道さかみち 사까미찌 명 비탈길, 언덕길

□ 近道ちかみち 치까미찌 명 지름길

□ 通とおり 토-리 명 길

□ 大通おおどおり 오오도-리 명 큰 길

□ 通路つうろ 츠-로 명 통로

□ 路地ろじ 로지 명 골목길

□ 繁華街はんかがい 항까가이 명 번화가

□ 距離きょり 쿄리 명 거리, 격차

= へだたり 헤다따리

□ 間隔かんかく 캉까꾸 명 간격

□ 遠とおい 토–이 형 멀다

□ 近ちかい 치까이 형 가깝다

ここから遠とおいですか。
코꼬까라 토–이데스까
여기에서 멀어요?

□ 写真しゃしん 샤싱 명 사진

□ 写真撮影しゃしんさつえい 샤싱사쯔에– 명 사진촬영

□ 写真しゃしんを撮とる 샤싱오 토루 사진을 찍다

写真しゃしんを撮とっていただけますか。
샤싱오 톳떼 이따다께마스까
사진 좀 찍어 주실래요?

□ 写しゃメ 샤메 휴대전화로 찍는 사진 → **tip.** 写メ는 写メール 샤메–루의 준말입니다.

□ 自撮じどり 지도리 명 셀프 카메라

□ 自撮じどり棒ぼう 지도리보– 명 셀카봉

□ プレゼント 프레젠토 명 선물

= 贈おくり物もの 오꾸리모노

□ お土産みやげ 오미야게 명 기념품, 토산품

お土産みやげのお店みせはどこですか。
오미야게노 오미세와 도꼬데스까
기념품 가게는 어디입니까?

□ 名物めいぶつ 메–부쯔 명 명물, 특산물

= 特産物とくさんぶつ 톡삼부쯔

□ はがき 하가끼 명 우편엽서

□ キーホルダー 키–호루다– 명 열쇠고리, 키홀더

□ 大使館たいしかん 타이시깡 명 대사관

□ 領事館りょうじかん 료–지깡 명 영사관

\# 23. 여행

꼭! 써먹는 **실전 회화**

中村 なかむら **僕ぼくはベトナムへ旅行りょこうに行いくの。**
보꾸와 베토나무에 료꼬–니 이꾸노
나는 베트남으로 여행갈 거야.

鈴木 すずき **そこで何なにするの?**
소꼬데 나니스루노?
거기에서 뭐 할 건데?

中村 なかむら **僕ぼくは観光かんこうしないで、ゆっくり休やすみたいんだ。**
보꾸와 캉꼬–시나이데, 육꾸리 야스미따잉다
나는 관광하지 않고 쉬고 싶어.

鈴木 すずき **だったら、ダナンをお勧すすめするよ。そこは静しずかで美うつしいのよ。**
닷따라, 다낭오 오스스메스루요. 소꼬와 시즈까데 우쯔시–노요
그럼, 다낭을 추천할게. 거기는 조용하고 아름답거든.

ユニット 24.

사고＆사건 事故・事件 지꼬·지껭

□ 事故じこ 지꼬

명 사고

□ 傷口きずぐち 키즈구찌

= 怪我けが 케가

명 상처

□ 傷きずを負おう 키즈오 오우

상처를 입다

□ 苦くるしむ 쿠루시무

동 괴로워하다

□ 切きられる 키라레루

동 베이다

□ 血ち 치

명 피

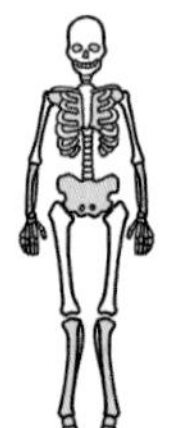

□ 骨ほね 호네

명 뼈

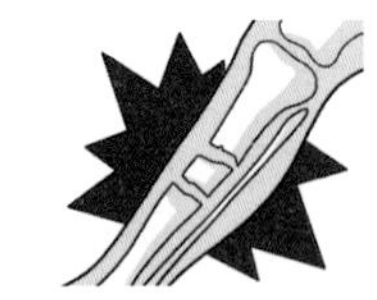

□ 骨折こっせつ 콧세쯔

명 골절

□ 火傷やけど 야께도

= かしょう 카쇼-

명 화상

□ 霜焼しもやけ 시모야께

명 동상

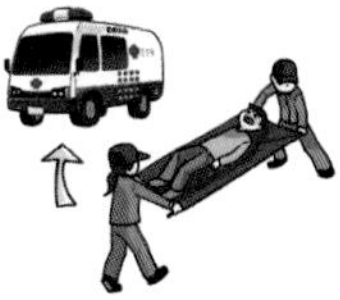

□ 救助きゅうじょ
큐–죠
명 구조

□ 救急車きゅうきゅうしゃ
큐–뀨–샤
명 구급차

□ 救急箱きゅうきゅうばこ
큐–뀨–바꼬
명 구급 상자

□ 治療ちりょう 치료–
명 치료

□ 治なおる 나오루
동 낫다

□ 回復かいふく 카이후꾸
명 회복

□ 窒息ちっそく 칫소꾸
명 질식

□ 失神しっしん 싯싱
명 실신, 기절

□ 心臓麻痺しんぞうまひ 신조–마히
명 심장 마비

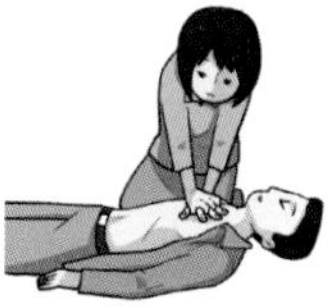

□ 心肺蘇生術しんぱいそせいじゅつ
신빠이소세–쥬쯔
명 심폐소생술

□ 警察けいさつ 케–사쯔
명 경찰

□ 警察署けいさつしょ 케–사쯔쇼
명 경찰서

□ 届とどけ 토도께
= 申告しんこく 싱꼬꾸
명 신고, 신고서

□ 目撃者もくげきしゃ 모꾸게끼샤
명 목격자

□ 犯罪はんざい 한자이
명 범죄

□ 犯人はんにん 한닝
명 범인

□ 泥棒どろぼう 도로보–
명 도둑, 도둑질

□ 強盗ごうとう 고–또–
명 강도

□ すり 스리
명 소매치기

□ 詐欺さぎ 사기
명 사기

□ 詐欺師さぎし 사기시
사기꾼

□ 衝突しょうとつ
쇼–또쯔
명 충돌

□ レッカー車しゃ
렉카–샤
= 牽引車けんいんしゃ
켕잉샤
명 견인차

□ スピード違反いはん
스피–도 이항
= 速度違反そくどいはん
소꾸도 이항
명 속도 위반, 과속

□ 火事かじ 카지
명 불

□ 火災かさい 카사이
명 화재

□ 爆発ばくはつ 바꾸하쯔
명 폭발

□ 消防署しょうぼうしょ
쇼–보–쇼
명 소방서

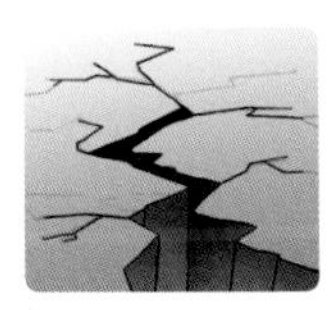

□ 地震じしん 지싱
명 지진

□ 雪崩なだれ 나다레
명 눈사태

□ 山崩やまくずれ 야마꾸즈레
명 산사태

□ 津波つなみ 츠나미
명 해일, 쓰나미

□ 台風たいふう 타이후–
명 태풍

□ 洪水こうずい 코–즈이
명 홍수

☐ **事故** じこ 지꼬 명 사고

☐ **傷口** きずぐち 키즈구찌 명 상처
  = **怪我** けが 케가
  ☐ **傷跡** きずあと 키즈아또 상처 자국
  ☐ **痛手** いたで 이따데 명 깊은 상처

☐ **怪我** けが**する** 케가스루 동 상하게 하다, 다치게 하다

足あしをひどく怪我けがしたようです。
아시오 히도꾸 케가시따요-데스
다리를 심하게 다친 것 같아요.

☐ **傷付** きずつ**ける** 키즈쯔께루 동 상처를 입히다
  ☐ **傷** きず**を負** お**う** 키즈오 오우 상처를 입다

tip. '상처가 아물다'는 **傷口(きずぐち)がふさがる** 키쯔구찌가 후사가루라고 합니다.

☐ **苦** くる**しむ** 쿠루시무 동 괴로워하다
  ☐ **苦** くる**しんでいる** 쿠루신데 이루 동 몹시 괴로워하다, 번민하다

☐ **切** き**られる** 키라레루 동 베이다

☐ **骨** ほね 호네 명 뼈

☐ **骨折** こっせつ 콧세쯔 명 골절
  ☐ **骨折** こっせつ**する** 콧세쯔스루 동 골절되다
  ☐ **折** お**れる** 오레루 동 부러지다

☐ **火傷** やけど 야께도 명 화상
  = **かしょう** 카쇼-

tip. '화상'을 **かしょう**라고 하면 전문용어의 어감이 있으므로, **やけど**라고 발음하는 것이 일반적입니다. 좀 더 구체적으로 '열상'을 뜻하는 **熱傷(ねっしょう)** 넷쇼-도 있습니다.

☐ **霜焼** しもや**け** 시모야께 명 동상

□ 血ち 치 명 피

□ 血液けつえき 케쯔에끼 명 혈액

□ 出血しゅっけつ 슈께쯔 명 출혈

□ 出血しゅっけつする 슈께쯔스루 동 출혈하다

tip. 血(ち)がでる 치가 데루(피가 나다), 血(ち)を止(とめ)る 치오 토메루(피를 멎게 하다)로 쉽게 표현할 수도 있습니다.

□ 止血しけつ 시께쯔 명 지혈

= 血止ちどめ 치도메

□ 救助きゅうじょ 큐–죠 명 구조

□ 救助きゅうじょする 큐–죠스루 동 구조하다

= 助たすける 타스께루

= 救すくう 스꾸–

□ 応急おうきゅう 오–뀨– 명 응급

□ 緊急きんきゅう 킨뀨– 명 긴급

□ 救急きゅうきゅう 큐–뀨– 명 구급

応急おうきゅうの状況じょうきょうです。
오–뀨–노 죠–꾜–데스
응급 상황이에요.

□ 救急室きゅうきゅうしつ 큐–뀨–시쯔 명 응급실

= エマージェンシールーム 에마–젠시–루–무

救急室きゅうきゅうしつはどこですか。
큐–뀨–시쯔와 도꼬데스까
응급실이 어디죠?

□ 応急処置おうきゅうしょち 오–뀨–쇼찌 명 응급 처치, 응급 치료

今いますぐに応急処置おうきゅうしょちをしなければならない。
이마 스구니 오–뀨–쇼찌오 시나께레바나라나이
우리는 당장 그에게 응급 처치를 해야 해.

□ 救急車きゅうきゅうしゃ 큐–뀨–샤 명 구급차

救急車きゅうきゅうしゃお願ねがいできますか。
큐–뀨–샤 오네가이데끼마스까
구급차 좀 보내 주실 수 있어요?

□ 救急箱きゅうきゅうばこ 큐–뀨–바꼬 명 구급 상자

□ 治療ちりょう 치료– 명 치료

□ 治療ちりょうする 치료–스루 동 치료하다

□ 治なおる 나오루 동 낫다

tip. 治る를 おさまる 오사마루라고 발음하면 '진정되다, 가라앉다'라는 뜻이 됩니다.

□ 回復かいふく 카이후꾸 명 회복

□ 回復かいふくする 카이후꾸스루 동 회복하다

□ 脳卒中のうそっちゅう 노–솟쮸– 명 뇌졸중

= 卒中そっちゅう 솟쮸–

□ 癲癇てんかん 텡깡 명 간질

□ 痙攣けいれん 케–렝 명 경련

= ひきつり 히끼쯔리

□ ひきつけ 히끼쯔께 명 경련, (특히 어린 아이의) 경풍

□ 窒息ちっそく 칫소꾸 명 질식

□ 窒息ちっそくさせる 칫소꾸사세루 동 질식시키다

□ 失神しっしん 싯싱 명 실신, 기절

= 気絶きぜつ 키제쯔

□ 失神しっしんする 싯싱스루 동 실신하다, 기절하다

= 気絶きぜつする 키제쯔스루

□ ショック 속쿠 명 쇼크, 충격

□ 心臓麻痺しんぞうまひ 신조-마히 명 심장 마비

□ 心肺蘇生術しんぱいそせいじゅつ 신빠이소세-쥬쯔 명 심폐소생술

□ 事件じけん 지껭 명 사건

= できごと 데끼고또

□ 警察けいさつ 케-사쯔 명 경찰

□ 警察署けいさつしょ 케-사쯔쇼 명 경찰서

警察けいさつを呼よびます。

케-사쯔오 요비마스

경찰을 부르겠어요.

□ 届とどけ 토도께 명 신고, 신고서

= 申告しんこく 싱꼬꾸

警察けいさつ盗難とうなん届とどけを出だした。

케-사쯔니 토-난 토도께오 다시따

경찰에게 도난 신고서를 냈다.

□ お知しらせ 오시라세 명 통지, 알림

= 通知つうち 츠-찌

□ 知しらせる 시라세루 동 알리다, 통지하다

□ 報告ほうこく 호-꼬꾸 명 보고

□ 報告ほうこくする 호-꼬꾸스루 동 보고하다

□ 陳述ちんじゅつ 친쥬쯔 명 진술

□ 陳述書ちんじゅつしょ 친쥬쯔쇼 명 진술서

□ 申もうし立たて 모-시따떼 명 제기, 주장

□ **証拠**しょうこ 쇼–꼬 명 증거

□ **証言**しょうげん 쇼–겡 명 증언

  □ **証言者**しょうげんしゃ 쇼–겐샤 증언자

□ **目撃者**もくげきしゃ 모꾸게끼샤 명 목격자

□ **罪**つみ 츠미 명 죄

  □ (**罪**つみを) **犯**おかす (츠미오) 오까스 동 (죄를) 짓다, 범하다

  □ **有罪**ゆうざい 유–자이 명 유죄

  □ **無罪**むざい 무자이 명 무죄

□ **罪悪**ざいあく 자이아꾸 명 죄악

□ **罪悪感**ざいあくかん 자이아꾸깡 명 죄책감

□ **犯罪**はんざい 한자이 명 범죄

□ **犯人**はんにん 한닝 명 범인

tip. **犯人**은 속어로 '못된 장난을 하는 사람'을 뜻하기도 합니다.

□ **容疑者**ようぎしゃ 요–기샤 명 용의자

  □ **被疑者**ひぎしゃ 히기샤 명 피의자

□ **逃走**とうそう 토–소– 명 도주, 도망

  □ **逃亡**とうぼう 토–보– 명 도망

tip. **逃走**와 **逃亡**의 의미는 차이가 있습니다. 범인이 그 자리에서 급히 사라졌을 경우 **逃走**라고 하고, 특정한 목적지로 도망칠 때 **逃亡**라고 합니다. 예를 들면, **犯人(はんにん)が外国(がいこく)に逃亡(とうぼう)した。** 한닝가 가이꼬꾸니 토–보–시따(범인이 외국으로 도망갔다.)라고 할 수 있습니다.

□ **盗**ぬす**み** 누스미 명 도둑질

  □ **泥棒**どろぼう 도로보– 명 도둑, 도둑질

  □ **盗**ぬす**む** 누스무 동 도둑질하다, 훔치다

□ 奪うばう 우바우 동 빼앗다

財布さいふを盗ぬすまれました。
사이후오 누스마레마시따
제 지갑을 도둑질당했습니다.

□ 強盗ごうとう 고–또– 명 강도

□ 路上強盗ろじょうごうとう 로죠–고–또– 명 노상강도
= つじ強盗ごうとう 츠지고–또–
= 追おいはぎ 오이하기

□ 万引まんびき 맘비끼 명 들치기
□ 置おき引びき 오끼비끼 명 들치기

tip. 万引き는 물건을 사는 체하고 훔침 또는 그 사람을, 置き引き는 찻간이나 대합실 등에서 남의 짐을 자기 것과 바꿔치기해서 훔쳐감 또는 그 사람을 가리킵니다.

□ すり 스리 명 소매치기

tip. '소매치기하다'라고 할 때는 동사 行(おこな)う 오꼬나우를 씁니다. すりに会(あ)う 스리니 아우라고 하면 '소매치기를 당하다'라는 의미가 됩니다.

すりにご注意ちゅうい!
스리니 고쮸–이!
소매치기 주의!

□ 詐欺さぎ 사기 명 사기
□ 詐欺師さぎし 사기시 사기꾼

あの人ひとは詐欺師さぎしです。
아노 히또와 사기시데스
그는 사기꾼이에요.

□ 騙だます 다마스 동 속이다
= 欺あざむく 아자무꾸

□ 殺人さつじん 사쯔징 명 살인

□ 人殺ひとごろし 히또고로시 명 살인, 살인자

□ 殺人犯さつじんはん 사쯔징항 명 살인범

□ 殺人鬼さつじんき 사쯔징끼 명 살인마

□ 連続殺人犯れんぞくさつじんはん 렌조꾸 사쯔징항 명 연쇄살인범

□ 行方不明ゆくえふめい 유꾸에후메– 명 행방불명

□ 行方不明者ゆくえふめいしゃ 유꾸에후메–샤 명 행방불명자

□ 失踪しっそう 싯소– 명 실종

□ 失踪者しっそうしゃ 싯소–샤 명 실종자

□ 迷子まいご 마이고 명 미아, 길 잃은 아이

□ 迷子札まいごふだ 마이고후다 명 미아 방지 명찰

迷子まいごセンターはどこですか。
마이고 센타–와 도꼬데스까
미아보호소가 어디예요?

tip. 迷子札은 미아가 되지 않도록 주소, 이름, 연락처 등을 써서 아이 몸에 달아두는 표를 말합니다.

□ 紛失ふんしつ 훈시쯔 명 분실

□ 紛失届ふんしつとどけ 훈시쯔또도께 분실 신고

□ 紛失物ふんしつぶつ 훈시쯔부쯔 명 분실물

= 忘わすれ物もの 와스레모노

= 落おとし物もの 오또시모노

tip. 拾い物는 '뜻밖의 수확이나 횡재'를 뜻하기도 합니다.

tip. 忘れ物センター는 주로 지하철역에 설치되어 있는 분실물 보관소의 명칭입니다. 忘れ物 와스레모노(분실물)를 落し物 오또시모노라고도 합니다.

□ 拾ひろい物もの 히로이모노 명 습득물, 줍는 일

□ 忘わすれ物ものセンター 와스레모노 센타– 분실물 센터

□ 忘わすれ物もの保管所ほかんじょ 와스레모노 호깐죠 분실물 보관소

□ 遺失物取扱所いしつぶつとりあつかいじょ 이시쯔부쯔 또리아쯔까이죠 유실물 취급소

☐ 交通事故こうつうじこ 코-쯔-지꼬 교통사고

その交通事故こうつうじこはいつ起おこったんですか。
소노 코-쯔-지꼬와 이쯔 오꼿딴데스까
그 교통사고는 언제 일어난 거죠?

☐ 衝突しょうとつ 쇼-또쯔 명 충돌

☐ 衝突しょうとつする 쇼-또쯔스루 동 충돌하다

☐ ぶつかる 부쯔까루 동 부딪치다

☐ 滑すべり 스베리 명 미끄러지기

= スリップ 스립프

☐ 滑すべる 스베루 동 미끄러지다

= スリップする 스립프스루

階段かいだんで滑すべってしまった。
카이단데 스벳떼시맛따
계단에서 미끄러졌어.

☐ 凍結とうけつした路面ろめん 토-께쯔시따 로멩 빙판

= 凍こおりついた路面ろめん 코-리쯔이따 로멩

☐ レッカー車しゃ 렉카-샤 명 견인차

= 牽引車けんいんしゃ 켕잉샤

☐ 追おい越こす 오이꼬스 동 앞지르다, 추월하다

☐ スピード違反いはん 스피-도 이항 명 속도 위반, 과속

= 速度違反そくどいはん 소꾸도 이항

☐ 溺死できし 데끼시 명 익사

= 水死すいし 스이시

☐ 溺おぼれる 오보레루 동 물에 빠지다

☐ 溺おぼれ死じにする 오보레지니스루 관 익사하다, 물귀신이 되다

□ ライフセーバー 라이후세-바- 명 인명 구조원

□ 火事かじ 카지 명 불

□ 火災かさい 카사이 명 화재

□ 山火事やまかじ 야마까지 명 산불

昨夜ゆうべ、火事かじがありました。

유-베, 카지가 아리마시따

어젯밤에 화재가 났어요.

□ 爆発ばくはつ 바꾸하쯔 명 폭발

□ 消防車しょうぼうしゃ 쇼-보-샤 명 소방차

□ 消防署しょうぼうしょ 쇼-보-쇼 명 소방서

消防署しょうぼうしょに連絡れんらくしてください。

쇼-보-쇼니 렌라꾸시떼 쿠다사이

소방서에 연락해 주세요.

□ 災難さいなん 사이낭 명 재난, 재앙

= 災わざわい 와자와이

□ 自然災害しぜんさいがい 시젠사이가이 자연재해

□ 地震じしん 지싱 명 지진

あの村むらは地震じしんで全壊ぜんかいされた。

아노 무라와 지싱데 젠까이사레따

그 마을은 지진으로 전부 파괴되었다.

□ 雪崩なだれ 나다레 명 눈사태

□ 山崩やまくずれ 야마꾸즈레 명 산사태

□ 津波つなみ 츠나미 명 해일, 쓰나미

□ 台風たいふう 타이후– 명 태풍

□ 日照ひでり 히데리 명 가뭄

= 干魃かんばつ 캄바쯔

□ 洪水こうずい 코–즈이 명 홍수

□ 大洪水だいこうずい 다이꼬–즈이 대홍수

24. 미아 신고

꼭! 써먹는 실전 회화

清水 しみず
助たすけてください。息子むすこがいなくなりました。
타스께떼 쿠다사이. 무스꼬가 이나꾸나리마시따
도와주세요. 제 아들이 없어졌어요!

警察 けいさつ
息子むすこさんについて説明せつめいしていただけますか。
무스꼬상니 츠이떼 세쯔메–시떼이따다께마스까
아드님에 대해 설명해 주시겠어요?

清水 しみず
茶髪ちゃぱつの7才さいの子こで、赤あかいジャケットを着きています。
챠빠쯔노 나나사이노 코데, 아까이 쟈켓토오 키떼이마스
갈색 머리에 7살 아이이고, 빨간색 자켓을 입고 있어요.

警察 けいさつ
奥おくさん、心配しんぱいしないでください。
私わたしたちが探さがします。
옥상, 심빠이시나이데 쿠다사이. 와따시따찌가 사가시마스
아주머니, 걱정마세요. 저희가 찾을게요.

練習問題

다음 단어를 읽고 맞는 뜻과 연결하세요.

1. 警察 •	• 경찰
2. 観光 •	• 관광
3. 交通 •	• 교통
4. 汽車 •	• 기차, 열차
5. 旅行 •	• 비행기
6. 飛行機 •	• 사건
7. 事件 •	• 사고
8. 事故 •	• 숙박
9. 宿泊 •	• 여행
10. 運転 •	• 운전
11. 地図 •	• 자동차
12. 車 •	• 지도

1. **警察** – 경찰 2. **観光** – 관광 3. **交通** – 교통 4. **汽車** – 기차, 열차
5. **旅行** – 여행 6. **飛行機** – 비행기 7. **事件** – 사건 8. **事故** – 사고
9. **宿泊** – 숙박 10. **運転** – 운전 11. **地図** – 지도 12. **車** – 자동차

チャプター 7

기타

ユニット 25. MP3. U25

숫자 数字 수-지

■ **基数**きすう 키스- 명 기수

□ **れい** 레- 명 0, 영
= **ゼロ** 제로

□ **一**いち 이찌 명 1, 일, 하나

□ **二**に 니 명 2, 이, 둘

□ **三**さん 상 명 3, 삼, 셋

□ **四**し/よん 시/용 명 4, 사, 넷

□ **五**ご 고 명 5, 오, 다섯

□ **六**ろく 로꾸 명 6, 육, 여섯

□ **七**しち/なな 시찌/나나 명 7, 칠, 일곱

□ **八**はち 하찌 명 8, 팔, 여덟

□ **九**きゅう/く 큐-/쿠 명 9, 구, 아홉

□ **十**じゅう 쥬- 명 10, 십, 열

□ **十一**じゅういち 쥬-이찌 명 11, 십일, 열하나

□ **十二**じゅうに 쥬-니 명 12, 십이, 열둘

□ **十三**じゅうさん 쥬-상 명 13, 십삼, 열셋

□ **十四**じゅうよん/じゅうし 쥬-용/쥬-시 명 14, 십사, 열넷

□ **十五**じゅうご 쥬-고 명 15, 십오, 열다섯

□ **十六**じゅうろく 쥬-로꾸 명 16, 십육, 열여섯

□ **十七**じゅうなな/じゅうしち 쥬-나나/쥬-시찌 명 17, 십칠, 열일곱

□ **十八**じゅうはち 쥬-하찌 명 18, 십팔, 열여덟

□ **十九**じゅうきゅう 쥬-뀨- 명 19, 십구, 열아홉

tip. 숫자는 기본적으로 '**いち, に, さん, し, ご, ろく, しち, はち, く, じゅう**'라고 읽는 것이 원칙이지만, '4, 7, 9'는 다르게 읽기도 합니다. **し**(4)는 **よん**, **しち**(7)는 **なな**라고 하는 경우인데, 이는 **し**는 **に**로, **しち**는 **いち**로 잘못 알아들을 수 있기 때문입니다. 특히, 철도 등 교통편과 관련된 업무 종사자들은 숫자를 잘못 알아들으면 안 되므로 **よん**, **なな**라고 해야 합니다. 또 다른 이유로, 일본에는 '**忌(い)み言葉(ことば)** 이미 코또바'라고 하여 '운수가 나쁜 말은 가급적 피하자'는 풍습이 있습니다.
し(4)는 '**死(し)** 시 죽음', **く**(9)는 '**苦(く)** 쿠 고생'과 연관된다고 생각하여 이를 피하기 위해 각각 **よん**이나 **きゅう**로 바꿔 말합니다. 그래서 호텔 객실 번호에 4와 9를 안 쓰는 곳도 있습니다.

□ 二十にじゅう 니쥬− 명 20, 이십, 스물

□ 三十さんじゅう 산쥬− 명 30, 삼십, 서른

□ 四十よんじゅう/しじゅう 욘쥬−/시쥬− 명 40, 사십, 마흔

□ 五十ごじゅう 고쥬− 명 50, 오십, 쉰

□ 六十ろくじゅう 로꾸쥬− 명 60, 육십, 예순

□ 七十ななじゅう/しちじゅう 나나쥬−/시찌쥬− 명 70, 칠십, 일흔

□ 八十はちじゅう 하찌쥬− 명 80, 팔십, 여든

□ 九十きゅうじゅう 큐−쥬− 명 90, 구십, 아흔

□ 百ひゃく 햐꾸 명 100, 백

□ 千せん 셍 명 1,000, 천

□ 一万いちまん 이찌망 명 10,000, 만

□ 十万じゅうまん 쥬−망 명 10만, 십만

□ 百万ひゃくまん 햐꾸망 명 100만, 백만

□ 一千万いっせんまん 잇셈망 명 1,000만, 천만

□ 億おく 오꾸 명 억

□ 十億じゅうおく 쥬−오꾸 명 10억, 십억

□ 千億せんおく 셍오꾸 명 1,000억, 천억; 대단히 많은 수

□ いくつ 이꾸쯔 명 몇, 몇 개

□ 一ひとつ 히또쯔 명 하나

□ 二ふたつ 후따쯔 명 둘

□ 三みっつ 밋쯔 명 셋

□ 四よっつ 욧쯔 명 넷

□ 五いつつ 이쯔쯔 명 다섯

□ 六むっつ 뭇쯔 명 여섯

□ 七ななつ 나나쯔 명 일곱

□ 八やっつ 얏쯔 명 여덟

□ 九ここのつ 코꼬노쯔 명 아홉

□ 十とお 토- 명 열

■ 序数じょすう 죠스- 명 서수

□ 第一だいいち 다이이찌 명 첫째

□ 一番目いちばんめ 이찌밤메 명 첫 번째

tip. '두 번째', '세 번째…'는 각각 '**二番目(にばんめ)** 니밤메', '**三番目(さんばんめ)** 삼밤메 …' 등으로 표현이 가능합니다.

□ 第二だいに 다이니 명 둘째

□ 第三だいさん 다이상 명 셋째

□ 第四だいよん/だいし 다이용/다이시 명 넷째

□ 第五だいご 다이고 명 다섯째

엔화 日本の円 니혼노 엥

• 100엔 = 약 1,000원 (2017.03. 기준)

□ 一円 いちえん 이찌엥
명 1엔

□ 五円 ごえん 고엥
명 5엔

□ 十円 じゅうえん 쥬-엥
명 10엔

□ 五十円 ごじゅうえん
고쥬-엥
명 50엔

□ 百円 ひゃくえん
햐꾸엥
명 백 엔

□ 五百円 ごひゃくえん
고햐꾸엥
명 5백 엔

□ 千円 せんえん 셍엥
명 천 엔

□ 二千円 にせんえん 니셍엥
명 2천 엔

□ 五千円 ごせんえん 고셍엥
명 5천 엔

□ 一万円 いちまんえん 이찌망엥
명 만 엔

모양 形 카따찌

□ 点てん 텡
명 점

□ 線せん 셍
명 선

□ 面めん 멩
명 (다면체의) 면

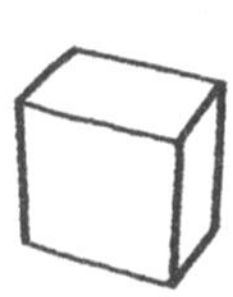

□ 立体りったい 릿따이
명 입체

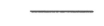

□ 直線ちょくせん 쵸꾸셍
명 직선

□ 曲線きょくせん 쿄꾸셍
명 곡선

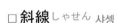

□ 斜線しゃせん 샤셍
명 사선

□ 円まる 마루
= 円形えんけい 엥께–
명 원, 원형

□ 楕円形だえんけい 다엥께–
명 타원형

□ 半円形はんえんけい 항엥께–
명 반원형

□ 丸まるい 마루이
형 둥글다

□ 球きゅう 큐–
명 구(球)

□ 球体きゅうたい 큐–따이
명 구체(球體)

□ 円錐えんすい 엔스이
명 원뿔

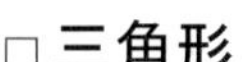

□ **三角形** さんかくけい/さんかっけい
상깍께－/상깍께－
명 삼각형

□ **四角形** しかくけい
시깍께－
명 사각형

□ **正方形** せいほうけい
세－호－께－
명 정사각형

□ **長方形** ちょうほうけい
쵸－호－께－
명 직사각형

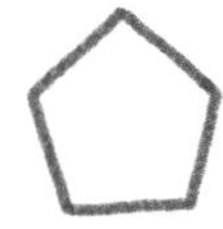

□ **五角形** ごかくけい
고깍께－
명 오각형

□ **六角形** ろっかくけい
록깍께－
명 육각형

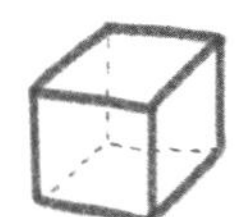

□ **六面体** ろくめんたい
로꾸멩따이
명 육면체

□ **正六面体** せいろくめんたい
세－로꾸멩따이
명 정육면체

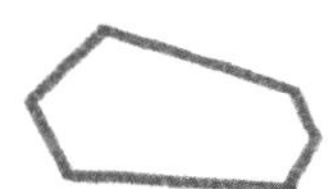

□ **多辺形** たへんけい
타헹께－
= **多角形** たかくけい
타깍께－
명 다각형

□ **水平** すいへい 스이헤－
명 수평

□ **垂直** すいちょく 스이쬬꾸
명 수직

□ **星型** ほしがた 호시가따
명 별모양

□ **矢印** やじるし 야지루시
명 화살표

색 色 이로

tip. 대표 색상인 흰색, 검은색, 빨간색, 노란색, 파란색은 뒤에 色(いろ) 이로를 붙히지 않고 발음하는 편입니다.

□ 白しろ 시로
명 하양, 흰색

□ 白しろい 시로이
형 희다

□ 黒くろ 쿠로
명 검정, 검정색

□ 黒くろい 쿠로이
형 검다

□ 灰色はいいろ 하이이로
= グレー 구레-
명 회색

□ 赤あか 아까
명 빨강, 빨간색

□ 赤あかい 아까이
형 빨갛다

□ オレンジ色いろ
오렌지이로
명 주황색

□ 黄色きいろ 키이로
명 노랑, 노란색

□ 黄色きいろい 키이로이
형 노랗다

□ うす緑みどり 우수미도리
명 연두색

□ 緑みどり 미도리
명 초록색

□ 水色みずいろ 미즈이로
명 하늘색

□ 青あお 아오
명 파랑, 파란색

□ 青あおい 아오이
형 파랗다

□ 紺色こんいろ 콩이로
명 남색

□ 紫色むらさきいろ 무라사끼이로
= パープル 파–프루
명 보라색

□ 淡あわい紫色むらさきいろ 아와이 무라사끼이로
명 연보라색

□ ピンク色いろ 핑쿠이로
= 桃色ももいろ 모모이로
명 분홍색

□ 茶色ちゃいろ 챠이로
명 갈색

□ カーキ色いろ 카–키이로
명 카키색

□ うすだいだい色いろ 우스다이다이이로
= ペールオレンジ 페–루오렌지
명 옅은 귤색; 살색

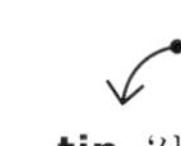

tip. '살색'을 '살'이라는 뜻의 肌(はだ) 하다를 사용해서 肌色(はだいろ) 하다이로라고 했으나, 요즘은 인종차별적인 언어로 분류되어 초등학교에서 うすだいだい色(いろ), ペールオレンジ로 교육합니다.

□ 金色きんいろ 킹이로
명 금색

□ 銀色ぎんいろ 깅이로
명 은색

tip. 드물게 しろがねいろ 시로가네이로라고 발음하기도 합니다.

□ 濃こい 코이
형 (빛깔이) 짙다

□ 薄うすい 우스이
형 (빛깔이) 옅다

□ 多彩たさいだ 타사이다
형 다채롭다

□ 一色いっしょく 잇쇼꾸
명 단색

위치 位置 이찌

□ 最上位 さいじょうい 사이죠–이
명 맨 위, 최상위

□ 最下位 さいかい 사이까이
명 최하위; 꼴찌

□ 上 うえ 우에
명 위

□ 前 まえ 마에
명 앞

□ 下 した 시따
명 아래

□ 後ろ うしろ 우시로
명 뒤

tip. 後ろ를 **あと** 아또 또는 **のち** 노찌라고 발음하기도 하는데, 이때는 위치가 아니라 '후, 나중'이라는 뜻의 시제 표현이므로 주의합니다.

□ 左 ひだり 히다리
명 왼쪽

□ 真ん中 まんなか 만나까
명 가운데

□ 間 あいだ 아이다
명 사이

□ 右 みぎ 미기
명 오른쪽

□ 中 なか 나까
명 안

□ 外 そと 소또
명 밖, 겉

□ 側 そば 소바 명 옆

□ よこ 요꼬 명 옆

tip. **側**는 '곁(에)'이라는 어감이 강하므로, 위치를 표현할 때는 주로 **よこ**를 사용합니다.

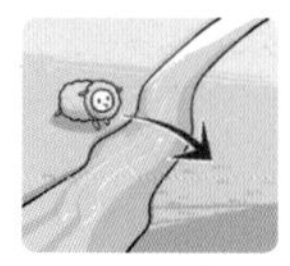

□ に 니
조 ~에, ~으로

□ へ 에
조 ~에, ~(쪽)으로

tip. ~に는 향하는 지점이나 장소에, ~へ는 지점이나 장소보다 방향에 더 무게를 둔 표현입니다.

ユニット **30.** **MP3. U30**

방향 方向 호–꼬–

□ 東西南北 とうざいなんぼく
토–자이남보꾸
명 동서남북

□ 北 きた 키따 명 북
□ 北の方 きたのほう 키따노 호–
명 북쪽

□ 北西 ほくせい 혹세–
명 북서
tip. 西北(せいほく) 세–호꾸 (서북)라고도 합니다.

□ 北東 ほくとう 호꾸또–
명 북동
tip. 東北(とうほく) 토–호꾸 (동북)라고도 합니다.

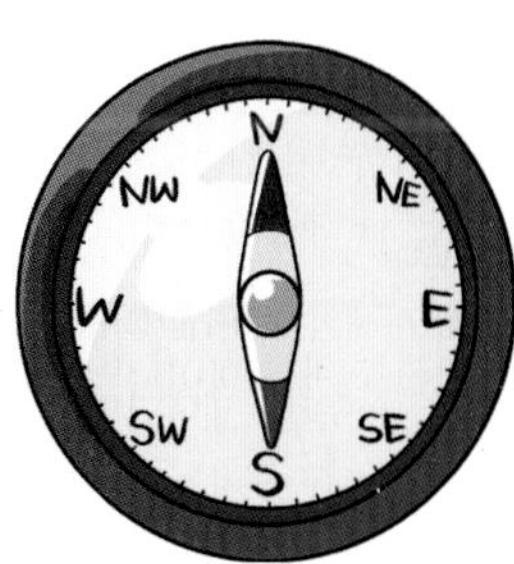

□ 西 にし 니시 명 서
□ 西の方 にしのほう
니시노 호–
명 서쪽

□ 東 ひがし 히가시 명 동
□ 東の方 ひがしのほう
히가시노 호–
명 동쪽

□ 南西 なんせい 난세–
명 남서
tip. 西南(せいなん) 세–낭 (서남)이라고도 합니다.

□ 南 みなみ 미나미 명 남
□ 南の方 みなみのほう
미나미노 호–
명 남쪽

□ 南東 なんとう 난또–
명 남동
tip. 東南(とうなん) 토–낭 (동남)이라고도 합니다.

지도 地図 치즈

① **ヨーロッパ** 요−롭파 명 유럽

② **中東**ちゅうとう 츄−또− 명 중동

③ **アフリカ** 아후리카 명 아프리카

④ **アジア** 아지아 명 아시아

⑤ **オセアニア** 오세아니아 명 오세아니아

⑥ **北**きた**アメリカ** 키따 아메리카 명 북아메리카
= **北米**ほくべい 호꾸베− 명 북미

⑦ **中央**ちゅうおう**アメリカ** 츄−오− 아메리카 명 중앙 아메리카
= **中米**ちゅうべい 츄−베− 명 중미

⑧ **南**みなみ**アメリカ** 미나미 아메리카 명 남아메리카
= **南米**なんべい 남베− 명 남미

⑨ **北極**ほっきょく 혹꾜꾸 명 북극

⑩ **南極**なんきょく 낭꾜꾸 명 남극

① **太平洋**たいへいよう 타이헤-요- 명 태평양

② **インド洋**よう 인도요- 명 인도양

③ **大西洋**たいせいよう 타이세-요- 명 대서양

④ **北極海**ほっきょくかい 홋꾜꾸까이 명 북극해

⑤ **南極海**なんきょくかい 낭꾜꾸까이 명 남극해

⑥ **地中海**ちちゅうかい 치쮸-까이 명 지중해

국가 国家 콕까

■ アジア 아지아 명 아시아

□ 日本にほん 니홍 명 일본

□ 日本人にほんじん 니혼징 명 일본 사람

□ 韓国かんこく 캉꼬꾸 명 대한민국

□ 韓国人かんこくじん 캉꼬꾸징 명 한국 사람

□ 北朝鮮きたちょうせん 키따쬬–셍 명 북한

□ 北朝鮮人きたちょうせんじん 키따쬬–센징 명 북한 사람

□ 中国ちゅうごく 츄–고꾸 명 중국

□ 中国人ちゅうごくじん 츄–고꾸징 명 중국 사람

□ インド 인도 명 인도

□ インド人じん 인도징 명 인도 사람

□ インドネシア 인도네시아 명 인도네시아

□ インドネシア人じん 인도네시아징 명 인도네시아 사람

□ シンガポール 싱가포–루 명 싱가포르

□ シンガポール人じん 싱가포–루징 명 싱가포르 사람

□ タイ 타이 명 태국

□ タイ人じん 타이징 명 태국 사람

□ 台湾たいわん 타이왕 명 대만

□ 台湾人たいわんじん 타이완징 명 대만 사람

□ フィリピン 휘리핑 명 필리핀

□ フィリピン人じん 휘리핀징 명 필리핀 사람

□ マレーシア 마레–시아 명 말레이시아
□ マレーシア人じん 마레–시아징 명 말레이시아 사람

□ ベトナム 베토나무 명 베트남
□ ベトナム人じん 베토나무징 명 베트남 사람

■ 北きたアメリカ 키따 아메리카 북아메리카
= 北米ほくべい 호꾸베– 북미

□ アメリカ 아메리카 명 미국
□ アメリカ人じん 아메리카징 명 미국 사람

□ カナダ 카나다 명 캐나다
□ カナダ人じん 카나다징 명 캐나다 사람

■ 中央ちゅうおうアメリカ 츄–오– 아메리카 중앙 아메리카
= 中米ちゅうべい 츄–베– 중미

□ キューバ 큐–바 명 쿠바
□ キューバ人じん 큐–바징 명 쿠바 사람

□ メキシコ 메키시코 명 멕시코
□ メキシコ人じん 메키시코징 명 멕시코 사람

■ 南みなみアメリカ 미나미 아메리카 남아메리카
= 南米なんべい 남베– 남미

□ アルゼンチン 아르젠칭 명 아르헨티나
□ アルゼンチン人じん 아르젠친징 명 아르헨티나 사람

□ ウルグアイ 우루구아이 명 우루과이
□ ウルグアイ人じん 우루구아이징 명 우루과이 사람

□ エクアドル 에쿠아도루 명 에콰도르

□ エクアドル人じん 에쿠아도루징 명 에콰도르 사람

□ グアテマラ 구아테마라 명 과테말라

□ グアテマラ人じん 구아테마라징 명 과테말라 사람

□ コロンビア 코롬비아 명 콜롬비아

□ コロンビア人じん 코롬비아징 명 콜롬비아 사람

□ チリ 치리 명 칠레

□ チリ人じん 치리징 명 칠레 사람

□ ドミニカ共和国きょうわこく 도미니카꾜-와꼬꾸 명 도미니카 공화국

□ ドミニカ人じん 도미니카징 명 도미니카 사람

□ ブラジル 브라지루 명 브라질

□ ブラジル人じん 브라지루징 명 브라질 사람

□ ペルー 페루- 명 페루

□ ペルー人じん 페루-징 명 페루 사람

■ ヨーロッパ 요-롭파 명 유럽

□ イギリス 이기리스 명 영국

□ イギリス人じん 이기리스징 명 영국 사람

□ イタリア 이타리아 명 이탈리아

□ イタリア人じん 이타리아징 명 이탈리아 사람

□ オーストリア 오-스토리아 명 오스트리아

□ オーストリア人じん 오-스토리아징 명 오스트리아 사람

□オランダ 오란다 명 네덜란드

□オランダ人じん 오란다징 명 네덜란드 사람

□ギリシャ 기리샤 명 그리스

□ギリシャ人じん 기리샤징 명 그리스 사람

□スイス 스이스 명 스위스

□スイス人じん 스이스징 명 스위스 사람

□スウェーデン 스웨–뎅 명 스웨덴

□スウェーデン人じん 스웨–덴징 명 스웨덴 사람

□スペイン 스페잉 명 스페인

□スペイン人じん 스페인징 명 스페인 사람

□デンマーク 뎀마–쿠 명 덴마크

□デンマーク人じん 뎀마–쿠징 명 덴마크 사람

□トルコ 토루코 명 튀르키예

tip. 터키는 2022년 6월 국호를 '튀르키예'로 변경했어요.

□トルコ人じん 토루코징 명 튀르키예 사람

□ドイツ 도이츠 명 독일

□ドイツ人じん 도이츠징 명 독일 사람

□ノルウエー 노루우에– 명 노르웨이

□ノルウエー人じん 노루우에–징 명 노르웨이 사람

□フィランド 휘란도 명 핀란드

□フィランド人じん 휘란도진 명 핀란드 사람

□フランス 후랑스 명 프랑스

□フランス人じん 후랑스징 명 프랑스 사람

□ ベルギー 베루기– 명 벨기에

□ ベルギー人じん 베루기–징 명 벨기에 사람

□ ポーランド 포–란도 명 폴란드

□ ポーランド人じん 포–란도징 명 폴란드 사람

□ ルーマニア 루–마니아 명 루마니아

□ ルーマニア人じん 루–마니아징 명 루마니아 사람

□ ロシア 로시아 명 러시아

□ ロシア人じん 로시아징 명 러시아 사람

■ オセアニア 오세아니아 명 오세아니아

□ オーストラリア 오–스토라리아 명 호주

□ オーストラリア人じん 오–스토라리아징 명 호주 사람

□ ニュージーランド 뉴–지–란도 명 뉴질랜드

□ ニュージーランド人じん 뉴–지–란도징 명 뉴질랜드 사람

■ アフリカ 아후리카 명 아프리카

□ エチオピア 에치오피아 명 에티오피아

□ エチオピア人じん 에치오피아징 명 에티오피아 사람

□ エジプト 에지푸토 명 이집트

□ エジプト人じん 에지푸토징 명 이집트 사람

□ ケニア 케니아 명 케냐

□ ケニア人じん 케니아징 명 케냐 사람

□ スーダン 수–당 명 수단

□ スーダン人じん 수–단징 명 수단 사람

□ ナイジェリア 나이쥐리아 명 나이지리아

□ ナイジェリア人じん 나이줴리아징 명 나이지리아 사람

□ 南みなみアフリカ共和国きょうわこく 미나미 아후리카쿄-와꼬꾸 명 남아프리카 공화국

□ 南みなみアフリカ人じん 미나미 아후리카징 명 남아공 사람

□ モロッコ 모록코 명 모로코

□ モロッコ人じん 모록코징 명 모로코 사람

■ 中東ちゅうとう 츄-또- 명 중동

□ アラブ首長国連邦しゅちょうこくれんぽう 아라부 슈쬬-꼬꾸렘뽀- 명 아랍에미리트

□ アラブ人じん 아라부징 명 아랍에미리트 사람

□ イラク 이라쿠 명 이라크

□ イラク人じん 이라쿠징 명 이라크 사람

□ イラン 이랑 명 이란

□ イラン人じん 이란징 명 이란 사람

□ クウェート 쿠웨-토 명 쿠웨이트

□ クウェート人じん 쿠웨-토징 명 쿠웨이트 사람

□ サウジアラビア 사우지아라비아 명 사우디아라비아

□ サウジアラビア人じん 사우지아라비아징 명 사우디아라비아 사람

□ シリア 시리아 명 시리아

□ シリア人じん 시리아징 명 시리아 사람

접속사&부사 接続詞·副詞 세쯔조꾸시·후꾸시

1. 접속사 接続詞せつぞくし 세쯔조꾸시

tip. 품사적 분류로 접속사 뿐아니라, 접속사 기능을 하는 단어도 함께 정리했습니다.

□ そして 소시떼 그리고

□ それで 소레데 그래서

□ そこで 소꼬데 그래서, 그러면

□ それから 소레까라 연어 그래서, 그리고

□ それゆえ 소레유에 그러므로, 그러니까

□ それだから 소레다까라 그러므로, 그러니까

□ しかし 시까시 그러나, 그렇지만

□ だが 다가 그러나, 그렇지만

□ それでも 소레데모 그런데도; 그래도

□ ところ 토꼬로 ~었더니

□ ところが 토꼬로가 그랬더니; 그런데; 그러나

□ ところで 토꼬로데 그런데, 그것은 그렇다 하고

□ さて 사떼 그런데; 그러면

□ けれども 케레도모 조 ~지만, ~는데

□ だって 닷떼 연어 ~일지라도

□ でも 데모 그렇더라도, 그래도

□ そのため 소노 타메 연어 그 때문에

□ だから 다까라 그러므로, 그래서

□ したがって 시따갓떼 따라서, 그러므로

□ ゆえに 유에니 고로, 그러므로, 따라서

□ では 데와 그러면, 그렇다면
= それでは 소레데와
= それなら 소레나라

tip. 회화에서는 では를 보통 じゃ 쟈로 줄여서 쓰기도 합니다.

□ すると 스루또 그러자, 그러면

□ そうすると 소-스루또 그렇게 하니, 그러자

□ それとも 소레또모 그렇지 않으면, 또는

□ ならば 나라바 그렇다면

tip. '혹시 ~하다면'이라는 뜻으로 もし 모시~ならば 나라바라고 쓸 수 있습니다.
같은 뜻으로 もし 모시~たら 타라라고 할 수 있습니다.

□ それに 소레니 그런데도, 게다가

□ それにしても 소레니시떼모 그렇다 치더라도

□ それなのに 소레나노니 그럼에도 불구하고, 그런데도
= にもかかわらず 니모까까와라즈 연어

□ そのくせ 소노꾸세 연어 그럼에도 불구하고

□ なぜなら 나제나라 왜냐하면
= なぜならば 나제나라바

□ また 마따 그 위에 또, 또한

□ そのうえ 소노우에 연어 더구나, 게다가

□ しかも 시까모 게다가, 더구나; 그런데도, 그러고도

□ おまけに 오마께니 연어 그 위에, 게다가

□ それどころか 소레도꼬로까 연어 그뿐 아니라; 그러기는 커녕

□ もしくは 모시꾸와 또는, 혹은

□ ないし 나이시 내지, 또는, 혹은

□ ただし 타다시 단, 다만
= もっとも 못또모

□ すなわち 스나와찌 즉, 다름 아닌

□ ちなみに 치나미니 덧붙여서, 이와 관련하여

□ または 마따와 또는, 혹은
= あるいは 아루이와

□ および 오요비 및
= ならびに 나라비니
= かつ 카쯔

□ なお 나오 또한, 더구나

2. 부사 副詞ふくし 후꾸시

□ とても 토떼모 대단히, 매우

□ もっと 못또 더, 더욱

□ もっとも 못또모 (무엇보다도) 가장

□ たびたび 타비따비 자주, 빈번하게
　□ よく 요꾸 잘; 자주

□ いつも 이쯔모 항상, 늘

□ まだ 마다 아직

□ すごく 스고꾸 잘, 훌륭하게

□ いまだに 이마다니 아직도, 여전히

□ もうすぐ 모–스구 이제 곧, 머지않아
　= まもなく 마모나꾸

□ いまに 이마니 곧, 조만간; 언젠가

□ いつか 이쯔까 언젠가

□ いつのまにか 이쯔노마니까 어느덧, 어느 새인가

□ いまさらながら 이마사라나가라 새삼스런 말같지만

□ さらに 사라니 그 위에, 더욱더; 도무지

□ まったく 맛따꾸 완전히, 전혀, 정말로

□ いっそう 잇소– 더욱더

□ ますます 마스마스 점점, 더욱더

□ いよいよ 이요이요 점점, 더욱더; 드디어; 확실히

□ とうとう 토-또- 드디어, 결국
= ついに 츠이니

□ すっかり 슥까리 모두, 완전히, 몽땅

□ そっくり 속꾸리 모조리, 몽땅; 그대로

□ うっかり 욱까리 무심코, 깜박
= どうも 도-모

□ ちょっと 쵿또 조금, 약간
= すこし 스꼬시

□ たくさん 탁상 많이

□ ときどき 토끼도끼 가끔, 때때로
= ときおり 토끼오리

□ あまり 아마리 너무; 그다지

□ ぜんぜん 젠젱 전혀

□ どんどん 돈동 자꾸, 계속; 척척

□ だんだん 단당 차차, 점점

□ そろそろ 소로소로 슬슬

tip. そろそろ는 서서히 걷거나 진행시키는 모양이나 시간이 다 되어가는 모양을 나타냅니다.

□ いろいろ 이로이로 여러 가지, 여러 모로

□ なかなか 나까나까 상당히, 꽤; 좀처럼

□ ずいぶん 즈이붕 대단히, 아주

□ ぜひ 제히 아무쪼록, 꼭
= かならず 카나라즈
= きっと 킷또

□ ぜったい 젯따이 결코, 반드시
= だんじて 당지떼

□ たしか 타시까 분명히, 틀림없이

□ めったに 멧따니 거의, 좀처럼

□ いくら 이꾸라 얼마나, 얼만큼

□ ゆっくり 육꾸리 천천히, 느긋하게; 충분히

□ のんびり 놈비리 한가로이, 태평스럽게

□ ずっと 즛또 훨씬, 아주; 쭉

□ ちゃんと 챤또 확실히, 분명히

□ けっこう 켁꼬– 제법, 충분히
= かなり 카나리

□ たいへん 타이헹 몹시, 매우

□ たぶん 타붕 대개, 아마

□ もし 모시 만약, 만일

□ しっかり 식까리 단단히, 확고히

□ やっと 얏또 겨우, 간신히

□ たいてい 타이떼– 대강, 적당히

□ すべて 스베떼 전부, 모두

□ ほとんど 호똔도 대부분; 하마터면

□ もちろん 모찌롱 물론

□ まるで 마루데 마치; 전혀

□ せっかく 섹까꾸 모처럼

□ ただ 타다 다만, 단지

□ せめて 세메떼 그런대로, 적어도

□ さすが 사스가 역시, 과연
= やはり 야하리
= やっぱり 얏빠리

□ とにかく 토니까꾸 하여간, 어쨌든

□ ぴかぴか 피까삐까 반짝반짝, 번쩍번쩍

□ きらきら 키라끼라 반짝반짝, 번쩍번쩍

tip. ぴかぴか는 윤이 나며 반짝이는 모양을, **きらきら**는 계속해서 빛나는 모양을 나타냅니다.

□ ごろごろ 고로고로 데굴데굴, 빈둥빈둥

□ かんかん 칸깡 꽝꽝; 쨍쨍

tip. かんかん은 금속 등을 두드리는 소리나 햇볕이 내리쬐는 모양을 나타냅니다.

□ ざあざあ 자–자– 쏴쏴; 콸콸

tip. ざあざあ는 비가 오는 소리나 물이 흐르는 소리를 나타냅니다.

□ ぽつぽつ 포쯔뽀쯔 뚝뚝; 드문드문
= ぽつりぽつり 포쯔리뽀쯔리

□ しとしと 시또시또 부슬부슬

tip. しとしと는 비가 조용히 내리는 모양을 나타냅니다.

□ ちらちら 치라찌라 팔랑팔랑; 아물아물

tip. ちらちら는 작은 것이 날리는 모양이나 눈앞에 어른거리는 모양을 나타냅니다.

□ じめじめ 지메지메 축축, 질퍽질퍽

□ ぶらぶら 부라부라 어슬렁어슬렁; 빈둥빈둥

□ ぐずぐず 구즈구즈 흐물흐물, 꾸물꾸물

□ すらすら 스라스라 줄줄, 술술

ユニット **34.**

동사의 활용

	기본형	뜻	정중형 (ます)	て형	과거형 (た)	부정형 (ない)
1그룹 동사 (5단 동사)	買(か)う	사다	買います	買って	買った	買わない
	待(ま)つ	기다리다	待ちます	待って	待った	待たない
	乗(の)る	타다	乗ります	乗って	乗った	乗らない
	帰(かえ)る	돌아가다	帰ります	帰って	帰った	帰らない
	★行(い)く	가다	行きます	行って	行った	行かない
	書(か)く	쓰다	書きます	書いて	書いた	書かない
	泳(およ)ぐ	헤엄치다	泳ぎます	泳いで	泳いだ	泳がない
	死(し)ぬ	죽다	死にます	死んで	死んだ	死なない
	呼(よ)ぶ	부르다	呼びます	呼んで	呼んだ	呼ばない
	読(よ)む	읽다	読みます	読んで	読んだ	読まない
	話(はな)す	말하다	話します	話して	話した	話さない
2그룹 동사 (1단 동사)	見(み)る	보다	見ます	見て	見た	見ない
	着(き)る	입다	着ます	着て	着た	着ない
	食(た)べる	먹다	食べます	食べて	食べた	食べない
	寝(ね)る	자다	寝ます	寝て	寝た	寝ない
3그룹 동사 (불규칙동사)	来(く)る	오다	来(き)ます	来(き)て	来(き)た	来(こ)ない
	する	하다	します	して	した	しない
	勉強(べんきょう)する	공부하다	勉強します	勉強して	勉強した	勉強しない

tip. 行く는 て형과 과거형에서 약간 다르게 활용하는 것에 주의합니다.

가정형 (ば)	가능형	명령형	의지형	수동/피동형 (れる/られる)	사역형 (せる/させる)
買えば	買える	買え	買おう	買われる	買わせる
待てば	待てる	待て	待とう	待たれる	待たせる
乗れば	乗れる	乗れ	乗ろう	乗られる	乗らせる
帰れば	帰れる	帰れ	帰ろう	帰られる	帰らせる
行けば	行ける	行け	行こう	行かれる	行かせる
書けば	書ける	書け	書こう	書かれる	書かせる
泳げば	泳げる	泳げ	泳ごう	泳がれる	泳がせる
死ねば	死ねる	死ね	死のう	死なれる	死なせる
呼べば	呼べる	呼べ	呼ぼう	呼ばれる	呼ばせる
読めば	読める	読め	読もう	読まれる	読ませる
話せば	話せる	話せ	話そう	話される	話させる
見れば	見られる	見ろ	見よう	見られる	見させる
着れば	着られる	着ろ	着よう	着られる	着させる
食べれば	食べられる	食べろ	食べよう	食べられる	食べさせる
寝れば	寝られる	寝ろ	寝よう	寝られる	寝させる
来(く)れば	来(こ)られる	来(こ)い	来(こ)よう	来(こ)られる	来(こ)させる
すれば	できる	しろ	しよう	される	させる
勉強すれば	勉強できる	勉強しろ	勉強しよう	勉強される	勉強させる

ユニット 35.

형용사의 활용

	기본형	뜻	정중형 (です)	명사 수식형	て형
형용사 (い형용사)	大(おお)きい	크다	大きいです	大きい	大きくて
	高(たか)い	높다	高いです	高い	高くて
	おいしい	맛있다	おいしいです	おいしい	おいしくて
	うれしい	기쁘다	うれしいです	うれしい	うれしくて
	たのしい	즐겁다	たのしいです	たのしい	たのしくて
	新(あたら)しい	새롭다	新しいです	新しい	新しくて
	暑(あつ)い	덥다	暑いです	暑い	暑くて
	いい[よい]	좋다	いい[よい]です	いい[よい]	よくて
	ない	없다	ないです	ない	なくて
	ほしい	갖고 싶다	ほしいです	ほしい	ほしくて
★ 형용동사 (な형용사)	きれいだ	예쁘다	きれいです	きれいな	きれいで
	静(しず)かだ	조용하다	静かです	静かな	静かで
	親切(しんせつ)だ	친절하다	親切です	親切な	親切で
	有名(ゆうめい)だ	유명하다	有名です	有名な	有名で
	上手(じょうず)だ	능숙하다	上手です	上手な	上手で
	好(す)きだ	좋아하다	好きです	好きな	好きで
	一般的(いっぱんてき)だ	일반적이다	一般的です	一般的な	一般的で
	積極的(せっきょくてき)だ	적극적이다	積極的です	積極的な	積極的で
	ハンサムだ	잘생기다	ハンサムです	ハンサムな	ハンサムで
	同(おな)じだ	같다	同じです	同じ	同じで

tip. 형용동사는 일본어 문법에서 형용사와 문법적 활용이 다르기 때문에 형용사와는 다른 품사로 구별합니다. 명사 수식형이 **な**로 끝나서 **な**형용사라고도 합니다.

과거형 (た)	부정형 (ない)	추측형 (だろう[でしょう])	가정형	동사 수식형
大きかった	大きくない	大きいだろう[でしょう]	大きければ	大きく
高かった	高くない	高いだろう[でしょう]	高ければ	高く
おいしかった	おいしくない	おいしいだろう[でしょう]	おいしければ	おいしく
うれしかった	うれしくない	うれしいだろう[でしょう]	うれしければ	うれしく
たのしかった	たのしくない	たのしいだろう[でしょう]	たのしければ	たのしく
新しかった	新しくない	新しいだろう[でしょう]	新しければ	新しく
暑かった	暑くない	暑いだろう[でしょう]	暑ければ	暑く
よかった	よくない	いい[よい]だろう[でしょう]	よければ	よく
なかった		ないだろう[でしょう]	なければ	なく
ほしかった	ほしくない	ほしいだろう[でしょう]	ほしければ	ほしく
きれいだった	きれいではない	きれいだろう[でしょう]	きれいなら	きれいに
静かだった	静かではない	静かだろう[でしょう]	静かなら	静かに
親切だった	親切ではない	親切だろう[でしょう]	親切なら	親切に
有名だった	有名ではない	有名だろう[でしょう]	有名なら	有名に
上手だった	上手ではない	上手だろう[でしょう]	上手なら	上手に
好きだった	好きではない	好きだろう[でしょう]	好きなら	好きに
一般的だった	一般的ではない	一般的だろう[でしょう]	一般的なら	一般的に
積極的だった	積極的ではない	積極的だろう[でしょう]	積極的なら	積極的に
ハンサムだった	ハンサムではない	ハンサムだろう[でしょう]	ハンサムなら	ハンサムに
同じだった	同じではない	同じだろう[でしょう]	同じなら	同じに

tip. **同じだ**는 명사 수식형이 **同じな**가 아니고 **同じ**인 것에 주의합니다.

ユニット **36.**

조수사

	和数詞 수사	人(にん) 명	個(こ) 개	本(ほん) 병/자루	枚(まい) 장
1	一(ひと)つ 하나	一人 (ひとり)	一個 (いっこ)	一本 (いっぽん)	一枚 (いちまい)
2	二(ふた)つ 둘	二人 (ふたり)	二個 (にこ)	二本 (にほん)	二枚 (にまい)
3	三(みっ)つ 셋	三人 (さんにん)	三個 (さんこ)	三本 (さんぼん)	三枚 (さんまい)
4	四(よっ)つ 넷	四人 (よにん)	四個 (よんこ)	四本 (よんほん)	四枚 (よんまい)
5	五(いつ)つ 다섯	五人 (ごにん)	五個 (ごこ)	五本 (ごほん)	五枚 (ごまい)
6	六(むっ)つ 여섯	六人 (ろくにん)	六個 (ろっこ)	六本 (ろっぽん)	六枚 (ろくまい)
7	七(なな)つ 일곱	七人 (しちにん/ ななにん)	七個 (ななこ)	七本 (ななほん)	七枚 (ななまい)
8	八(やっ)つ 여덟	八人 (はちにん)	八個 (はっこ/ はちこ)	八本 (はちほん/ はっぽん)	八枚 (はちまい)
9	九(ここの)つ 아홉	九人 (きゅうにん/ くにん)	九個 (きゅうこ)	九本 (きゅうほん)	九枚 (きゅうまい)
10	十(とお) 열	十人 (じゅうにん)	十個 (じ(ゅ)っこ)	十本 (じ(ゅ)っぽん)	十枚 (じゅうまい)
몇	幾(いく)つ 몇	何人 (なんにん)	何個 (なんこ)	何本 (なんぼん)	何枚 (なんまい)

tip. 숫자에 따라 조수사의 발음 변형이 있으므로 밑줄친 부분의 발음을 주의합니다.

	冊(さつ) 권	ページ 페이지	歳(さい) 세/살	番(ばん) 번	回(かい) 회/번
1	一冊 (いっさつ)	一(いち/いっ) ページ	一歳 (いっさい)	一番 (いちばん)	一回 (いっかい)
2	二冊 (にさつ)	二(に)ページ	二歳 (にさい)	二番 (にばん)	二回 (にかい)
3	三冊 (さんさつ)	三(さん)ページ	三歳 (さんさい)	三番 (さんばん)	三回 (さんかい)
4	四冊 (よんさつ)	四(よん)ページ	四歳 (よんさい)	四番 (よんばん)	四回 (よんかい)
5	五冊 (ごさつ)	五(ご)ページ	五歳 (ごさい)	五番 (ごばん)	五回 (ごかい)
6	六冊 (ろくさつ)	六(ろく/ろっ) ページ	六歳 (ろくさい)	六番 (ろくばん)	六回 (ろっかい)
7	七冊 (ななさつ)	七(なな)ページ	七歳 (ななさい)	七番 (ななばん)	七回 (ななかい)
8	八冊 (はっさつ)	八(はち/はっ) ページ	八歳 (はっさい)	八番 (はちばん)	八回 (はちかい/ はっかい)
9	九冊 (きゅうさつ)	九(きゅう) ページ	九歳 (きゅうさい)	九番 (きゅうばん)	九回 (きゅうかい)
10	十冊 (じ(ゅ)っさつ)	十(じ(ゅ)っ) ページ	十歳 (じ(ゅ)っさい)	十番 (じゅうばん)	十回 (じ(ゅ)っかい)
몇	何冊 (なんさつ)	何(なん)ページ	何歳 (なんさい)	何番 (なんばん)	何回 (なんかい)

	階(かい) 층	杯(はい) 잔	皿(さら) 접시	台(だい) 대	円(えん) 엥
1	一階 (<u>いっかい</u>)	一杯 (<u>いっぱい</u>)	一皿 (<u>ひとさら</u>)	一台 (いちだい)	一円 (いちえん)
2	二階 (にかい)	二杯 (にはい)	二皿 (<u>ふたさら</u>)	二台 (にだい)	二円 (にえん)
3	三階 (<u>さんがい</u>)	三杯 (<u>さんばい</u>)	三皿 (<u>みさら</u>/ さんさら)	三台 (さんだい)	三円 (さんえん)
4	四階 (よんかい)	四杯 (よんはい)	四皿 (よ(ん)さら)	四台 (よんだい)	四円 (<u>よえん</u>)
5	五階 (ごかい)	五杯 (ごはい)	五皿 (ごさら)	五台 (ごだい)	五円 (ごえん)
6	六階 (<u>ろっかい</u>)	六杯 (<u>ろっぱい</u>)	六皿 (ろくさら)	六台 (ろくだい)	六円 (ろくえん)
7	七階 (ななかい)	七杯 (ななはい)	七皿 (ななさら)	七台 (ななだい)	七円 (ななえん)
8	八階 (はちかい/ <u>はっかい</u>)	八杯 (<u>はっぱい</u>)	八皿 (はちさら/ <u>はっさら</u>)	八台 (はちだい)	八円 (はちえん)
9	九階 (きゅうかい)	九杯 (きゅうはい)	九皿 (きゅうさら)	九台 (きゅうだい)	九円 (きゅうえん)
10	十階 (<u>じ(ゅ)っかい</u>)	十杯 (<u>じ(ゅ)っぱい</u>)	十皿 (<u>じ(ゅ)っさら</u>)	十台 (じゅうだい)	十円 (じゅうえん)
몇	何階 (<u>なんがい</u>/ なんかい)	何杯 (<u>なんばい</u>)	何皿 (なんさら)	何台 (なんだい)	<u>いくら</u>

	泊(はく) 박	号室(ごうしつ) 호실	着(ちゃく) 벌	足(そく) 켤레	匹(ひき) 마리
1	一泊 (いっぱく)	一号室 (いちごうしつ)	一着 (いっちゃく)	一足 (いっそく)	一匹 (いっぴき)
2	二泊 (にはく)	二号室 (にごうしつ)	二着 (にちゃく)	二足 (にそく)	二匹 (にひき)
3	三泊 (さんぱく)	三号室 (さんごうしつ)	三着 (さんちゃく)	三足 (さんぞく)	三匹 (さんびき)
4	四泊 (よんはく)	四号室 (よんごうしつ)	四着 (よんちゃく)	四足 (よんそく)	四匹 (よんひき)
5	五泊 (ごはく)	五号室 (ごごうしつ)	五着 (ごちゃく)	五足 (ごそく)	五匹 (ごひき)
6	六泊 (ろっぱく)	六号室 (ろくごうしつ)	六着 (ろくちゃく)	六足 (ろくそく)	六匹 (ろっぴき)
7	七泊 (ななはく)	七号室 (ななごうしつ)	七着 (ななちゃく)	七足 (ななそく)	七匹 (ななひき)
8	八泊 (はっぱく)	八号室 (はちごうしつ)	八着 (はっちゃく)	八足 (はっそく)	八匹 (はっぴき)
9	九泊 (きゅうはく)	九号室 (きゅうごうしつ)	九着 (きゅうちゃく)	九足 (きゅうそく)	九匹 (きゅうひき)
10	十泊 (じ(ゅ)っぱく)	十号室 (じゅうごうしつ)	十着 (じ(ゅ)っちゃく)	十足 (じ(ゅ)っそく)	十匹 (じ(ゅ)っぴき)
몇	何泊 (なんぱく)	何号室 (なんごうしつ)	何着 (なんちゃく)	何足 (なんぞく)	何匹 (なんびき)

ユニット **37.**

존경어 & 겸양어 & 정중어

tip. 존경어는 상대방을 높이는 표현이고, 겸양어는 나를 낮춰 상대방을 높이는 표현입니다. 정중어는 말씨를 정중하게 하여 상대방에게 경의를 표현하는 방법입니다.

보통어	뜻	尊敬語 (そんけいご) 존경어		謙譲語 (けんじょうご) 겸양어		丁寧語 (ていねいご) 정중어
いる	있다	いらっしゃる お出(い)でになる	계시다	おる	있다	おります います
行(い)く	가다	いらっしゃる お出(い)でになる	가시다	参(まい)る 上(あ)がる	가다	
来(く)る	오다	いらっしゃる お出(い)でになる おこしになる	오시다	参(まい)る	오다	
する	하다	なさる	하시다	いたす	하다	
言(い)う	말하다	おっしゃる	말씀하시다	申(もう)し 上(あ)げる	말씀드리다	申(もう)す 아뢰다/말씀드리다
見(み)る	보다	ごらんになる	보시다	拝見(はいけん)する 見(み)せていただく	배견하다 삼가 보다	
見(み)せる	보여 주다			ごらんに入(い)れる お目(め)にかける	보여 드리다	
聞(き)く	듣다/ 묻다	お聞(き)きになる	들으시다/ 물으시다	うけたまわる 伺(うかが)う	삼가 듣다/ 여쭙다	
尋(たず)ねる	묻다/ 방문하다			伺(うかが)う 上(あ)がる おじゃまする	여쭙다/ 찾아뵙다	
訪問(ほうもん)する	방문하다			伺(うかが)う 上(あ)がる おじゃまする		ございます

보통어	뜻	尊敬語 (そんけいご) 존경어		謙譲語 (けんじょうご) 겸양어		丁寧語 (ていねいご) 정중어
食(た)べる	먹다	召(め)し上(あ)がる 上(あ)がる お食(た)べになる	드시다 잡수시다	いただく ちょうだいする	먹다	いただく
飲(の)む	마시다	召(め)し上(あ)がる 上(あ)がる お飲(の)みになる		いただく ちょうだいする	마시다	いただく
もらう	받다/얻다			いただく たまわる ちょうだいする	받다	
くれる	(상대방이) 주다	くださる	주시다			
やる/あげる	(상대방에게) 주다			さしあげる	드리다	
会(あ)う	만나다	お会(あ)いになる	만나시다	お目(め)にかかる お会(あ)いする	만나 뵙다	
寝(ね)る	자다	お休(やす)みになる	주무시다			
着(き)る	입다	お召(め)しになる	입으시다			
思(おも)う	생각하다/여기다	お思(お)いになる	생각하시다	存(ぞん)ずる	생각하다/여기다	存(ぞん)ずる
知(し)る	알다	ご存(ぞん)じだ	아시다	存(ぞん)じ上(あ)げる	알다	存(ぞん)ずる
分(わ)かる	알다/이해하다	お分(わ)かりになる	아시다	かしこまる 承知(しょうち)する	알다	分(わ)かります

1. 히라가나순

あ

い

う

え

お

か

き

く

け

さ

し

す

せ

そ

た

ち

つ

て

と

な

に

ぬ

ね

の

は

ひ

ふ

へ

ほ

ま

み

む

め

も

や

ゆ

る

れ

2. 가나다순

ㄱ

ㄴ

ㄷ

ㄹ

ㅁ

ㅂ

ㅇ

ㅈ

ㅋ

ㅌ

ㅍ

ㅎ

기타